KB187357

나를 다시 세우는 논어 읽기

공자, 인간의 길을 묻다

지은이 | 이우재

1판 1쇄 인쇄 | 2017년 3월 2일
1판 1쇄 발행 | 2017년 3월 10일

펴낸곳 | (주)지식노마드
펴낸이 | 김중현
기획·편집 | 김중현
디자인 | 제이알컴
등록번호 |제313-2007-000148호
등록일자 | 2007. 7. 10
서울특별시 마포구 양화로 133, 1202호(서교동, 서교타워) (04032)
전화 | 02) 323-1410
팩스 | 02) 6499-1411
홈페이지 | knomad.co.kr
이메일 | knomad@knomad.co.kr

값 20,000원

ISBN 979-11-87481-18-8 03140

Copyright ⓒ 이우재 2017
이 책은 저작권법에 따라 보호받는 저작물이므로 무단전재와 무단복사를 금지하며
이 책 내용의 전부 또는 일부를 이용하려면 반드시 저작권자와 (주)지식노마드의
서면 동의를 받아야 합니다.

* 잘못 만들어진 책은 구입하신 서점에서 교환해 드립니다.

"한국출판문화산업진흥원의 출판콘텐츠 창작자금을 지원받아 제작되었습니다."

나를 다시 세우는 논어 읽기

공자, 인간의 길을 묻다

이우재 지음

책머리에

BC479년이니까 공자가 인간의 길道을 제시하고 세상을 떠난 지도 어언 2,500년이 되어 간다. 그간 인간의 물질생활의 발전은 실로 눈부실 정도여서, 공자가 지금 우리의 삶을 보았다면 아마 놀라 넘어져 한동안 일어나지도 못할 것이다. 그러나 지금 우리는 과연 공자 앞에 인간으로서 인간답게 살고 있다고 떳떳하게 말할 수 있을까?

2014년의 일이다. 그해 4월 나는 내 생애에서 가장 끔찍한 일을 보고 말았다. 무려 304명의 사람들이(그들 대다수는 꽃다운 나이의 학생들이었다) 뒤집힌 배 안에 갇힌 채 죽어가는 것을 본 것이다. 배는 점점 기울어 가다가 이윽고 뱃머리마저 물속으로 사라져 가는데, 아이들은 가만히 있으라는 어른들의 소리만 믿고 속절없이 부모와 핸드폰으로 연락만 주고받으면서 물속으로 점점 잠겨 가는데, 누구 하나 그들을 구하려 하지 않는 그 황당하고 끔찍한 모습을, 인간의 물질생활의 발전 덕분에 현장에 가지 않고서도 집에서 실시간으로 바라보았다.

물론 나의 인생 중에 이보다 더 큰 충격도 있었다. 1980년 5월 광주에서 벌어진 그 엄청난 살육의 현장은, 아직까지도 내 인생 최대의 충격으로 남아 있다. 그러나 80년 5월의 광주는 이런저런 경로로 전해 들었고, 나중에 사진으로 확인했을 뿐, 내 눈으로 직접 보지는 못했다. 그런데 이것은 내 눈으로 직접 보았으니…… 그것도 첨단 과학 기술 덕분에 마치 눈앞에 있는 듯 고화질로 생생하게…… 배안에서 죽어가는 아이들의 상황까지도 함께…… 그 끔찍함이란 무어라 말로 형용할 수 없는 것이었다.

그리고 그해 8월 프란치스코 교황이 한국을 방문했을 때 나는 내 눈을 의심하지 않을 수 없었다. 천금 같은 자식을 잃은 부모들이 간절한 심정으로 따스한 동정의 눈길을 기대하는데, 이방인인 교황은 그들의 손을 잡고 따스한 위로의 마음을 전하는데, 이 나라 국정의 최고 책임자로서 국민의 생명을 지킬 의무를 진 대통령이란 자가 알 듯 모를 듯한 미소를 머금은 채, 그들에게 눈길 한 번 주지 않고 지나가버린 것이다.

순간 맹자의 말이 머리를 스치고 지나갔다. 측은지심이 없는 자는 인간이 아니라는無惻隱之心 非人也.『맹자』「공손추상」. 사람이 어쩌면 저럴 수 있지? 자기는 국정의 최고 책임자로서 그 무고한 304명을 구조할 최종 책임이 있는 자가 아니었던가? TV로 생중계까지 하는 첨단 기술의 시대에 눈앞에서 죽어가는 사람들을 단 한 사람도 구조할 능력이 없단 말인가? 기술이 없다면 하다못해 톱과 망치라도 들고 가 구하려고 했어야 하는 거 아닌가?…… 7시간 동안 어디 가 무엇을 하고 있었는지 코빼기도 안 비추고 있다가 느닷없이 나타나 상황에 맞지 않는 뜬금없는 소리나 내뱉더니…… 이제 와서는 아예 모르는 척해…… 기가 막혀 말이 안 나왔다. 측은지심만 없는 것이 아니라 수오지심羞惡之心도 없네…… 저러고도 인간이야…….

그게 끝이 아니었다. 세월호 유가족들이 자식들의 억울한 죽음의 진상을 규명하기 위하여 목숨을 건 처절한 단식투쟁을 전개하고 있는 곳에 일단의 사람인지 짐승인지 모르는 것들이 나타나 통닭 파티를 대대적으로 벌였다. 그 소식을 전해 듣는 순간 숨이 막혔다. 저들이 사람인가 짐승인가? 맹자는 측은지심, 수오지심, 사양지심辭讓之心, 시비지심是非之心이 없는 자는 인간이 아니라고 했다.

게다가 2년이 지난 지금도 여전히 많은 사람들이 세월호 유가족들이 자식 잃은 보상금으로 떼부자가 되었다고 믿고 있고, 진상규명을 요구하며 보상금 수령을 거부한 유가족들에 대해서는 보상금을 더 받아내기 위한 술책이라고 생각하고 있으니…… 또 진상규명을 위한 선체 인양을 세금 낭비라고 매도하고, 온갖 술책으로 진상규명 자체를 방해하고 있으니…….

어쩌다 세상이 이 지경이 되었을까? 공자가 평생을 그토록 간절하게 인간의 길을 외쳤지만, 2,500년이 지난 지금도 우리의 삶은 인간의 길과는 한참 동떨어져 있다. 그런데 바로 그 사실이, 즉 아직도 우리의 삶이 인간의 길과는 한참 동떨어져 있다는 바로 그 사실이, 역설적으로 우리에게 다시 공자를 바라보게 한다.

도대체 공자가 생각한 인간의 길이란 무엇일까? 어떻게 사는 것이 인간으로서 인간답게 사는 것일까? 그것은 인간끼리 서로 보듬어 안고 함께 살아가는 것이다. 그것이 실현된 사회가 다름 아닌 대동大同 세상이다. 우리 인간은 살아 있는 한, 그리고 역사가 지속되는 한 대동 세상을 향하여 몸부림치며 한 걸음, 한 걸음 나아가야 할 의무가 있다. 그것이 하늘이 인간에게 준 명령天命이다.

2013년에 『이우재의 논어 읽기』(21세기북스) 증보판을 낸 후 3년 만에 다시 논어에 관한 글을 쓰게 되었다. 그간의 논어 읽기가 지난 선배들의 주석을 이해하는 데 급급했다면 이번에는 나의 시각에서 공자를 이해하려고 노력하였다. 공부가 깊지 않은 탓에 앞뒤도 맞지 않고 허점투성이겠지만, 독자들께서 넓은 아량으로 이해해 주시길 바랄 뿐이다. 문제를 지적해 주시면 언제든지 겸손한 마음으로 수용할 것임을 밝힌다.

2000년에 논어에 관한 책을 처음 쓴 이래 공자를 계속 이야기하고 연구할 수 있었던 것은 지난 젊은 시절 박정희, 전두환 군사독재와 싸우면서 가슴속에 품었던 대동 세상에 대한 열망 때문이었다. 그 대동 세상에 대한 꿈을 실현하는 과정에 함께 섰다가 불행히도 나보다 먼저 이 세상을 떠난 모든 이들이 저 세상에서 영원한 평온을 누리기 바란다. 특히 이제는 갈수록 그와의 추억이 아련해지는 서동만의 영혼이 우주와의 일체 속에서 영원한 평화를 누릴 수 있기를 바란다. 아울러 아직 이 세상을 함께하고 있는 나의 동료, 선후배들이 부디 건강하기를, 아울러 끝까지 함께 이 길을 갈 수 있기를 바란다.

2009년 문을 연 이래 온고재는 나의 모든 생활의 중심이었다. 온고재가 있었기 때문에 공자에 대한 공부를 계속할 수 있었다. 그 과정을 함께 한 온고재의 모든 식구들에게 감사의 뜻을 전하며, 세상이 허락할 때까지 온고재에서 만날 수 있기를 바란다.

아내 유경림에 대한 고마움은 이 세상 그 어떤 것으로도 나타낼 수 없을 것이다. 항상 말뿐인 나를 너그럽게 용서해 주기를 바라며, 남은 인생도 당신에 대한 사랑만은 변치 않을 것을 맹세한다. 또한 어머님께 감사의 마음을 전하며, 무엇보다 건강하시기를 기원한다. 동생들, 나의 세 아이들에게도 사랑의 마음을 전한다. 끝으로 이 책을 굳이 맡아 출판하느라 애쓴 아우 김중현에게 감사하다는 말을 전한다.

2017년 2월 여치如癡 이우재

차례

2부 공자의 일생과 제자들

1부

공자의 생각

제 1 장

도
道

孔子思想

도道, 세상의 주인으로서 인간이 가야 할 길

소크라테스(BC469–BC399), "너 자신을 알라."

고타마 싯다르타(BC563?–BC483?), "자신을 등불로 삼고, 자신을 귀의처로 하라. 법을 등불로 삼고, 법을 귀의처로 하여 수행하라."

인류의 사대 성인이라고 일컬어지는 사람 중 두 사람이 '너 자신', 즉 인간을 탐구의 대상으로 삼고, 인간을 귀의처로 삼을 것을 말하고 있다. 대략 지금부터 2,500여 년 전의 일이다. 이들 이전에는 어땠을까? 이들보다 조금 앞선 서양 철학의 비조 탈레스(BC624–BC545)는 만물의 근원을 물이라고 하였다. 그 이전에는? 탈레스 이전에는 신이 만물의 근원이었다. 만물은 신과 같은 초월적 존재로부터 왔고, 따라서 우리 인간이 탐구하고 의지할 것 또한 신이었다. 당연히 세상의 주인은 신이었고, 우리 인간은 점괘나 사제를 통한 계시에 나타나는 신의 뜻에 따라 살면 될 뿐이었다. 그런데 어느 날 뜬금없이 탈레스라고 하는 한 인간이 나타나 만물의 근원이 우리가 늘 보고 만지는 물이라고 하는 하찮은 존재라고 선언한 것이다. 그 사건을 우리는 철학의 시작이라고 보고 있다. 그로부터 조금 뒤에, 오늘날까지도 많은 사람들로부터 존경받는 인류의 두 위대한 스승이 우리가 탐구하고 의지해야 할 것은 신이 아니라 우리 인간 자신이라고 단언하고 나섰다. 즉 인간 세상은 신이 아니라 우리 인간의 책임하에 있다, 그러니 우리가 탐구하고 의지해야 할 것은 신이 아니라 우리 인간 자신이라고 선언한 것이다.

- 번지樊遲가 안다는 것知에 대해 물었다. 공자께서 말씀하셨다. "인간의 도리에 힘쓰고, 귀신을 공경하되 멀리하면, 안다고 할 수 있을 것이다."

  : 樊遲問知. 子曰, 務民之義, 敬鬼神而遠之, 可謂知矣. 「옹야」

- 계로季路가 귀신을 섬기는 것에 대해 물었다. 공자께서 말씀하셨다. "사람도 섬기지 못하면서 어찌 귀신을 섬길 수 있겠느냐?"
  "감히 죽음에 대해 묻겠습니다."

"삶에 대해서도 알지 못하는데, 어찌 죽음에 대해 알겠느냐?"

: 季路問事鬼神. 子曰, 未能事人, 焉能事鬼. 敢問死. 曰, 未知生, 焉知死. 「선진」

인간 세상의 주인은 인간이다. 따라서 인간으로서 해야 할 도리를 다할 뿐이며, 귀신은 인간 세상에서 멀리하는 것이 좋다. 그리고 섬기는 대상도 무엇보다 인간이 우선이며, 탐구하는 대상도 무엇보다 인간의 삶이 우선이다. 이처럼 공자 또한 인간 세상에서 귀신과 같은 초월적인 존재를 배격하고 있다. 인간 세상에서 가장 시급한 것은 귀신과 같은 초월적 존재가 아니라, 바로 인간 자신이라는 말이다.

공자, 소크라테스, 고타마 싯다르타, 이 세 성인의 말이 모두 비슷한 취지다. 이 세상에서 가장 시급하고 중요한 것은 바로 인간 자신이라고 했다. 세 사람 모두 인간 세상이 바로 우리 인간 자신의 책임 아래 있음을 선포한 것이다. 세 사람은 비록 약간의 차이는 있지만, 모두 BC 5-6세기라는 같은 시대를 살았다. 그리스, 인도, 중국, 이 세 곳은 그 옛날에 상호 교류가 있었다고 보기에는 지리적으로 너무 멀리 떨어져 있었는데, 도대체 BC 5-6세기라는 시대에 무슨 비밀이 숨어 있기에 인류의 사대 성인 중 세 사람이 나타나 인간 세상의 주인이 인간임을 선포한 것일까?

이 문제의 답은 철기鐵器에 있다. 이 세 사람이 살았던 BC 5-6세기 무렵 그리스, 인도, 중국은 모두 철기 시대로 접어들었다. 철기의 사용이 보편화되면서 가장 혁명적인 변화를 맞이한 것은 농업 분야였다. 청동기의 주요 원료인 구리는 철만큼 흔한 금속이 아니어서 청동기 시대에 청동기는 주로 무기나 제기祭器 같은 용도로 쓰였지, 농업용구로는 쓰이지 않았다. 청동기 시대에도 농업용구는 여전히 목기나 석기였다. 따라서 청동기 시대의 농업은 그 이전의 신석기 시대에 비해 그리 크게 발전하지 못했다. 그런데 철기 시대에 들어서면서 상황이 크게 변했다. 철은 지구상에서 가장 흔한 금속이라 철기는 제기나 무기로 쓰이기보다는 오히려 농업용구나 생활용구로 먼저 쓰였다. 지금도 여전히 쓰이고 있는 쟁기나 곡괭이, 삽, 톱 같은 도구는 모두 철기 시대의 산물이다.

철기가 농업용구로 쓰이면서 소나 말 같은 동물의 힘을 이용한 영농이 가능해졌다. 그에 따라 옛날 목기나 석기로는 엄두도 못 냈던 심경深耕이 가능해졌고, 단위면적당 생산량이 비약적으로 늘어났다. 또한 낮은 생산성 때문에 불가피하게 유지되었던 씨족공동체 단위의 영농이, 이제는 높은 생산성을 바탕으로 가족 단위의 소농小農 경영으로 바뀌어 갔다. 씨족공동체는 해체되어 갔고, 대신 가족이 생활의 주체로 등장하였다.

철기가 보편화되면서 대규모 치수 사업도 가능해졌다. 강을 따라 제방을 쌓으면서 홍수를 예방할 수 있었을 뿐만 아니라, 농지에 안정적으로 농업용수를 공급할 수 있게 되었다. 또한 강 주변의 거대한 습지는 제방을 쌓아 물이 빠지면서 모두 광대한 농지로 거듭나게 되었다. 공자와 같은 시대를 살았던 오吳 나라 부차夫差가 천하에 명성을 뽐낼 수 있었던 것은 제방과 운하를 건설하면서 소주蘇州 일대를 개간하여 얻은 경제력 덕분이었다. 사천四川이 하늘이 낸 창고天府라고 불릴 수 있었던 것은 이빙李氷(BC302?–BC235?)이 세운 도강언都江堰 덕택에 거대한 습지였던 성도成都 일대가 모두 비옥한 곡창지대로 변했기 때문이었다. 철기로 말미암아 습지가 거꾸로 비옥한 곡창지대로 탈바꿈할 수 있었던 것이다.

철기 사용에 의한 농업 생산의 발전으로 인간의 의식에 중대한 변화가 오기 시작했다. 그 전까지 농사는 오직 하늘 저 너머에 있는 초월적 존재에 의해 결정되는 것이었다. 비가 안 와도 걱정이고, 너무 와도 걱정이었다. 그렇다고 무슨 대책이 있는 것도 아니었다. 가뭄이나 홍수에 대한 유일한 대책은 하늘 저 너머에 있는 초월적 존재에게 사람의 목숨 같은 귀한 제물을 바치며 그저 '우리 인간을 굽어살펴주시옵소서'하고 기도하는 것밖에 없었다. 그러나 이제는 달라졌다. 계곡이나 하천에 제방을 쌓고 수리관개시설을 잘 정비해 놓으면, 웬만한 가뭄이나 홍수는 극복할 수 있었다. 가뭄이나 홍수 같은 자연재해도 우리 인간의 준비 여하에 따라 충분히 극복할 수 있게 된 것이다. 따라서 초월적 존재에게 잘 보이려 하는 것보다 그 시간에 제방 하나 더 쌓는 것이 중요하게 되었다. 즉 농사가 저 하늘의 문제가 아니라 우리 인간의 문제가 된 것이다.

사마천司馬遷(BC145?-BC86?)의 『사기史記』「골계열전滑稽列傳」에 실린, 위魏나라 문후文侯(재위 BC445-BC396) 때 업業현의 현령을 지낸 서문표西文豹의 이야기는 철기의 도입에 따라 대대적으로 행해진 수리관개시설의 건설이 가져온 인간 의식의 변화를 웅변적으로 보여준다. 하천 열두 개를 파서 황하의 물을 끌어들일 수 있게 되면서 황하의 신인 하백河伯에게 인신공양을 제공할 필요가 없어진 것이다. 이제 신과 같은 초월적 존재의 의중이 중요한 것이 아니라, 우리 인간이 어떻게 하냐가 더 중요하게 되었다. 따라서 이제까지 모든 문제를 초월적 존재에게 의지했던 주술呪術적 세계관은 더 이상 발을 붙일 곳이 없어졌다.

이러한 경향은 자연에 대한 인간의 지식이 축적되면서 더욱 가속화하였다. 이제 사람들은 일식이나 월식을 보아도 더 이상 놀라지 않았고, 제물을 바치려 하지도 않았다. 비록 그 원인까지는 모르지만 그것이 자연의 규칙적인 움직임인 것을 간파한 것이다. 자연의 법칙성天道을 인식할 수 있게 되면서 자연은 초월적 지위를 상실하고 그저 인간 주변의 객관적 환경으로 격하되었다. 그러면서 인간 세상의 문제는 인간의 문제임이 더욱 분명해졌다.

철기가 보편화되면서 인간은 비로소 적어도 인간 세상만큼은 자신이 주인임을 자각할 수 있게 된 것이다. 그리고 이 세상의 주인임을 자각한 만큼 주인으로서의 더 무거운 책무가 인간에게 지워졌다.

공자처럼 신과 같은 초월적 존재를 부정하지 않는다고 하여도(공자는 하늘天이나 귀신같은 초월적 존재를 부정하지는 않았다) 결론은 같았다. 왜냐하면 초월적 존재가 있어 세상의 궁극적 주인으로서 절대의 권한을 행사한다고 하더라도, 이제 사람들은 그 초월적 존재가 매사를 자기 뜻을 받들어 행하도록 계시하는 것이 아니라, 인간 세상에 대한 자율적 권한을 인간에게 주고 다만 그 결과에 따라 상벌만을 행사한다고 여기게 되었기 때문이다. 은殷나라 시대 은의 왕이 제사장으로서 국가의 중요한 일마다 매번 초월적 존재帝의 뜻을 물었던 것과는 달리, 주周의 왕들은 합리적 판단으로 초월적 존재天의 뜻을 미루어 짐작하여 그에 따라 행하였다. 주의 왕들에게 세상은 자기 책임 아래 있었다. 초월자는 그 행위의 결과에 대해 책임을 물을 뿐이었다.

인간이 세상의 주인임을 자각한 만큼 주인으로서의 책무가 요구되었다. 전에는 초월자의 계시나 점괘를 무조건 따르기만 하면 그만이었지만, 이제는 어떻게 해야 하나 생각하고 판단할 것이 더 요구되기 시작했다. 그러기 위해서는 무엇보다 인간은 어떻게 살아야 하는지를 알아야 했고, 그에 따라 필연적으로 인간이란 무엇이냐에 대해 고민하지 않을 수 없었다. 탐구와 의지의 대상이 초월적 존재에서 인간으로 바뀐 것이다. 그럼으로써 종교나 주술을 대신하여 철학, 즉 인문학이 인류 역사에서 최초로 그 모습을 드러내게 되었다. 소크라테스 이후 고대 그리스의 철학이 서양 철학의 모태로 발전한 것도, 공자 이후 중국에서 제자백가가 만개하여 이른바 중국적인 것의 모태를 형성한 것도, 그리고 주술적인 브라만교에 대항하여 반기를 든 고타마 싯다르타의 사상이 이후 인도 철학의 주류를 형성해 간 것도 모두 이러한 시대적 배경 하에서 이루어졌다.

공자가 인간의 도리에 힘쓰고 귀신은 공경하되 멀리하라고 한 것 務民之義, 敬鬼神而遠之. 「옹야」 은 바로 이런 인식을 바탕으로 하고 있다. 귀신을 공경하라고 한 것으로 미루어 볼 때 공자가 귀신의 존재를 부정한 것으로 생각되지는 않는다. 그러나 멀리하라고 한 것으로 미루어 볼 때 인간 세상에서 귀신의 존재가 필요하다고 생각하지는 않은 것 같다. '인간 세상은 인간의 책임 아래 있다, 즉 인간이 주인이다.' 여기에 귀신이 설 자리는 없다. 설사 귀신과 같은 초월적 존재가 있다고 하더라도 인간 세상에 대해서는 인간에게 자율적 권한이 주어졌기 때문에 귀신이 개입할 필요는 없다. 그러니 귀신을 인간 세상에 끌어들이지 말고 인간 세상에서 멀리하라는 것이다.

인간의 도리에 힘쓰라는 말은 인간으로서 마땅히 해야 할 도리를 다하라는 말이다. 하늘의 해와 달이 저마다 자기가 다니는 길天道이 있듯이, 사람에게도 사람이라면 마땅히 걸어야 할 길人道이 있다. 그 도道를 따라가는 것, 그것이 인간으로서 인간이 할 바를 다하는 것이다.

그런데 그 도는 신이 하늘에서 계시해 주는 것도 아니고, 귀신이 가르쳐 주는 것도 아니다. 그저 인간이 스스로 궁리하여 터득해 갈 수밖에 없는 것이다. 그게 이 세상의 주인으로서 인간에게 새로이 부과된 책무이다. 공자는 이 도를 배우고 익히기 위해 평생을 공부했고, 또 자신이 공부하여 얻은 이 도를 이 세상에 실현하고, 또 후대에 전하는 것을 자신의 사명이라고 여겼다. 공자의 일생이란 어떻게 보면 이 도를 공부하여 익히고, 이 세상에 실현하고, 후대에 전하기 위한 것이었다고도 할 수 있다. 그리고 그것은 이 세상의 주인임을 자각한 사람만이 가질 수 있는 자세였다. 공자에게 있어 도란 세상의 주인임을 자각한 인간이 인간으로서 마땅히 가야 할 그 길을 주체적으로 걸어가는 것, 그 외에 다른 어떤 것도 아니었다.

공자는 스스로를 어떻게 생각했을까?

공자께서 말씀하셨다. "나는 열다섯에 학문에 뜻을 두고, 서른에 섰으며, 마흔에 미혹이 없어지고, 쉰에 천명을 알았으며, 예순에 남의 말이 귀에 거슬리지 않게 되었고, 일흔이 되어서는 마음이 하고자 하는 대로 행하여도 법도에 어긋나지 않았다."

: 子曰, 吾十有五而志于學, 三十而立, 四十而不惑, 五十而知天命, 六十而耳順, 七十而從心所欲不踰矩.「위정」

공자가 자신의 일생을 연대순으로 간단히 정리한 말이다. 열다섯에 학문에 뜻을 둔 후, 서른에 서고, 마흔에 미혹이 없어지는 경지등을 거쳐 일흔이 되어 마음이 하고자 하는 대로 하여도 법도法度에 어긋나지 않는 경지에 이르게 되었다니, 정말 대단하다 아니할 수 없다.

그런데 하나 궁금한 것은 마음 내키는 대로 하여도 법도에 어긋나지 않게 되었다니, 그렇다면 법도, 즉 도道와 자신이 일치하는 경지, 즉 인간으로서는 최고봉인 성인聖人의 경지에 이르렀다는 것인데, 공자는 일흔에 정말 자신이 성인이 되었다고 여겼을까?

본인이 본인 스스로 성인이라고 한다고? 보통 사람이라면 남들이 그렇게 말하면 겸연쩍어 하면서 자신은 아니라고 극구 사양할 텐데, 공자는 본인 스스로 자신이 성인이라고 했다고? 정말 이상하지 않을 수 없다. 그래서 크릴H. G. Creel 같은 학자는 이 장이 공자의 말이 아닐 것으로 의심하기도 한다. 그렇다면 공자는 과연 본인 스스로를 어떻다고 생각하였을까?

- 공자께서 말씀하셨다. "열 집 정도의 마을에도 충성과 신의가 나와 같은 자가 반드시 있을 것이나, 나처럼 공부하기를 좋아하는 자는 없을 것이다."

  : 子曰, 十室之邑, 必有忠信如丘者焉, 不如丘之好學也. 「공야장」

열 집 정도의 마을에도 충성과 신의가 자신과 같은 사람이 반드시 있을 것이라는 말은 사실 겸양의 말이다. 그렇게 겸손한 공자지만 이상하게도 공부에 관해서는 조금도 겸양의 기색이 없다. 자신처럼 공부를 좋아하는 사람은 없을 것이라니…….

> 공자께서 말씀하셨다. "묵묵히 알아가고, 배우되 싫증 내지 아니하며, 남을 가르치는 일에 게을리 하지 않는 것이라면 내게 무슨 어려움이 있겠느냐?"
>
> : 子曰, 黙而識之, 學而不厭, 誨人不倦, 何有於我哉.「술이」

여기서도 그렇다. 묵묵히 알아가고, 배우되 싫증 내지 아니하며, 남을 가르치는 일에 게을리 하지 않는 것, 다시 말해 공부하고 가르치는 것은 자신 있다는 말이다. 공부하는 것에 관해서는 겸손함이란 조금도 없다.

> 공자께서 말씀하시길 "글이야 어찌 내가 남만 같지 못하겠느냐? 그렇지만 몸소 군자의 도를 행하는 것은 아직 하지 못했다."
>
> : 子曰, 文, 莫吾猶人也. 躬行君子, 則吾未之有得.「술이」

자신이 군자는 못되지만, 글은 남들만큼 한다고 하고 있다. 공자는 괴이하게 생각될 정도로, 글과 공부에 관해서는 남에게 조금도 양보하려 하지 않고 있다.

■ 공자께서 말씀하셨다. "성聖과 인仁이라면 내가 어찌 감당하겠느냐? 혹시 그것을 행하기를 싫어하지 않고, 남을 가르치기를 게을리 하지 않는 것이라면, 그렇다고 할 수 있다."

공서화公西華가 말했다. "바로 그것이 제자가 배울 수 없는 것입니다."

: 子曰, 若聖與仁, 則吾豈敢. 抑爲之不厭, 誨人不倦, 則可謂云爾已矣. 公西華曰, 正唯弟子不能學也. 「술이」

공자 자신의 입으로 자신은 성인도 아니고, 어진 사람도 아니라고 하고 있다. 성인이야 겸양의 말로 받아들일 수 있다고 하여도, 인仁도 감당할 수 없다니? 공자 자신이 인간이 가져야 할 가장 중요한 덕목으로 그렇게 강조한 것이 인이 아니었던가? 그렇기에 사람으로서 어질지 못하다면 예고 음악이고 다 소용없다고까지 하였던 것이다 子曰, 人而不仁如禮何. 人而不仁 如樂何. 「팔일」. 그리고 자신이 제자들에게 늘 가르치고 했던 것이 바로 인이고. 그런데 정작 그것을 가르친 본인은 감당할 수 없다니.

'그것을 행하기를 싫어하지 않고爲之不厭'의 그것에 대해서는 설이 엇갈린다. 주희朱熹(1130-1200)는 그것을 인과 성의 도仁聖之道라고 풀이하는 데 반해, 다산茶山 정약용丁若鏞(1762-1836)은 학學이라고 풀이한다. 그러나 두 사람 다 남을 가르치기를 게을리 하지 않는 것誨人不倦에 관해서만은 해석이 일치한다. 공자는 남을 가르치는 것에 관해서만은 누구에게도 양보하지 않고 있는 것이다. 그런데 남을 가르치는 것, 그것 또한 공부이다.

한편 이 비슷한 구절이 『맹자孟子』「공손추公孫丑상」에 있는데, 거기에는 이렇게 되어 있다.

> 옛날에 자공子貢이 공자에게 "선생님께서는 성인이십니까?"라고 물으니, 공자께서 말씀하시길 "성인은 내가 감당할 수 없다. 나는 배우기를 싫어하지 않고, 남을 가르치기를 게을리 하지 않는다."고 하셨다. 그랬더니 자공이 말하길 "배우기를 싫어하지 않으시는 것은 지智요, 가르치기를 게을리 하지 않으시는 것은 인仁입니다. 어지시고 지혜로우시니 선생님께서는 이미 성인이십니다."고 하였다.
>
> : 昔者, 子貢問於孔子曰, 夫子聖矣乎. 孔子曰, 聖則吾不能. 我學不厭而教不倦也. 子貢曰, 學不厭智也, 教不倦仁也. 仁且智, 夫子旣聖矣.

여기서는 분명하게 "배우기를 싫어하지 않고, 남을 가르치기를 게을리 하지 않는다學不厭而教不倦."고 되어 있다. 공자가 스스로를 성인은 아니지만, 공부하고 가르치기를 좋아하는 사람이라고 생각했음이 여실히 나타나 있다.

- 섭공葉公이 자로子路에게 공자에 대해 물었으나 자로가 대답하지 못했다. 공자께서 말씀하셨다. "너는 어찌하여 '그 사람됨이 분발하면 밥 먹는 것도 잊으며, 즐기면 근심을 잊고, 늙음이 이르는 줄도 모릅니다.'라고 말하지 아니했느냐?"

  : 葉公問孔子於子路, 子路不對. 子曰, 女奚不曰, 其爲人也, 發憤忘食, 樂以忘憂, 不知老之將至云爾. 「술이」

분발한다는 것은 모르는 것이 있을 때 알기 위하여 분발하는 것이고, 즐긴다는 것은 그것을 알아내 즐기는 것이다. 모두 공부하는 이야기다. 즉 공자는 자기 제자들에게까지도 자신을 소개할 때 공부하기를 좋아하여, 공부하다가 세월 가는 줄도 모르는 사람이라고 소개하라고 하고 있는 것이다.

- 공자께서 말씀하셨다. "나는 태어날 때부터 아는 사람이 아니다. 옛것을 좋아하여 힘써 탐구하는 사람이다."

  : 子曰, 我非生而知之者. 好古, 敏以求之者也. 「술이」

태어날 때부터 아는 사람은 성인이다. 공자는 거듭 자신이 성인이 아님을 밝히고 있다. 자신이 남들이 성인이라고 여길 만큼 방대한 학식을 쌓은 것은 옛것을 좋아하여 힘써 탐구한 결과이다. 즉 공부의 소산이라는 것이다.

이상을 살펴보면 공자가 스스로를 성인이나 인자仁者라고 생각하지 않았음은 분명하다. 공자가 인정한 것은 단지 자신이 공부하기를 좋아하는 사람이라는 것뿐이다. 따라서 공자가 나이 열다섯에 학문에 뜻을 둔 이후 여러 단계를 거쳐 마침내 일흔에 마음 내키는 대로 하여도 법도에 어긋나지 않게 되었다는 말은 아마 공자 본인의 말이 아닐 가능성이 크다. 마음 내키는 대로 하여도 법도에 어긋나지 않았다는 말은 자신이 성인이라는 말이기 때문이다. 그러나 그 말이 비록 공자 자신의 말이 아닌, 다른 누군가의 말일지라도, 우리는 그 말을 통해 적어도 두 가지 사실을 찾아낼 수 있다.

하나는 당시 사람들 눈에는 공자가 도道와 하나가 된 사람, 즉 성인으로 인식되었다는 것이다. 앞에 『맹자』「공손추상」에서 인용한 글에서 자공은 공자를 성인이라고 분명히 지칭하였다仁且智 夫子旣聖矣. 맹자는 한술 더 나아가 공자를 성인 중의 때를 아는 사람이라고 하면서聖之時者, 모든 성인을 집대성한 사람이라고 하였다孔子之謂集大成.『맹자』「만장하」. 자공이나 맹자나 모두 공자의 문도라 그렇다고 쳐도, 태재大宰가 자공에게 "선생님께서는 성인이신가? 어찌 그렇게도 재주가 많으신가?"라고 물은 것이나大宰問於子貢曰, 夫子聖者與, 何其多能也.「자한」, 공자가 죽었을 때 당시 노魯나라 임금이던 애공哀公이 몸소 애도하는 글을 짓고 공자를 이부尼父라고 부른 것으로 미루어 볼 때, 당시 다른 사람들의 인식도 이와 크게 다르진 않았을 것이다.

다른 하나는 공자가 남들에게 성인으로 인식될 만큼 높은 덕을 쌓을 수 있었던 것은 모두 공부의 덕택이라는 것이다. 남들이 보기에 공자가 나이 일흔에 마음이 하고자 하는 대로 행하여도 법도에 어긋나지 않게 된 것은 모두 열다섯에 학문에 뜻을 둔 이래, 서른에 서고, 마흔에 미혹이 없어지고, 쉰에 천명을 알고, 예순에 남의 말이 귀에 거슬리지 않게 되는 등의 과정을 통해서였다. 즉 공자가 도와 일치하는 성인이 될 수 있었던 것은 열다섯에 공부에 뜻을 세운 이래 평생 끊임없이 도를 배우고 익혀 왔기 때문이다.

물론 겸손의 소치이겠지만, 만일 공자가 스스로를 성인이나 인자라고 생각하였다면, 거기에 갇혀 결코 오늘날 우리가 보는 그런 공자가 되지 못했을 것이다. 스스로 성인이나 인자가 되지 못한다고 생각했기 때문에 그만큼 더 노력했을 것이고, 그 노력한 만큼 더 앞으로 나아갈 수 있었을 것이다. 그 노력이 바로 공부다. 그래서 본인 스스로 공부하기를 좋아하는 사람이라고 자처한 것이다. 그리고 그 노력, 즉 공부가 바로 공자를 인류 역사에 빛나는 위대한 성인으로 만든 것이다.

- 공자께서 말씀하셨다. "하늘이 나에게 덕을 내리셨는데 환퇴桓魋가 나를 어찌하겠는가?"

  : 子曰, 天生德於予, 桓魋其如予何. 「술이」

『사기』 「공자세가孔子世家」 중 공자가 조曹나라를 떠나 송宋나라로 갈 때의 이야기다. 공자가 제자들과 큰 나무 아래에서 예에 대해 강습하고 있는데, 송나라의 사마司馬 환퇴가 공자를 죽이려고 나무를 뽑아버렸다. 이에 제자들이 빨리 떠날 것을 권하자 그때 공자가 한 말이다.

하늘이 나에게 덕을 내렸다는 말은, 하늘이 나에게 어떤 사명을 내려, 그 사명을 수행할 능력을 주었다는 말이다. 그러니 그 사명을 수행하기 전까지는 하늘이 나를 보호할 것이라는 뜻이다. 도대체 공자는 자신이 무슨 사명을 타고났다고 여겼을까?

- 공자께서 광匡 땅에서 두려운 일을 당하시자 말씀하셨다. "문왕文王께서 이미 돌아가시고 난 후, 이 도文가 여기에 있지 아니한가? 하늘이 이 도를 없애려 했다면, 나중에 죽을 사람이 어찌 이 도에 관여할 수 있었겠는가? 하늘이 이 도를 없애려 하지 않는다면, 광 땅의 사람들이 나를 어찌하겠는가?"

  : 子畏於匡. 曰, 文王旣沒, 文不在茲乎. 天之將喪斯文也, 後死者不得與於斯文也. 天之未喪斯文也, 匡人其如予何. 「자한」

공자가 광에서 당한 두려운 일에 대해서는 「공자세가」에 다음과 같은 내용이 전해진다. 일찍이 노나라의 장수 양호陽虎가 광을 침략해 난폭한 짓을 하고 물러난 적이 있었다. 공자가 천하를 주유하던 중 광에 도착하였는데, 마침 공자의 외모가 양호와 비슷한 까닭에 광 사람들이 그를 양호로 잘못 알고 닷새나 붙잡아 놓았다. 자칫하면 목숨이 위태로운 상황이었다.

문文은 주희에 의하면 도가 드러난 것으로 예악제도이다道之顯者謂之文, 蓋禮樂制度之謂. 공자가 도道라고 하지 않고 문文이라 한 것은 겸손한 말이라고 한다. 나중에 죽을 사람後死者은 공자 자신이다. 공자는 도, 즉 요순으로부터 내려온 선왕의 도가 지금 자신에게 있다고 하고 있다. 즉 자신이 선왕의 도를 공부하여 자신의 몸속에 간직하고 있다는 말이다. 하늘이 이 도를 보존하여 후대에 전하고자 하지 않았다면 자신이 이 도를 배워 간직할 수 없었을 것이다. 하늘이 이 도를 후대에 전하고자 하였기 때문에 내가 이 도를 배워 간직할 수 있었던 것이다. 그런데 나는 아직 이 도를 후대에 전하지 못하고 있다. 그러니 저 광 사람들이 나를 어쩔 수 있겠느냐고. 공자는 하늘이 자신에게 선왕의 도를 공부하여 후대에 전할 사명을 내렸다고 확신하고 있다. 공자는 자신을 도의 전승자로 의식하고 있는 것이다.

- 공자께서 말씀하셨다. "조술祖述할 뿐 창작하지 않으며, 옛것을 믿고 좋아하니, 몰래 우리 노팽에게 비유할거나."

  : 子曰, 述而不作, 信而好古, 竊比於我老彭.「술이」

조술은 선인先人들이 말한 바를 근본으로 하여 서술하고 밝히는 것이다. 공자는 자신이 예로부터 내려온 바를 근본으로 서술하여 밝혔을 뿐이지 새로 창작하지 않았다고 하고 있다. 즉 공자 자신은 도의 전승자일 뿐이라는 것이다.

맹자가 말했다. "요순堯舜으로부터 탕湯왕에 이르기까지 오백여 년인데, 우禹왕과 고요皐陶 같은 사람은 보고 알았을 것이고, 탕왕과 같은 사람은 듣고 알았을 것이다. 탕왕으로부터 문왕에 이르기까지 오백여 년인데, 이윤伊尹과 내주萊朱 같은 사람은 보고 알았을 것이고, 문왕과 같은 사람은 듣고 알았을 것이다. 문왕으로부터 공자에 이르기까지 오백여 년인데, 태공망太公望과 산의생散宜生 같은 사람은 보고 알았을 것이고, 공자 같은 사람은 듣고 알았을 것이다. 공자로부터 지금에 이르기까지 백여 년이다. 성인의 시대로부터 떨어지기가 이처럼 오래지 않고, 성인이 거처하던 곳과 가깝기가 이처럼 심하다. 그런데 아무도 없으니, 또한 아무도 없겠구나."

: 孟子曰, 由堯舜至於湯, 五百有餘歲. 若禹, 皐陶, 則見而知之. 若湯, 則聞而知之. 由湯至於文王, 五百有餘歲. 若伊尹, 萊朱, 則見而知之. 若文王, 則聞而知之. 由文王至於孔子, 五百有餘歲. 若太公望, 散宜生, 則見而知之. 若孔子, 則聞而知之. 由孔子而來至於今, 百有餘歲. 去聖人之世, 若此其未遠也, 近聖人之居, 若此其甚也. 然而無有乎爾, 則亦無有乎爾. 『맹자』「진심하」

■ 맹자가 제齊나라를 떠나자 충우充虞가 길에서 물었다. "선생님께서는 불쾌한 기색이 있는 듯합니다. 전에 제가 선생님으로부터 듣기로는 '군자는 하늘을 원망하지 않으며, 사람을 탓하지도 않는다.'라고 하셨습니다."
"그때는 그때고 지금은 지금이다. 오백 년이면 반드시 왕자王者가 일어나는데, 그 사이에 반드시 세상에 이름을 떨칠 사람이 있다. 주나라 이래 칠백여 년이 지났다. 그 연수로는 이미 지났으니, 그 시기를 생각하면 나타날 만하다. 대저 하늘은 천하를 태평하게 다스리려고 하지 않는 것 같다. 만일 태평하게 다스리려고 한다면 지금 세상에 나를 빼놓고 누구란 말이냐? 내 어찌하여 불쾌해 하겠는가?"
: 孟子去齊. 充虞路問曰, 夫子若有不豫色然. 前日虞聞諸夫子曰, 君子不怨天 不尤人. 曰, 彼一時, 此一時也. 五百年必有王者興, 其間必有名世者. 由周而來, 七百有餘歲矣. 以其數則過矣, 以其時考之則可矣. 夫天, 未欲平治天下也. 如欲平治天下, 當今之世, 舍我其誰也. 吾何爲不豫哉.
『맹자』「공손추하」

맹자도 자신이 요순으로부터 이어지는 도의 전승자임을 자처하고 있다. 맹자는 한 술 더 떠 자신만이 천하를 태평하게 다스릴平治天下 사람이라고 의식한다. 도를 이 세상에 행하고 싶은 마음이 그만큼 절절했기 때문이리라. 공자도 자신이 공부하여 전수받은 도를 세상에 행하기 위하여 13년간이나 천하를 주유한 바 있었다. 그러나 공자는 자신만이 천하를 태평하게 할 수 있다고는 생각하지 않았다. 공자의 겸손함과 맹자의 큰소리가 크게 대비된다. 그렇게 겸손한 공자지만 자신의 사명이 도를 배우고 익혀 후대에 전하는 것이라는 데 대해서는 조금도 부정하지 않는다.

■ 공자께서 말씀하셨다. "봉황새도 이르지 않고, 황하에서 그림도 나오지 않으니, 나도 끝났구나."

: 子曰, 鳳鳥不至, 河不出圖, 吾已矣夫. 「자한」

봉황과 황하의 그림河圖은 성왕을 상징하는 상서祥瑞다. 따라서 봉황도 이르지 않고, 황하에서 그림도 나오지 않는다는 말은 성왕이 나타나지 않는다는 말이다. 한漢의 동중서董仲舒(BC179?–BC104?) 등은 공자가 하늘로부터 상서가 내려오지 않아 왕이 되지 못함을 탄식한 말로 해석한다. 그러나 『논어』에 보이는 공자는 대단히 겸손한 사람이다. 그런 그가 자신이 원래 왕이 되었어야 할 사람이라고 의식했을 리는 없다.

어떤 이들은 봉황이니, 황하의 그림이니 하는 것들이 다 현실에 존재하지 않는 상상 속의 것임을 이유로 공자의 말이 아닐 것으로 생각하기도 한다. 일리가 있다고 생각한다. 그러나 만일 이 말이 정말 공자의 말이라면 공자가 자신을 등용해 줄 위대한 성왕이 나타나지 않음을 탄식한 말로 보아야 할 것이다. 공자는 자신이 전수받은 도를 실제로 현실에 구현해 보고 싶은 생각이 그만큼 간절했다. 13년간의 주유도 사실 그런 간절한 염원에서 비롯된 것이다.

- 공자께서 말씀하셨다. "아무도 나를 알아주는 사람이 없구나."
  자공이 말했다. "어찌하여 그렇게 아무도 나를 알아주는 사람이 없다고 말씀하십니까?"
  공자께서 말씀하셨다. "하늘을 원망하지도 않고 사람을 탓하지도 않는다. 아래로 배워 위로 통달했으니, 나를 알아주는 것은 아마 하늘이리라."
  : 子曰, 莫我知也夫. 子貢曰, 何爲其莫知子也. 子曰, 不怨天, 不尤人. 下學而上達. 知我者其天乎.「헌문」

사마천은 이 문답을 공자가 죽기 2년 전인 노나라 애공 14년(BC 481년)의 일로 기록하고 있다. 그해 봄 곡부曲阜의 서쪽에서 기린이 잡힌 것을 보고, 자신의 도가 이제 끝났다吾道窮矣고 느낀 끝에 한 말이라고 한다. 정말 기린이 잡혔는지는 알 수 없지만 멋진 문학적 상상력이라고 하겠다.

공자는 자신이 공부하여 전수받은 도를 이 세상에서 실현하기 위하여, 고향을 떠나 무려 13년 동안 천하를 주유하는 등 혼신의 노력을 다하였지만, 세상은 아무도 그를 알아주지 않았다. 죽음을 앞둔

시점에서 결국 실패로 끝난 자신의 인생을 생각해 볼 때 탄식이 절로 나왔으리라. 그러나 공자는 탄식만 하고 있지 않았다. 탄식 속에서도 자신의 인생에 대한 강한 긍지를 토해낸다. 자신은 아래로 인간사人間事를 공부해下學, 위로 마침내 하늘의 뜻, 즉 천명天命을 깨달았다고上達. 그리고 그것을 사람들은 모두 알지 못하지만, 저 하늘만은 알고 있으리라고. 공자가 깨달았다는 하늘의 뜻, 천명은 무엇일까? 자신이 인간사를 공부하여下學 얻은 이 도를 세상에 실행하고 전하는 것, 바로 그것이 아니었을까? 세상에 대한 한탄과 그러면서도 달관의 경지에 이른 담담함, 그리고 자신의 삶에 대한 강한 긍지, 이 모든 것이 짧은 문장 속에 다 들어 있다.

공자는 도의 전승자로서의 자신의 삶에 대해 큰 긍지와 자부심을 지녔다. 그리고 공자는 그 도를 실행하는 데는 실패했을지 몰라도, 도를 계승받아 전하는 데는 실패하지 않았다. 그것을 사람들은 몰라도, 저 푸른 하늘만은 알고 있다. 공자의 말대로 공자가 이어받았다고 하는 도는 오늘날까지도 우리에게 전해져, 2,500여 년이 지난 지금까지 많은 사람의 심금을 울리고 있다. 오늘날 우리가 공자를 찬양하는 가장 큰 이유는 바로 그 도斯文를 세상에 전했다는 것이다. 그리고 그것이 공자가 스스로 의식하고 자임한 자신의 역사적 역할이었다.

공자가 그렇게 좋아하였다는 공부도 결국 도를 배우고 익히는 것일 뿐이었다. 공자는 자신이 배우고 익힌(전수받은) 그 도를, 이 세상에 실행하고, 또 후대에 전하는 것을 자신의 사명으로 여겼다. 그리하여 그 도를 실행하기 위하여 무려 13년간이나 천하를 주유하였고, 그것이 무위로 끝나자 나중에는 고향에 칩거하여 그 도를 후대에 전하고자 제자들을 가르치면서 일생을 마쳤다.

아침에 도를 들으면 저녁에 죽어도 좋다?

"조문도 석사가의朝聞道, 夕死可矣." 『논어』「이인」편에 실린 공자의 말이다. 그리고 우리가 "아침에 도를 듣는다면 저녁에 죽더라도 좋다."라는 뜻으로 익히 들어왔던 글귀이기도 하다. 그런데 우리가 익히 들어왔던 이 해석이 정말 공자의 본뜻일까? 이 말을 들을 때마다 왜 자꾸 공자의 모습에 석가모니의 모습이 겹쳐서 어른거릴까? 그런 것은 나만의 경험일까? 다른 해석은 없을까?

- 장차 죽음에 이르게 되었는데도, 세상에 도가 있다는 소리를 듣지 못했음을 말한 것이다.

: 言將至死 不聞世之有道也

현존 주석서 가운데 가장 오래된 주석서인 하안何晏(193?-249)의 『논어집해論語集解』의 해설이다. 세상에 도가 있다는 소리를 듣지 못했다는 말은 세상에 도가 실행되고 있지 않다는 뜻이다. 도가 실행되는 세상, 그런 세상에 대한 갈망이 공자로 하여금 "세상에 도가 실행되고 있다는 소리를 아침에 들을 수 있다면 저녁에 죽어도 좋다." 라고까지 말하게 만든 것이다.

공자가 꿈꾸는 도가 실행되는 세상은 무엇일까? 일찍이 공자는 자기의 뜻이 "늙은 사람은 편안하게 해 주고, 벗은 믿도록 하며, 어린 아이는 품어 주는老者安之, 朋友信之, 少者懷之. 「공야장」" 것이라고 말한 바 있다. 『예기禮記』 「예운禮運」편에서는 그런 세상을 "그 부모만을 부모로 여기지 않고, 그 아들만을 아들로 여기지 않는不獨親其親 不獨子其子" 세상, "늙은이는 마칠 곳이 있고, 젊은이는 쓰일 곳이 있으며, 어린이는 자랄 곳이 있고, 홀아비와 과부와 고아와 늙어 자식이 없는 자와 몹쓸 병에 걸린 자도 모두 봉양 받을 곳이 있는使老有所終, 壯有所用, 幼有所長, 矜寡孤獨廢疾者皆有所養" 세상, 다시 말해 대동大同의 세상이라고 하였다. 공자는 세상에 도가 행해져 대동의 세상이 되기를 바랐다.

하안은 논어를 해석하는 데 있어 가끔 도가道家에 치우치는 경향이 있다고 지적을 받는 사람이다. 그런 하안이 보기에도, 공자에게 있어서 도란, 현상계現象界의 배후에 있는 만물의 조종祖宗으로서의 거창한 그 무엇이 아니라, 사람이 이 세상을 살아가면서 마땅히 따르고, 행해야 할 도리, 즉 인간끼리 서로 보듬어안고 함께 살아가는 것이었다. 공자에게 도란 깨달음의 대상이 아니라, 바로 실행의 대상이었다.

■ 세상에 도가 없음을 탄식한 것이다. 그러므로 만일 아침에 세상에 도가 있다는 소리를 듣는다면 저녁에 죽어도 한이 없겠다고 말한 것이다. 그래서 좋다可矣라고 말했다. 난조欒肇가 말했다. "도는 백성을 구하기 위한 것이다. 성인이 자신의 몸을 보존하는 것은 도를 행하기 위해서이다. 도는 백성을 구하기 위한 것이지, 자신을 구하기 위한 것이 아니다. 그러므로 정녕 아침에 세상에 도가 있다는 소리를 듣는다면 비록 저녁에 죽게 되어도 좋다고 한 것이다. 도가 행해지지 않는 것을 근심한 것이며, 또한 자신이 세상을 걱정하고, 자신을 위하지 않음을 밝힌 것이다."

: 歎世無道. 故言設使朝聞世有道, 則夕死無恨. 故云可矣. 欒肇曰, 道所以濟民. 聖人存身, 爲行道也. 濟民以道, 非爲濟身也. 故云誠令道朝聞於世, 雖夕死可也. 傷道不行, 且明己憂世, 不爲身也.

황간皇侃(488-545)의 『논어의소論語義疏』의 해설이다. 황간의 시대는 중국에서 불교가 크게 유행하던 시기였다. 황간이 섬겼던 양무제梁武帝(464-549) 같은 황제는 불교에 심취하여, 자신의 몸을 무려 세 번이나 동태사同泰寺에 바쳤고, 육식肉食을 하지 않았다. 시인 두목杜牧(803-852) 같은 사람은 강남춘江南春이란 시에서 장강 남쪽에 절이 무려 480개나 되었다고南朝四百八十寺 당시 불교의 유행을 노래하였다. 그런 시대에 살았던 황간도 도를 불교식으로 해석하지 않고, 하안의 해석을 고수하고 있다. 공자의 도는 세상에 실행하기 위한 것, 백성을 구하기 위한 것이었다.

■ 도라는 것은 사물의 당연한 이치다. 진실로 그것을 들을 수 있으면, 살아서는 순조롭고, 죽어서는 편안하여, 다시 한을 남기지 않을 것이다. 아침과 저녁이란 그 때의 가까움을 과장하여 말한 것이다. 정자(정이)가 말했다. "사람이 도를 알지 않으면 안 되니, 만일 도를 들을 수 있다면 비록 저녁에 죽더라도 좋다고 말씀하신 것이다." 또 말했다. "이것은 모두 진실한 이치이나, 사람이 이것을 알고 믿는 것이 어렵다. 죽고 사는 것 또한 큰 것이니, 진실로 얻는 바가 있지 않으면, 어찌 저녁에 죽어도 좋을 수 있겠는가?"
: 道者, 事物當然之理. 苟得聞之, 則生順死安, 無復遺恨矣. 朝夕, 所以甚言其時之近. 程子曰, 言人不可以不知道, 苟得聞道, 雖死可也. 又曰, 皆實理也, 人知而信者爲難. 死生亦大矣, 非誠有所得, 豈以夕死爲可乎.

주희의 『논어집주』에 실린 해설이다. 정이程頤(1033-1107)나 주희에게 공자의 도는 세상에 실행하기 위한 것이 아니다. 도는 삶을 순조롭게 하고 죽음을 편안하게 하며 생사에 대해 어떤 한도 남기지 않게 하는 진실한 이치다. 황간의 『논어의소』에 인용된 난조의 말 대로 한다면 세상과는 무관하게 자신만을 구하기 위한 것이다爲濟身. 즉 삶과 죽음이라는 인간의 숙명적 고민을 극복하게 해 주는 그 어떤 진리다. 그것은 세상 누구나 알 수 있는 그런 평범한 것이 아니다. 그래서 한 번이라도 들을 수 있다면 비록 바로 그날 저녁에 죽게 되더라도 여한이 없게 되는 것이다. 알아듣는 순간 생사를 초월할 수 있게 되니까. 그러나 진실로 얻어 들어야지 잘못 얻어 들으면 안 된다. 잘못 얻어 들으면 생사도 초월하지 못하면서 공연히 목숨만 잃게 될 뿐이다.

정이와 주희의 해석에서는 세상에 대한 근심, 백성에 대한 근심은 사라지고 보이지 않는다. 오직 생사의 괴로움을 초월하고자 애쓰는 수도자의 모습만 남아 있을 뿐이다. 정이나 주희가 그리는 공자의 모습은 보리수나무 아래 앉아 윤회의 수레바퀴에서 벗어나기 위해 애쓰는 석가모니의 모습이요, 다산의 표현에 의하면 선방에 앉아 조주趙州(778-897)의 "뜰 앞의 잣나무庭前柏樹子"(어느 중이 조주에게 물었다. "달마조사가 서쪽에서 온 뜻이 무엇입니까?" 조주가 답했다. "뜰 앞의 잣나무다.")를 화두로 삼아 용맹정진하는 선승禪僧의 모습이다. 정이나 주희 같은 성리학자들이 결국 공자를 절의 화상和尙으로 만들고 말았다.

■ 장저와 걸익이 나란히 밭을 갈고 있었다. 공자께서 지나가시다가

자로로 하여금 나루터가 어디에 있는지 물어보게 하셨다.

장저가 말했다. "수레를 잡고 있는 사람은 누구입니까?"

자로가 말했다. "공구이십니다."

"노나라 공구이십니까?"

"그렇습니다."

"그렇다면 나루터를 알 것이오."

걸익에게 물었다. 걸익이 말했다. "그대는 뉘시오?"

"중유입니다."

"노나라 공구의 무리요?"

대답했다. "그렇습니다."

"도도하게 흐르는 물결처럼 천하가 다 그렇소. 이를 누가 바꿀 수 있으리오. 그리고 당신도 사람을 피하는 선비를 따르는 것이 어찌 세상을 피하는 선비를 따르는 것만 같겠소?"

씨앗을 흙으로 덮는 일을 멈추지 않았다.

자로가 가서 말씀드렸다. 공자께서 실망하여 말씀하셨다. "새나 짐승과는 함께 무리가 될 수 없는 것이거늘 내가 이 사람들과 함께하지 않으면 누구와 함께한단 말인가? 천하에 도가 있다면 내가 바꾸려 하지 않았을 것이다."

: 長沮, 桀溺, 耦而耕. 孔子過之. 使子路問津焉. 長沮曰, 夫執輿者爲誰. 子路曰, 爲孔丘. 曰, 是魯孔丘與. 曰, 是也. 曰, 是知津矣. 問於桀溺. 桀溺曰, 子爲誰. 曰, 爲仲由. 曰, 是魯孔丘之徒與. 對曰, 然. 曰, 滔滔者天下

皆是也, 而誰以易之. 且而與其從辟人之士也, 豈若從辟世之士哉. 耰而不輟. 子路行以告. 夫子憮然曰, 鳥獸不可與同群, 吾非斯人之徒與, 而誰與. 天下有道, 丘不與易也. 「미자」

사람은 사람하고 살아야지, 새나 짐승과 같이 살 수 없다. 따라서 다른 사람들의 일에 무관심할 수는 없는 노릇이다. 천하에 도가 없어, 즉 도가 행해지지 않아, 인간의 삶이 황폐해진 것, 그것이 바로 도가 존재해야 할 이유이다. 도는 행하기 위한 것, 즉 인간으로서 다른 인간과 더불어 살기 위한 것이지, 현상계의 배후에 있는 우주의 궁극적 원리로 인간이 그것을 터득하면 생사를 초월할 수 있는 그 어떤 것이 아니다. 도는 세상 속에, 즉 인간의 삶 속에 행하기 위해 존재하는 것이다.

- 공자께서 말씀하셨다. "사람이 능히 도를 넓히지, 도가 사람을 넓히는 것은 아니다."

  : 子曰, 人能弘道, 非道弘人. 「위령공」

도는 인간을 초월하여 존재하는 그 어떤 것이 아니다. 도는 인간이 인간으로서 살아가기 위해 존재하는 것이다. 따라서 도는 오직 인간을 통해서만 구현될 수 있다. 인간이 어떻게 하느냐에 따라 도는 넓어질 수도 좁아질 수도 있다. 도는 인간의 실행을 벗어나 존재하는 그 무엇이 아니다.

- 공자께서 말씀하셨다. "누가 문을 통하지 않고 나갈 수 있으리오? 어찌하여 아무도 이 도를 따르려고 하지 않을까?"

  : 子曰, 誰能出不由戶. 何莫由斯道也.「옹야」

도는 사람이 마땅히 걸어가야 할 길이다. 하늘에 해와 달과 별이 다니는 길이 있듯이, 사람도 사람이라면 마땅히 가야 할 길이 있다. 그 길이 바로 도道다. 그런데 사람들은 왜 그 도를 따라 살아가지 않을까? 누구나 방을 나설 때 방문을 통해 나갈 줄은 알면서도.

- 공자께서 말씀하셨다. "인仁이 멀겠느냐? 내가 인을 원하면, 인이 이른다."

  : 子曰, 仁遠乎哉. 我欲仁, 斯仁至矣.「술이」

인이 먼 것은 내가 원하지 않아서이다. 인은 내가 원하는 순간 내게 이른다. 마찬가지로 인간이 도를 따라 살지 않는 것은 도를 몰라서가 아니다. 다른 욕심身外之欲에 매달려 도를 따라 살려고 하지 않아서이다. 도는 인간 너머 저 멀리 있는 것이 아니다. 내가 따르려고 마음먹는 순간 도는 내게 이른다.

■ 맹자가 말했다. "자포自暴하는 자와는 함께 말을 나눌 수 없으며, 자기自棄하는 자와는 함께 일을 할 수 없다. 말만 하면 예의를 헐뜯는 자를 일컬어 자포라고 하고, 나는 인仁에 머물 수 없고, 의義를 따를 수 없다고 하는 자를 일컬어 자기라고 한다. 인은 사람이 머물 편안한 집이요, 의는 사람이 가야 할 바른 길이다. 편안한 집을 비우고 머물지 않으며, 바른 길을 버리고 따르지 않으니, 슬프도다!"

: 孟子曰, 自暴者, 不可與有言也. 自棄者, 不可與有爲也. 言非禮義, 謂之自暴也. 吾身不能居仁由義, 謂之自棄也. 仁, 人之安宅也. 義, 人之正路也. 曠安宅而弗居, 舍正路而不由, 哀哉. 『맹자』「이루상」

인과 의는 사람이라면 마땅히 머무르고 따라야 할 도리, 즉 도道이다. 그런데 사람들이 인의를 행하지 않는 것은, 다시 말해 도를 따라 살려고 하지 않는 것은, 도를 외면하고 헐뜯거나自暴, 스스로 한계를 짓기自棄 때문이다. 도는 인간을 초월해 존재하는, 따라서 평범한 인간의 지혜로는 도달하기 힘든 그 어떤 것이 아니다. 방을 나설 때 문을 통해 나가듯, 길을 갈 때 길을 따라가듯, 누구나 알 수 있는 자명한 것이 도이다. 그리고 사람은 누구나 도를 따라 살아갈 수 있는 능력을 갖고 있다. 어린아이라도 길을 갈 때는 모두 길을 따라 걷는 것처럼. 다만 다른 욕심이 우리의 마음을 가로막아, 애써 외면하고, 스스로 한계를 짓기 때문에 세상에 도가 행해지지 않는 것이다.

공자에게 도란 세상에 행하기 위한 것이었지, 혼자 깨달아 생사를 초월하기 위한 것은 아니었다. 공자가 위대한 것은 생사를 초월하기 위해 누구도 따를 수 없을 정도로 용맹정진해 결국 생사를 초월했기 때문이 아니라, 같이 살아가는 인간에 대해 누구도 따르지 못할 정도로 깊이 사랑했기 때문이다. 인간을 너무나도 사랑했기에 "아침에 세상에 도가 행해지고 있다는 소리를 들을 수 있다면, 저녁에 죽더라도 좋다."라고 말했던 것이고, 바로 그러기에 오늘날까지 인류의 위대한 스승으로 존경받고 있는 것이다. 공자의 도를 깨달음의 대상으로 인식하는 것은, 도가 행해지는 세상에 대한 공자의 간절한 열망을 외면하는 것임과 동시에, 그의 가르침을 사람들의 삶과 갈라놓음으로써 결국 그의 가르침을 대동의 세상을 간절히 염원했던 수많은 사람들과 갈라놓는 것일 뿐이다.

사해 안은 모두 형제다

사마우司馬牛가 걱정하여 말했다. "사람마다 다 형제가 있는데 나만 없구나."
자하가 말했다. "내가 일찍이 듣기를 '죽고 사는 것은 운명에 달려 있고, 부귀는 하늘에 달려 있다'고 했습니다. 군자가 공경하여 도리를 잃지 않고 남과 사귐에 공손하여 예를 지킨다면, 사해 안이 모두 형제입니다. 군자가 어찌 형제가 없다고 근심하겠습니까?"
: 司馬牛憂曰, 人皆有兄弟, 我獨亡. 子夏曰, 商聞之矣. 死生有命, 富貴在天. 君子敬而無失, 與人恭而有禮, 四海之內皆兄弟也. 君子何患乎無兄弟也.「안연」

사마우는 형제가 없는 것이 아니었다. 다만 형인 사마환퇴司馬桓魋가 반란을 일으켰다가 실패하여 나라를 버리고 각지를 떠도는 신세라, 없는 것과 다름없었기 때문에 그것을 한탄한 것이다. 자하가 사마우를 위로하기 위해 말한다. 형의 신세는 운명이니 받아들이고, 대신 다른 사람들을 형제처럼 생각하고 지내라고.

■ 호씨(호인胡寅, 1098-1156)가 말했다. "사해 안이 모두 형제라는 자하의 말은 단지 사마우의 마음을 풀어주려고 한 것인데, 그 뜻은 원만하나, 말은 어폐가 있다. 오직 성인만이 이런 잘못이 없다. 또 자하는 이런 사실을 알았으나 아들의 초상에 곡을 하다가 눈이 멀었으니, 이는 사랑에 가리워서 이치에 어두웠던 것이다. 이 때문에 그 말을 실천하지 못한 것이다.

: 胡氏曰, 子夏四海皆兄弟之言, 特以廣司馬牛之意, 意圓而語滯者也, 惟聖人則無此病矣. 且子夏知此, 而以哭子喪明, 則以蔽於愛而昧於理, 是以不能踐其言爾.

주희의 『논어집주』에 인용된 호인의 말이다. 호인은 사해 안이 모두 형제라는 자하의 말이 사마우를 위로하기 위한 것이기는 하나 말에 문제가 있다고 하고 있다. 호인이 말하고자 하는 문제는 무엇일까? 호인이 말하고자 하는 것은 사해 안이 모두 형제라는 자하의 말이 묵자墨子(BC479?-BC381?)의 겸애兼愛를 연상시킨다는 것이다. 유가의 사랑은 사랑에 차별을 두는 별애別愛다. 즉 가장 가까운 나의 부모형제로부터 시작하여 거기로부터 점차 나아가 멀리 있는 사람에게까지 사랑을 넓혀 나가는 것이다. 따라서 부모형제와 지나가는 행인과는 명백하게 사랑을 베푸는 데 차별이 있다. 그런데 묵자의 사랑은 모든 사람을 차별 없이 똑같이 사랑하자는 겸애다. 이런 묵자를 가리켜 맹자는 아비도 몰라보는 금수와 같다고 비판하고 있다 墨氏兼愛, 是無父也. 無父無君, 是禽獸也.『맹자』「등문공하」. 호인은 자하의 말대로 하면 피를 나눈 형제와 지나가는 행인과의 차이를 몰라보는, 다시 말하면 형제도 몰라보는 금수와 같이 될 가능성이 있다고 경계한 것이다.

호인의 비판은 계속된다. 자하는 이런 사실을 알고 있으면서, 즉 사해 안이 모두 형제라고 알고 있으면서, 어찌해서 아들의 죽음에 곡을 하다가 눈이 멀었느냐고.『예기』「단궁상檀弓上」에 보면 자하가 아들을 잃고 슬픔에 그 눈이 멀었다는 기록이 있다子夏喪其子, 而喪其明. 호인은 그 사실을 들어 자하의 말대로 죽고 사는 것은 운명이고, 사해 안이 모두 아들일 텐데, 왜 그 아들만 아들로 여겨 유난히 슬퍼하다가 눈까지 잃었느냐고 힐책하는 것이다. 결국 자기가 한 말을 자기 입으로 걷어찬 것 아니냐는 말이다. 즉 말이 잘못되었을 뿐 아니라, 자기 입으로 뱉어놓은 말도 실천하지 못했다는 아주 날카로운 비난이다. 유가의 철천지원수인 이사李斯(?-BC208)와 한비자韓非子(BC280?-BC233)를 자기 계통에서 배출한 자하에 대한 송유들의 반감이 여실하다.

아무튼 자하가 비난을 받게 된 결정적 근거는 “사해 안이 모두 형제”라는 그의 말이 묵자의 겸애를 연상시킨다는 것이었다.

> 겸애를 주장하는 선비의 말은 그렇지 않으며, 행동도 또한 그렇지 않다. “내가 듣기를, ‘천하에 높은 선비가 되고자 하는 사람은 반드시 그 친구의 몸을 위하기를 자신의 몸을 위하듯 하고, 그 친구의 부모를 위하기를 자신의 부모를 위하듯 한다.’고 하였다. 그런 연후에야 천하에 높은 선비가 될 수 있다.” 그래서 물러나 친구를 살펴보아 배고파하면 먹여주고, 추워하면 옷을 입혀주며, 병에 걸렸으면 데리고 치료해주며, 죽으면 초상을 치러주고 묻어준다. 겸애를 주장하는 선비의 말은 이러하며, 행동도 또한 이러하다.
>
> : 兼士之言不然, 行亦不然. 曰, 吾聞爲高士於天下者, 必爲其友之身若爲其身. 爲其友之親若爲其親. 然后可以爲高士於天下. 是故退睹其友, 飢則食之, 寒則衣之, 疾病侍養之, 死喪葬埋之. 兼士之言若此, 行若此. 『묵자』「겸애하」

묵자의 글이다. 친구의 부모도 자신의 부모처럼 위하라는 말에서 겸애의 정신이 분명히 나타나 있다.

하늘을 아버지라 부르고, 땅을 어머니라 부르며, 나는 이처럼 미미하게 광막한 천지에 살고 있다. 그러므로 천지를 채운 것으로 나의 몸을 삼으며, 천지를 이끄는 것으로 나의 성性을 삼는다. 사람들은 모두 나와 같은 배에서 태어난 형제이며, 만물은 모두 나의 동료이다. 임금은 나의 부모의 맏아들이고, 대신들은 그 맏아들의 집안일을 돕는 사람이다. 나이 많은 사람을 존경하는 것은 어른을 어른으로 대하는 것이며, 외롭고 약한 사람을 자애롭게 대하는 것은 어린아이를 어린아이로 대하는 것이다. 성인은 천지와 덕이 일치한 사람이요, 현인은 빼어난 사람이다. 무릇 천하의 피곤하고, 고달프며, 불구이거나 병든 사람 그리고 부모나 자식, 남편이나 아내가 없는 사람들은 모두 나의 형제들 가운데 어려움에 처했으나 하소연할 곳이 없는 사람들이다.

: 乾稱父, 坤稱母. 予玆藐焉, 乃混然中處. 故天地之塞吾其體, 天地之帥吾其性. 民吾同胞, 物吾與也. 大君者吾父母宗子, 其大臣宗子之家相也. 尊高年所以長其長, 慈孤弱所以幼其幼, 聖其合德, 賢其秀也, 凡天下疲癃殘疾惸獨鰥寡, 皆吾兄弟之顚連而無告者也. 「서명西銘」

북송 초 성리학을 개척한 사람 중 한 사람인 장재張載(1020-1077)의 글이다. 여기서 장재는 놀라운 말을 하고 있다. 하늘이 나의 아버지고, 땅이 나의 어머니며, 세상의 모든 사람들은 나와 같은 배에서 태어난 형제이고, 세상 만물은 모두 나의 동료라고. 물론 장재의 이야기는 세상의 모든 존재가 기氣에 근거하였으므로, 그 근원인 기의 관점에서 보면 모든 것이 다 같다는, 즉 한 나무에 달린 잎사귀와 같다는 형이상학적 이야기일 뿐이다. 그렇지만 말 그대로 인간 사이의 차별성뿐만 아니라, 사람과 다른 생물이나 물질과의 차별성까지 모두 부정하고 있다.

그렇다면 장재가 주장하고 있는 것과 묵자의 겸애는 도대체 무슨 차이가 있을까? 그 전제는 다를지 모르지만(묵자는 그런 형이상학적 인식에 기초하고 있지 않다), 결론에 있어서는 모두 사람을 차별하지 말고 사랑하라고 하고 있지 않은가? 그런데 성리학자들은 왜 장재의 주장은 금과옥조로 받아들여, 주희 같은 경우 자신이 지은 『근사록近思錄』에 이 글을 실어 후학들이 반드시 읽어보도록 하게 하면서, 묵자나 자하의 주장은 그렇게 배척하는가? 아니 묵자는 맹자가 "양주와 묵적의 도가 그치지 않으면, 공자의 도가 나타나지 않으니, 이는 사악한 주장이 백성을 속이고, 인의를 가로막는 것이다. 인의가 가로막히면, 짐승을 내몰아 사람을 잡아먹게 하고, 사람들이 장차 서로 잡아먹을 것이다楊墨之道不息, 孔子之道不著, 是邪說誣民, 充塞仁義也. 仁義充塞, 則率獸食人, 人將相食.「등문공하」."라고 하며 비난한 이래 유가의 숙적이 되었으니까 그렇다고 치자. 그런데 자하는 단지 묵자의 겸애를 연상시킬 수 있다는 이유 하나만으로 왜 그리 비난을 받아야 하는지? 자하나 성리학자들이 숭상하는 증자나 모두 같은 공자의 제자가 아닌가?

■ 자하가 말했다. "아름다운 여인을 좋아하는 마음으로 어진 이를 어질게 여겨라. 부모를 섬기는 데는 온 힘을 다할 것이며, 임금을 섬기는 데는 온몸을 다 바칠 것이다. 벗과 사귀는 데는 말을 하면 지키도록 하라. (그렇다면) 비록 배우지 않았다 하더라도 나는 반드시 그 사람을 배웠다고 할 것이다."

: 子夏曰, 賢賢易色. 事父母能竭其力. 事君能致其身. 與朋友交言而有信. 雖曰未學, 吾必謂之學矣. 「학이」

자하의 말의 핵심은 글보다 덕행이 우선한다는 것이다. 어진 이를 가까이하고, 부모에게 효도하며, 임금에게 충성하고, 벗에게 신의가 있으면, 그것이 글만 아는 것보다 낫다고 하는 것이지, 배움이 불필요하다는 것은 아닐 것이다.

■ 오씨吳棫(1100-1154)가 말했다. "자하의 말은 그 뜻은 좋으나 말투가 지나쳐, 그 흐름의 폐단이 장차 혹 학문을 폐지하는 데까지 이를 수 있다. 반드시 위의 장의 공자의 말과 같아야만 폐단이 없게 될 것이다."

: 吳氏曰, 子夏之言, 其意善矣. 然辭氣之間, 抑揚太過, 其流之弊, 將或至於廢學. 必若上章夫子之言, 然後爲無弊也. 『논어집주』

주희가 인용한 오역의 말이다. 위의 장의 공자의 말이란 자하의 말

바로 위에 있는 "너희들은 들어오면 효도하고, 나가면 공손하도록 하라. 삼가고 조심하여 믿음을 주도록 하며, 널리 사람을 사랑하고, 어진 이를 가까이하도록 하라. 그리고 남은 힘이 있으면 글을 배울 것이다子曰, 弟子入則孝, 出則弟. 謹而信, 汎愛衆, 而親仁. 行有餘力, 則以學文. 「학이」." 라는 말이다. 공자도 자하와 마찬가지로 글보다는 덕행이 우선한다고 하고 있다. 그런데 오역이 문제로 삼고 있는 것은 자하의 "비록 배우지 않았다 하더라도 나는 반드시 그 사람을 배웠다고 할 것이다雖曰未學, 吾必謂之學矣."라는 표현이다. 공자는 덕행을 쌓고 남는 힘이 있으면 글을 배우라行有餘力, 則以學文고 하고 있어 글을 배우라고 하고 있는데 반해, 자하는 배우지 않았어도 배웠다고 할 것이라고 하고 있어 자칫하면 글을 배우지 않아도 된다고 생각할 수 있게 만든다는 것이다. 꼭 따진다면 틀린 말은 아니지만, 억지로 트집을 잡고 있다는 느낌을 피할 수 없다. 이사나 한비자가 나온 근원을 모두 자하에게로만 돌릴 수는 없다. 자하 또한 공자의 제자가 아니었던가? 그렇다면 이사나 한비자의 최종 근원은 공자일 것이다.

어찌 되었든 사해 안이 모두 형제라는 자하의 말은 전혀 틀린 말이 아니다. 일찍이 공자도 "늙은 사람은 편안하게 해주고, 벗은 믿도록 해주며, 어린아이는 품어주겠노라老者安之, 朋友信之, 少者懷之. 「공야장」."고 한 바 있다. 이는 남의 집 노인도 자기 노인처럼 대하고, 남의 집 어린아이도 자기 어린아이처럼 대하겠다는 말 아니겠는가? 즉 사해 안을 모두 형제처럼 생각하겠다는 말이다. 부모형제에 대한 사랑은 궁극에 가서는 모든 사람에 대한 사랑으로 발전해 가야 한다. 별애나 겸애는 것은 모두 그 과정의 문제일 뿐이다. 공자의 도는 "그 부모만을 부모로 여기지 않고, 그 아들만을 아들로 여기지 않으며, 늙은이는 마칠 곳이 있고, 젊은이는 쓰일 곳이 있으며, 어린이는 자랄 곳이 있고, 홀아비와 과부와 고아와 늙어 자식이 없는 사람과 몹쓸 병에 걸린 사람도 모두 봉양받을 곳이 있는不獨親其親, 不獨子其子, 使老有所終, 壯有所用, 幼有所長, 矜寡孤獨廢疾者, 皆有所養. 『예기』「예운」" 세상, 즉 천하위공天下爲公의 대동大同의 세상을 위한 것이다. 그 대동의 세상에서는 사적 관계의 차별성은 사라지고, 모든 사람은 같다는 대전제 하에 각자의 개성이 구현되는 그러한 삶이 실현될 것이다. 공자가 평생을 배우고 익혔으며, 실현하려고 애쓴 것은 바로 이 대동의 도이다. 따라서 공자의 도 앞에서 사해 안은 모두 형제일 뿐이다.

공자는 정말 주역을 공부했을까?

■ 子曰加我數年五十以學易可以無大過矣.

「술이」편에 실린 문장이다. 하안 이래 전통적으로 子曰, 加我數年, 五十以學易, 可以無大過矣로 끊어 읽어왔다. 우리말로 옮기면 다음과 같다.

공자가 말했다. “나에게 몇 년이 더 주어져 오십이 되어 역易을 공부할 수 있다면, 큰 잘못은 없게 되리라.”

■ 역은 이치를 궁구하고, 본성을 다하여 명命에 이르게 한다. 나이

오십이면 천명을 안다. 천명을 아는 나이에 명에 이르게 하는 책을 읽는 까닭에 큰 잘못이 없게 될 수 있다.

: 易窮理盡性, 以至於命. 年五十而知天命. 以知命之年讀至命之書, 故可以無大過矣.

하안의 해설이다. 역은 『주역』이다. 하안은 역이 이치를 궁구하고, 인간의 본성을 다해 명命에 이르게 하는 책이라는 사실과 나이 오십에 천명을 알았다는 공자의 말五十而知天命. 「위정」을 결합하여 위와 같이 해석하였다. 즉 오십이면 천명을 알게 되는데, 거기에다가 역까지 공부하여 명에 이르게 된다면(명대로 살 수 있게 된다면) 향후 큰 잘못을 범하는 일은 없게 될 것이라는 뜻이다.

- 이것은 공자가 역을 중히 여겨, 당금의 학자들이 이 책에 더욱 공을 들일 것을 원해 한 말이다. 공자는 이때 이미 나이 사십 오륙 세였다. 그래서 "나에게 몇 년이 더 주어져 오십이 되어 역을 공부할 수 있다면"이라고 말한 것이다. 꼭 오십이 되어 역을 공부하는 까닭은, 사람은 나이 오십이 명을 아는 나이이고, 역은 오십을 대연수大衍數라고 하며, 또 역이 이치를 궁구하고 명을 다하게 하는 책이기 때문이다. 그러므로 오십이 되어 역을 공부하는 것이다.

: 此孔子重易, 故欲今學者加功於此書也. 當孔子爾時年已四十五六, 故云加我數年五十而學易也. 所以必五十而學易者, 人年五十是知命之年也, 易有大演之數五十, 是窮理盡命之書. 故五十而學易也.

황간의 해설도 하안과 같다. 덧붙여 황간은 공자가 이 말을 한 시점이 나이 사십 오륙 세 무렵이라고 부연까지 하고 있다.

- 유빙군劉聘君이 "원성元城 유충정공劉忠定公을 만났는데, 스스로 말하길, '일찍이 다른 논어를 읽어보니, 加는 假로 되어 있고, 五十은 卒로 되어 있다.'고 하였다. 아마 加와 假는 음이 비슷하여 잘못 읽었고, 卒과 五十은 글자가 비슷하여 잘못 나눈 것 같다."고 하였다. 내가 생각하건대, 이 장의 말은, 『사기』에 "나에게 몇 년을 더 빌려주어, 이처럼 되면 내가 역에 대하여 두루 통할 것이다."라고 되어 있어, 加는 바로 假로 되어 있고, 五十이란 글자는 없다. 이때의 공자의 나이 이미 칠십에 가까웠을 것이니, 五十이란 글자가 잘못된 것임은 분명하다. 역을 공부하면 길흉吉凶 소장消長의 이치와 진퇴進退 존망存亡의 도에 밝아진다. 그러므로 큰 잘못이 없을 수 있는 것이다. 아마 성인이 역의 도가 무궁함을 깊이 보고, 이것을 말함으로써 사람들을 가르쳐, 역을 배우지 않으면 안 됨을 알게 하고, 또 쉽게 배울 수 없음을 알게 한 것이다.

: 劉聘君見元城劉忠定公自言嘗讀他論, 加作假, 五十作卒. 蓋加假聲相近而誤讀, 卒與五十字相似而誤分也. 愚按, 此章之言, 史記作, 假我數年, 若是, 我於易則彬彬矣. 加正作假, 而無五十字. 蓋是時, 孔子年已幾七十矣, 五十字誤無疑也. 學易, 則明乎吉凶消長之理, 進退存亡之道, 故可以無大過. 蓋聖人深見易道之無窮, 而言此以敎人, 使知其不可不學, 而又不可以易而學也.

주희의 해설이다. 주희는 유빙군을 인용하여 加를 假, 五十을 卒의 오자誤字로 본다. 주희는 그 근거를 『사기』「공자세가」에 假我數年, 若是, 我於易則彬彬矣라고 기록되어 있는 데서 찾는다. 加는 假로 되어 있으며, 五十이란 글자는 없다. 사마천은 이 말을 공자 만년晩年의 것으로 기록했다. 따라서 오십五十과는 맞지 않는다는 것이다. 그러나 주희도 易을 『주역』으로 이해하는 것에는 차이가 없다. 주희에 의하면 이 문장은 假我數年, 卒以學易, 可以無大過矣로 고쳐 읽어야 한다. 그 뜻은 "(하늘이) 나에게 몇 년을 더 빌려주어 마침내 역을 공부할 수 있다면, 큰 잘못은 없게 되리라"이다. 五十을 卒로 읽는 것은 五十을 아래로 내려 쓸 경우 卒자와 비슷하기 때문이다.

고주, 신주를 비롯한 대부분의 주가 비록 작은 차이는 있지만, 역을 『주역周易』으로 보고 공자가 『주역』을 공부할 필요성을 강조한 말로 보는 것은 동일하다. 그 결정적 근거는 『사기』「공자세가」다. 사마천은 다음과 같이 기록하고 있다.

> 공자는 만년에 역을 좋아하여, 「단彖」, 「계繫」, 「상象」, 「설괘說卦」, 「문언文言」을 정리하였다. 역을 읽느라, 죽간을 엮은 가죽 끈이 세 번이나 끊어졌다. 이렇게 말했다. "나에게 몇 년을 더 빌려주어, 이처럼 되면 내가 역에 대하여 두루 통할 것이다."
>
> : 孔子晩而喜易. 序彖, 繫, 象, 說卦, 文言. 讀易, 韋編三絶. 曰, 假我數年, 若是, 我於易則彬彬矣.

가죽 끈이 세 번 끊어질 정도로 역을 읽었다면 역에 심취해도 보통 심취한 것이 아니다. 따라서 이 사실을 근거로, 子曰加我數年五十以學易可以無大過矣를 子曰, 加我數年, 五十以學易, 可以無大過矣로 끊어 읽고, 易은 『주역』을 의미한다는 해석이 전통적으로 아무 의심도 없이 받아들여져 왔다.

그러나 이것은 세밀히 살펴볼 때 무리가 있다. 우선 공자가 그렇게 역을 중요시했다면 『논어』에 역에 대한 언급이 자주 나타나야 한다. 그러나 오늘날 『논어』 안에는 이 장 말고는 어느 곳에서도 역에 대한 언급은 없다. 「자로」편에 지금의 『주역』 항괘恒卦 九三의 효사爻辭에 보이는 불항기덕 혹승지수不恒其德, 或承之羞란 말이 인용되어 있고, 「헌문」편에 『주역』 간괘艮卦 상전象傳에 보이는 군자이사불출기위君子以思不出其位라는 말이 증자의 말로 나타나 있으나, 이것들만 갖고 공자와 역을 연결시키기에는 명백한 무리가 있다.

이 두 말은 아마 당시 전해지던 숙어가 『논어』와 『주역』에 각각 인용된 것으로 보아야 할 것이다. 만일 공자나 증자가 역을 인용했다면 역운易云이나 역왈易曰이라고 해야 했을 것이다. 『사기』의 위편삼절韋編三絶의 고사와 논어에 역에 대한 언급이 전혀 없다는 사실은 명백히 상호 모순된다.

뿐만 아니라 역은 음陰과 양陽이라는 두 원리의 조합으로 우주와 세상의 변화를 설명하는 철학이다. 만일 공자가 가죽 끈이 세 번 끊어질 정도로 역에 심취했었다면, 『논어』 안에 역의 철학의 흔적이 남아 있어야 한다. 그러나 『논어』에는 역을 연상시키는 어떤 사상적 편린도 보이지 않는다. 아니 역은커녕 음과 양이라는 개념 또한 그 편린조차 보이지 않는다. 공자가 역을 읽은 것이 아무리 말년의 일이라고 해도 공자의 말을 모아 놓았다는 『논어』에 역의 사상적 흔적이 전혀 보이지 않는다는 것은 무엇을 말해주는 것일까? 그것은 바로 공자와 역은 아무런 관련이 없다는 사실, 바로 그것이다.

또 공자 사후 100여 년 후에 태어나 공자의 학문을 계승했다고 자처한 맹자 역시 역에 대해서는 단 한마디도 언급하지 않았다. 뿐만 아니라 『맹자』에도 역이나 음양을 연상시키는 어떠한 사상적 흔적도 보이지 않는다. 이는 맹자가 역에 대해 몰랐거나 또는 알았다 하더라도 공자나 자기와는 무관한 것으로 여겼음을 알려주는 또 다른 증거다. 가죽 끈이 세 번 끊어질 정도로 공자가 역에 심취했다는 것이 사실이라면 맹자가 그에 대해 언급하지 않았을 까닭이 없다.

공자와 역이 아무 관계없다면 도대체 이 문제의 문장은 어떻게 읽어야 할까? 그 해답은 육덕명陸德明(550?-630?)의 『경전석문經典釋文』에서 찾을 수 있다. 육덕명은 學易을 풀이하기를 "『노론魯論』은 易을 亦으로 읽는다. 지금은 『고론古論』을 따른다魯讀易爲亦, 今從古."라고 하였다. 한나라 때까지 전해지던 논어의 세 종류, 공자의 옛집 벽 속에서 발견되었다는 고문古文 즉 과두문자蝌蚪文字로 쓰여진 『고론古論』, 제齊나라에서 전해졌다는 금문今文 즉 예서隸書로 쓰인 『제론齊論』, 공자의 고향인 노나라에서 전해졌다는 역시 금문으로 쓰인 『노론魯論』 중, 『노론』에는 易이 역亦으로 되어 있는데, 육덕명 자신은 노론을 따르지 않고, 고론을 따르겠다고 한 것이다. 이 말은 『노론』에는 易이 亦으로 되어 있었다는 것이다. 만일 노론을 따라 易을 亦으로 읽는다면 이 문장은 이렇게 끊어 읽게 된다. 子曰, 加我數年, 五十以學, 易(亦)可以無大過矣. 그 뜻은 이렇다. "나에게 몇 년이 더 주어져 오십이 될 때까지 공부할 수 있다면, 또한 큰 잘못은 없게 되리라." 그리고 이렇게 읽음으로써 공자와 역은 무관하다는 것이 한층 더 분명해졌다.

공자의 관심은 인간이 이 세상을 어떻게 살아가야 하느냐에 있었다. 그가 현상계 너머에 있으면서 만물을 만물답게 하는 궁극의 존재나 우주와 세상의 천변만화千變萬化를 설명할 수 있는 궁극적 원리 같은 데에 관심이 있었는지 없었는지는 알 수 없으나, 적어도 논어에서 보이는 공자는 철저하게 이 세상 안에서 같은 인간들과 인간으로서의 도리를 다하며 살아가는 데 온 정신을 집중한 사람이었다.

그에게 있어 도道란 만물의 조종이나 우주 변화의 궁극적 원리 같은 깨달음이나 궁구의 대상이 아니라, 인간으로서 마땅히 해야 할 도리로서 실행의 대상일 뿐이었다.

공자는 죽음과 귀신을 어떻게 생각했을까?

계로가 귀신을 섬기는 것에 대해 물었다. 공자께서 말씀하셨다.

"사람도 섬기지 못하면서 어찌 귀신을 섬길 수 있겠느냐?"

"감히 죽음에 대해 묻겠습니다."

"삶에 대해서도 알지 못하는데 어찌 죽음에 대해 알겠느냐?"

: 季路問事鬼神. 子曰, 未能事人, 焉能事鬼. 敢問死. 曰, 未知生, 焉知死. 「선진」

공자의 가르침이 지극히 현세적이며, 비종교적이라는 것을 말할 때 자주 인용되는 글귀이다. 공자 이래로 이런 현세성, 비종교성은 유가의 전통이기도 했다. 『맹자』나 『순자』를 읽어 보아도 우리의 삶이 어디서 왔다느니, 죽으면 어떻게 된다느니 하는 이야기는 눈을 씻고 찾아봐도 한 구절도 없다. 그저 관심은 지금 사는 이 세상을 어떻게 사는 것이 올바로 사는 것이냐 하는 것, 그것 하나뿐이다. 이 구절은 그렇게 이해되어 왔고, 또 그렇게 이해하는 것이 지금도 올바른 해석이다. 그러나 모두 그렇게만 이해해 왔던 것은 아니다.

- 진陳(진군陳群)이 말했다. "귀신과 죽음은 밝히기가 어려워 말해봤자 무익하기 때문에 대답하지 않은 것이다."

  : 陳曰, 鬼神及死事難明, 語之無益, 故不答也.

하안의 『논어집해』의 해설이다. 공자가 귀신과 죽음에 대해 언급하지 않은 이유를 명확하게 밝히고 있다. 밝히기 어려워서 말해봤자 무익하기 때문이라는 것이다. 아주 단순한 말이지만 사실 이 이상의 더 명쾌한 설명도 없을 것이다. 증명할 수 없어서, 확인할 수 없어서, 따라서 더 이상 논해봤자 무익하다는 이 말은 오늘날에도 그대로 통용된다. 그러니 그런 이야기는 빼고 우리가 알 수 있는 이야기, 확인할 수 있는 이야기만 하는 것이 나을 것이다. 아는 것만을 안다고 하고, 모르는 것은 모른다고 하는 것이 아는 것이다知之爲知之, 不知爲不知, 是知也. 「위정」. 그리고 군자는 알지 못하는 것은 비워두고 잠자코 있는 법이다君子於其所不知, 蓋闕如也. 「자로」. 알지 못하는 것, 확인할 수 없는 것은 논해봤자 무익할 뿐이다. 귀신과 죽음은 그 대표적인 것들이다.

- 계로가 귀신을 섬기는 것에 대해 물었다고 하는데, 다른 가르침에서는 삼세三世라는 개념이 없다는 것이 이 구절에서 드러난다. 주공周公과 공자의 가르침은 오직 현재만을 이야기하지, 과거와 미래에 대해서는 밝히지 않는다. 그런데 자로가 이렇게 귀신을 섬기는 것에 대해 물은 것은, 바로 귀신은 이승과 저승 사이에 있는데 그 법이 어떠한가를 물은 것이다. 이것은 과거를 물은 것이다. 공자가 말했다는 것은, 사람의 일은 쉬운데도 네가 아직 잘하고 있지 못하면서 어찌 감히 이승과 저승 사이의 일을 묻느냐고 한 것이다. 그래서 "어찌 귀신을 섬길 수 있겠느냐?"고 말한 것이다. 감히 죽음에 대해 묻겠다고 했는데, 이것은 또 미래의 일을 물은 것으로, 현재 이후 죽음이 다시 어떠한가를 물은 것이다. 삶에 대해서도 알지 못하는데 어찌 죽음에 대해 알겠느냐고 했는데, 이것 또한 대답하지 않은 것이다. 너는 아직 잘 알지를 못해, 삶의 일이 밝히기 어려운 것을 보고 있으면서, 어찌 죽음에 대해 알 것을 미리 묻느냐고 한 것이다. 고환顧歡이 말했다. "대저 삶으로부터 죽음을 잘할 수 있고, 사람의 일을 다 하면 귀신을 응대할 수 있다. 이승과 저승은 비록 길이 다르지만, 정성은 항상 같다. 진실로 이것을 잘 할 수 없으면, 물어봤자 무익한데, 어디서

저것을 묻겠는가?"

: 云季路問事鬼神者, 外教無三世之義, 見乎此句也. 周孔之教唯說現在, 不明過去未來. 而子路此問事鬼神, 政言鬼神在幽明之中, 其法云何也. 此是問過去也. 云子曰云云者, 孔子言人事易, 汝尙未能, 則何敢問幽明之中乎. 故云, 焉能事鬼. 云曰敢問死者, 此又問當來之事也, 言問今日以後死事復云何也. 云曰未知生焉知死者, 亦不答之也, 言汝尙未知, 卽見生之事難明, 又言能豫問知死沒也. 顧歡曰, 夫從生可以善死, 盡人可以應神. 雖幽顯路殊, 而誠恒一. 苟未能此, 問之無益, 何處問彼耶.

황간의 『논어의소』의 해설이다. 중요한 변화가 엿보인다. 우선 주공과 공자의 가르침周孔之教을 다른 가르침外教이라고 한 것이 눈에 띈다. 황간 스스로 공자의 가르침과는 다르다는 것을 밝히고 있는 것이다. 황간이 받들고 있는 가르침은 당연히 불교다. 황간은 불교의 삼세설三世說을 들먹이면서 유가의 가르침에는 그것이 없고, 오직 현재만이 있음을 말하고 있다. 귀신은 과거에 사람이었다가 죽은 존재로, 이승과 저승 사이에 있다. 따라서 황간은 귀신을 섬기는 것에 대한 질문을 과거에 대한 질문으로 파악한다. 죽음은 우리가 앞으로 언젠가는 맞이해야 할 대상이다. 따라서 미래에 대한 질문이다. 그에 대한 공자의 대답은, 지금 현재 맞닥뜨리고 있는 사람의 일과 삶에 대해서도 모르면서, 어찌 이승과 저승 사이의 귀신과 미래에 닥칠 죽음을 알 수 있겠느냐는 것이다. 즉 자로가 현재를 모르기 때문에 과거와 미래도 알 수 없다는 의미다. 그러면 현재를 알면 과거와 미래를 알 수 있다는 말인가?

그 뒤에 부기한 고환의 말은 더욱 흥미롭다. 고환의 말은 삶을 잘 살면 죽음을 잘 맞이할 수 있고, 사람을 잘 응대하면 귀신도 잘 응대할 수 있다는 뜻이다. 이승과 저승이 서로 다르지만 이승도, 저승도 정성만은 항상 통한다. 그런데 지금 여기서 정성이 부족하여 사람도 잘 섬기지 못하고 삶도 잘 알지 못하기 때문에, 귀신을 섬길 수 없고 미래에 올 죽음도 알 수 없는 것이다. 그래서 물어봤자 무익하다는 뜻인데, 이 말을 뒤집으면 정성이 통하면 귀신을 섬기는 것도 죽음을 아는 것도 가능하다는 말이 된다. 정말 공자의 말이 이런 뜻이었을까?

- 귀신을 섬기는 것을 물은 것은 제사를 받드는 뜻을 구한 것이고, 죽음은 사람에게 반드시 있는 것이니 알지 않으면 안 된다. 이들은 모두 절실한 질문이다. 그러나 정성과 공경이 족히 사람을 섬길 수 있는 자가 아니면 반드시 귀신을 섬길 수 없을 것이요, 처음의 근원을 탐구하여 삶을 알지 못하면 반드시 끝으로 돌아가 죽음을 알지 못한다. 저승과 이승幽明, 삶과 죽음은 처음부터 두 가지 이치가 아니다. 다만 배우는 데는 순서가 있어 차례를 뛰어 넘을 수 없다. 그래서 공자가 이렇게 말한 것이다.

  : 問事鬼神, 蓋求所以奉祭祀之意. 而死者人之所必有, 不可不知, 皆切問也. 然非誠敬足以事人, 則必不能事神. 非原始而知所以生, 則必不能反終而知所以死. 蓋幽明始終, 初無二理, 但學之有序, 不可躐等, 故夫子告之如此.

주희의 해설이다. 그런데 주희의 해설은 앞에서 인용한 황간의 해설의 연장선상에 있다. 귀신을 섬기는 것과 죽음은 모두 우리 인간이 알지 않으면 안 될 절실한 문제이나, 자로가 정성과 공경이 족히 사람을 섬기는 데도 부족하여 귀신을 섬길 수 없기 때문에 공자가 말하지 않은 것이고, 또 처음의 근원을 탐구하지 못해 삶을 알지 못하기 때문에 죽음에 대해 말하지 않았다는 것이다. 즉 자로의 공부가 부족하여 말하지 않은 것이지, 만약 공부가 충분하였다면 공자가 말해주었을 것이라는 뜻이다.

- 정자(정이)가 말했다. "낮과 밤이 생사의 도다. 삶의 도를 알면 죽음의 도를 알 것이요, 사람을 섬기는 도를 다하면 귀신을 섬기는 도를 다할 것이다. 삶과 죽음, 사람과 귀신은 하나이면서 둘이고, 둘이면서 하나다. 혹자는 말하기를 '공자께서 자로에게 말씀해주지 않으셨다'고 하는데, 이것이 바로 깊이 가르쳐주신 것임을 알지 못하는 것이다."

  : 程子曰, 晝夜者, 死生之道也. 知生之道, 則知死之道. 盡事人之道, 則盡事鬼之道. 死生人鬼, 一而二, 二而一者也. 或言夫子不告子路, 不知此乃所以深告之也.

계속하여 주희가 인용한 정이의 해설이다. 정이의 주장은 한층 더 파격적이다. 삶과 죽음, 사람과 귀신은 하나이면서 둘이라는 것이다. 따라서 삶의 도가 곧 죽음의 도요, 사람을 섬기는 도가 곧 귀신을 섬기는 도이다. 얼핏 보기에는 공자가 귀신과 죽음의 문제에 대하여 대답을 하지 않은 것 같지만, 이 문답 속에 이미 답이 다 들어 있다는 뜻이다.

정이의 말은 끝없는 윤회의 수레바퀴 아래서는 죽음이 곧 삶이고, 삶이 곧 죽음이라는 불교의 가르침과 맥락을 같이한다. 주희와 정이는 이 구절을 왜 이렇게 불교식으로 해석하려 했을까? 황간이야 원래 불교도이니까 그렇다고 할 수 있지만, 주희와 정이는 불교를 묵가墨家나 법가法家보다도 더 싫어한 사람인데, 왜 이런 주장을 하게 되었을까? 거기에는 아마 그렇게도 싫어하는 불교와의 경쟁 심리가 작용했을 것이다.

인도에서 들여온 오랑캐의 가르침인 불교는 사생관이나 우주론 같은 것이 있어, 인간의 삶과 죽음을 비롯하여 우주 안의 삼라만상의 생멸生滅을 나름대로 설명하고 있다. 그런데 중화中華의 가르침인 공맹의 교설敎說에는 삼라만상의 생멸에 관한 설명은커녕, 인간의 생사에 관한 설명도 없었다. 오직 이 세상을 어떻게 살아가야 하느냐에 관한 윤리적 가르침만이 있을 뿐이었다. 남북조南北朝시대 이래 나날이 번창해가는 오랑캐의 가르침(불교)을 바라보면서, 일부 유학자들은 중화의 가르침인 공맹의 교설을 지켜내기 위해서는 공맹의 가르침에 이런 내용들을 보강해야 한다고 생각하였다. 주희나 정이의 주장은 바로 그런 노력의 소산이었다. 그리고 마침내 그들은 우리 공맹의 가르침도 너희 불교 못지않게 삶과 죽음, 인간과 귀신에 대해 설명하고 있다고 자부심을 느꼈으리라.

『역易』에서 말했다. "그 시초로 거슬러 올라가야 끝으로 되돌아온다. 그러므로 삶과 죽음의 일을 알 수 있다. 정精과 기氣가 사물이 되고, 혼이 분리되면 변한다游變. 그러므로 귀신의 정상情狀을 알 수 있다."또 말했다. "낮과 밤의 도에 통하면, 그 시초로 거슬러 올라가 끝으로 되돌아올 줄을 알 수 있다." 낮과 밤에 통한다는 것은 윤회를 말하는 것이다. 여기에서 죽으면 다시 저기에서 태어나고, 사람이 죽어 귀신이 되고 다시 태어나 사람이 되는 것은 모두 윤회가 하는 것이다. 만약 삶이 오는 곳을 알 수 있으면, 죽어 돌아가는 곳을 알 수 있다. 만약 사람의 일을 다 할 수 있으면, 귀신의 일도 다 할 수 있다. 공자가 드러낸 윤회와 유변游變의 이치와 말은 지극히 정미하고 현묘하며 초탈하다. 어떤 사람들은 공자가 사후死後를 말하지 않았다고 하는데, 대단히 어리석은 말이다. 사람의 일을 다 하는 자가 그 바른 것을 따르고 받아들여, 평소의 자리에서 스스로 터득하게 되면, 혼백이 썩지 않고, 능히 윤회에 막히거나 다함이 없게 된다. 귀신의 일을 다 하는 자가 정기를 닦고 혼백을 단련하면, 원신元神과 영혼을 보존할 수 있다. 만약 사람의 일을 버리고 이것만 오로지 하는 것은, 구차하게 지키고 보임保任(보호임지保護任持의 준말로 '찾은 본성을 잘 보호하여 지킨다'는 불교의 용어)하는 것으로, 먼저 장애가 생겨 윤회할 수 없게 된다. 끝없는 윤회를 벗어날 수는 없는데, 사람이 되었으면 사람의 일을 다 할 뿐이고, 이미 몸이 벗어났으면 스스로 증거하고, 스스로 깨달은 후에 혼령魂靈에 종사한다. 삶을 아는 자는 삶이 오는 곳을 알 수 있으니, 즉 이미 도를 들어 죽지 않는다. 그러므로 아침에 도를 들으면 저녁에 죽어도 좋은 것이다. 공자의 도에는 생사와 귀신이 없는 곳이 없다. 역易의 이치는 지극히 상세하나, 후인들이 불교의 말이라고 회피하여, 반드시 공문의 영역을 크게 깎아 없앤 이후에 그치니, 천고에 큰 어리석음이 이와 같은 것이 없다. 이에 지금 덧붙여 바로잡는다.

: 易曰, 原始反終, 故知死生之說. 精氣爲物, 游魂爲變, 故知鬼神之情狀. 又曰, 通乎晝夜之道, 而知原始反終. 通乎晝夜, 言輪廻也. 死於此者復生於彼, 人死爲鬼, 復生爲人, 皆輪廻爲之. 若能知生所自來, 即知死所歸去. 若能盡人事, 即能盡鬼事. 孔子發輪廻游變之理至精, 語至玄妙超脫. 或言孔子不言死後者, 大愚也. 盡人之事者, 順受其正, 素位自得, 則魂魄不壞, 即能輪廻無礙無盡. 盡鬼之事者, 修精氣鍊魂魄, 存元神保靈魂也. 若棄人事而專爲此, 則拘守保任, 先有滯礙, 不能輪廻矣. 蓋萬千輪廻, 無時可免. 以爲人故只盡人事, 旣身超度, 自證自悟, 而後可從事魂靈. 知生者能知生所自來, 卽已聞道不死. 故朝聞道夕死可也. 孔子之道, 無不有死生鬼神. 易理至詳, 而後人以佛言卽避去, 必大割孔地而後止, 千古大愚, 無有如此. 今附正之.

강유위康有爲(1858-1927)의 『논어주論語注』에서 인용한 글이다. 강유위는 공자를 아예 석가모니로 만들고 있다. 공자가 윤회를 이야기했다니……. 이쯤 되면 불교에 대한 경쟁의식의 차원이 아니다. 열등의식의 발로다. 공맹 이래 유가의 가르침은 현세성, 비종교성이라는 유가만의 독특한 특징을 간직한 채 발전해 왔다. 그것은 외래의 가르침인 불교와 대비되는 중국 특유의 유가만의 전통이었다. 그런데 그 전통이 일부 사람들에게는 유가의 치명적인 한계로 인식되었던 모양이다. 그렇기 때문에 위와 같은 주장들을 하게 되는 것이다. 그런데 유가의 현세성, 비종교성을 과연 유가의 한계로 볼 수 있을까?

번지가 안다는 것知에 대해 물었다. 공자께서 말씀하셨다. "인간의 도리에 힘쓰고, 귀신을 공경하되 멀리 하면, 안다고 할 수 있을 것이다."

: 樊遲問知. 子曰, 務民之義, 敬鬼神而遠之, 可謂知矣. 「옹야」

인간의 도리는 인간이면 마땅히 해야 할 도리, 즉 인간이면 마땅히 따라야 할 도道이다. 우리가 사는 이 세상은 인간이 사는 세상이지 귀신이 사는 세상이 아니다. 따라서 이 세상의 주인은 귀신이 아닌 우리 인간이다. 우리 인간의 삶은 우리 인간이 어떻게 하느냐에 따라 결정되는 것이지, 귀신에 의해 결정되는 것은 아니다. 그래서 무엇보다 인간이 가야 할 도道에 힘을 기울이는 것이다. 그리고 귀신은 있는지 없는지 알 수 없으니까, 그냥 관습적으로 공경은 하되, 인간 세상에는 끌어들이지 않는다.

2,500여 년 전의 말이지만, 지금도 여전히 유효한 말이다. 신이 있는지, 없는지 지금도 논쟁이 계속되고 있지만, 적어도 인간의 일은 신에게 맡기지 않고, 인간 스스로 해결하는 것이다. 인간 세상의 주인은 바로 우리 인간인 것이다. 공자는 이 분명한 진리만큼은 꿰뚫어 보고 있었다. 그래서 괴이한 일과 귀신에 대해서는 말하지 않은 것이다子不語怪力亂神.「술이」. 공자의 도는 죽음 너머를 위한 것도, 죽고 난 이후의 귀신을 위한 것도 아니다. 바로 이 현세, 그리고 그 현세를 살아가는 우리 인간을 위한 것이다. 즉 인간 모두가 서로 보듬어 안으면서 인간답게 살아갈 수 있는 세상, 즉 대동의 세상을 위한 것이다. 공자의 도가 현세적이고 인간적이라는 사실이 결코 공자의 가르침에 해를 끼치는 요소는 아니다. 오히려 공자의 가르침을 더 위대하게 만드는 요소면 요소이지.

제2장

학
學

孔子思想

공자에게 배움은 어떤 것이었을까?

■ 공자께서 말씀하셨다. "배우고 제때에 수시로 익히면 또한 기쁘지 아니한가? 벗이 먼 곳으로부터 찾아오면 또한 즐겁지 아니한가? 남이 알아주지 않는다 하더라도 노여워하지 않는다면 또한 군자답지 아니한가?"

: 子曰, 學而時習之, 不亦說乎. 有朋自遠方來, 不亦樂乎. 人不知而不慍, 不亦君子乎.「학이」

『논어』 제일 첫머리에 나오는 말이다. 『논어』가 편찬될 때, 시간순이나, 주제별이라는 편찬 기준이 없었던 점으로 미루어 볼 때 제일 첫머리에 나오는 말이라고 해서 무슨 특별한 의미를 부여할 수는 없을 것이다. 그러나 누구나 그렇듯 무엇을 만들 때 제일 첫머리와 제일 끝은 신경을 쓰기 마련이다. 그렇게 의미 부여를 해 본다면 이 대목은 아마 공자 말년의 삶을 개괄한 말일 것이다. 세상에 대한 미련을 버렸기 때문에, 공부나 하는 게 삶의 낙이었을 것이고, 가끔 찾아오는 친구는 반갑기 그지없었을 것이며, 누가 나를 알아주거나 말거나 이젠 관심 없었을 것이다. 욕심 없는 담백한 삶이 아주 잔잔하게 묘사되어 있다.

그런데 벗이 찾아 왔을 때 즐겁다는 것, 이것은 사람이면 누구나 갖는 인지상정이다. 남이 나를 알아주지 않을 때 노여워하지 않는 것, 결코 쉽지 않은 것이지만, 이성적으로 이해가지 않는 것은 아니다. 왜냐하면 남이 나를 알아주지 않는 것은 그 사람의 문제이지 내 문제가 아니기 때문이다. 내 문제가 아니니 노여워해 봐야 나만 피곤할 뿐이다.

하지만 배우고 익히는 것이 즐겁다고? 요즈음 학생들에게 이런 말을 하면 아마 정신병자 취급할 것이다. 그렇지만 음악하는 사람들이 음악 공부에 탐닉하고, 그림 공부하는 사람들이 그림 공부에 몰두하는 것을 보면, 어떤 사람들에게는 그것이 꼭 그런 것만은 아님도 알 수 있다. 그러면 공자가 배우고 익힌 공부는 도대체 무슨 공부였기에 공자는 그것을 배우고 익히는 것이 기쁘다고 하였을까?

『논어』에는 공자가 배우고 익힌 공부學가 어떤 것이었는지 명시적으로 알려주는 대목은 없다. 다만 「자한」편에 "나는 어렸을 때에 빈천했다. 그런 까닭에 하찮은 일에 많이 능했다吾少也賤, 故多能鄙事."는 표현이 있는 것으로 미루어 보아, 그가 어렸을 때 이것저것 많이 배웠으나, 그것은 먹고 살기 위해서 억지로 한 것이고 그가 좋아한 것은 아니었음은 알 수 있다.

- 공자께서 말씀하셨다. "너희들은 들어오면 효도하고, 나가면 공손하도록 하라. 삼가고 조심하여 믿음을 주도록 하라. 널리 사람을 사랑하고, 어진 이를 가까이하도록 하라. 그리고 남은 힘이 있으면 글을 배울 것이다."

  : 子曰, 弟子入則孝, 出則弟. 謹而信, 汎愛衆, 而親仁. 行有餘力, 則以學文. 「학이」

효도하고, 공손하며, 삼가고 조심하여 믿음을 주고, 널리 사람을 사랑하며, 어진 이를 가까이하라는 것은 다시 말해 사람의 도리를 다하는 사람이 되라는 말이다. 그리고 남는 힘이 있으면 글을 배우라는 데서 글을 배우기 이전에 사람의 도리를 다하는 것이 먼저라는 것을 알 수 있다. 즉 글을 배운다는 것은 사람의 도리를 다하는 것과 관계가 있는 것이다.

- 증자曾子가 말했다. "군자는 글로써 벗을 만나고, 벗으로써 인仁을

돕는다."

: 曾子曰, 君子以文會友, 以友輔仁.「안연」

증자의 말이지만 글文은 인을 돕기輔仁 위한 것, 즉 사람의 도리를 다하기 위한 것이다.

자하子夏가 말했다. "아름다운 여인을 좋아하는 마음으로 어진 이를 어질게 여겨라. 부모를 섬기는 데는 온 힘을 다할 것이며, 임금을 섬기는 데는 온몸을 다 바칠 것이다. 벗과 사귀는 데는 말을 하면 지키도록 하라. (그렇다면) 비록 배우지 않았다 하더라도 나는 반드시 그 사람을 배웠다고 할 것이다."

: 子夏曰, 賢賢易色. 事父母能竭其力. 事君能致其身. 與朋友交言而有信. 雖曰未學, 吾必謂之學矣.「학이」

여기서 자하는 한 발 더 나아가고 있다. 어진 이를 어질게 여기고, 부모를 온 몸으로 섬기며, 임금을 목숨을 바쳐 섬기고, 벗과 신의를 지킬 수 있다면, 다시 말해 사람으로서의 도리를 다할 수 있다면, 그게 바로 배운 사람이라는 것이다. 공부는 사람으로서의 도리를 다하기 위한 것, 즉 도道를 따라 살기 위한 것이라는 말이다.

공자께서 말씀하셨다. "군자는 먹는 데 배부름을 구하지 아니하며, 거처하는 데 편안함을 찾지 아니한다. 일을 행하는 데는 민첩하지만 말은 삼가며, 도를 지닌 선생을 찾아가 자신을 바르게 한다. 그러면 가히 배움을 좋아한다고 할 수 있을 것이다."

: 子曰, 君子食無求飽, 居無求安. 敏於事而愼於言. 就有道而正焉. 可謂好學也已.「학이」

여기서는 공자의 말이다. 공자의 말도 자하의 말과 큰 차이가 없다. 즉, 공부는 도를 배우고 익혀 도를 따라 살기 위한 것이다.

■ 애공이 물었다. "제자들 중에 누가 배움을 좋아합니까?"

공자께서 대답하여 말씀하셨다. "안회顏回라는 자가 있어 배움을 좋아해, 노여움을 옮기지 않았으며, 잘못을 되풀이하지 않았습니다. 불행히도 명이 짧아 일찍 죽으니 지금은 없습니다. 이후로 배움을 좋아한다는 자를 듣지 못했습니다."

: 哀公問, 弟子孰爲好學. 孔子對曰, 有顏回者好學, 不遷怒, 不貳過. 不幸短命死矣, 今也則亡. 未聞好學者也.「옹야」

노여움을 옮기지 않는다는 것은 종로에서 뺨 맞고 한강 가서 눈 흘기지 않는다는 것이다. 잘못을 되풀이하지 않는다는 것은 모르고 한 번 잘못을 범할 수는 있으나, 알고 난 이후에는 결코 같은 잘못을 되풀이하지 않는 것이다. 결국 공자에게 있어 배움이란 도를 배우고 익혀 도에서 벗어난 삶을 살지 않기 위한 것, 즉 도와 일치한 인간, 다시 말해 완전한 인간이 되기 위한 것이다. 도와 일치한 인간, 즉 완전한 인간이란 인간이 가진 가능성을 모두 구현한 인간으로, 바로 성인聖人이다. 따라서 공자에게 공부란 바로 도와 일치한 성인이 되기 위한 것이다.

맹자가 말했다. "인仁은 사람의 마음이요, 의義는 사람의 길이다. 그 길을 버리고 따르지 않으며, 그 마음을 버리고 찾을 줄 모르니, 슬프도다! 사람이 닭이나 개가 없어지면 찾을 줄 알면서도, 마음을 잃고서는 찾을 줄 모른다. 학문의 도는 다른 것이 아니라 바로 그 잃어버린 마음을 찾는 것일 뿐이다."

: 孟子曰, 仁, 人心也, 義, 人路也. 舍其路而弗由, 放其心而不知求, 哀哉. 人有雞犬放, 則知求之, 有放心, 而不知求. 學問之道無他, 求其放心而已矣. 『맹자』「고자상」

맹자의 말이지만 공자와 별 차이가 없다. 맹자도 사람이 어진 마음을 되찾는 것, 즉 사람다운 사람이 되는 것을 학문, 즉 공부라고 하고 있다. 맹자에게도 공부란 도를 배우고 익혀 사람다운 사람이 되기 위한 것일 뿐이다.

그런데 사람은 정말 공부를 통해 성인이 될 수 있는 것일까?

▪ 공자께서 말씀하셨다. "성性은 서로 가까우나, 익히는 것에 의해 서로 멀어진다."

: 子曰, 性相近也, 習相遠也. 「양화」

성은 인간이 타고난 본성이다. 본성이 서로 가깝다는 말은 인간은 태어날 때는 누구나 다 비슷하다는 말이다. 즉 성인인 요임금이나, 순임금도 우리 같은 범인과 다 다를 바 없이 태어났다는 뜻이다. 다만 요와 순은 성인이 되는 공부, 즉 도道를 배우고 익혀서 성인이 되었고, 범인은 그냥 범인처럼 살고 행동하는 것만 배우고 익혀서 범인이 되었을 뿐이다. 범인도 도를 배우고 익히면 누구나 성인이 될 수 있다. 문제는 무엇을 익히느냐, 즉 공부에 달려 있다.

▪ 공자께서 말씀하셨다. "오직 가장 지혜로운 자와 가장 어리석은 자만이 변하지 않는다."

: 子曰, 唯上知與下愚不移. 「양화」

가장 지혜로운 자上知는 더 이상 배움이 필요 없을 정도로 모든 것을 다 아는 사람이다. 따라서 더 이상 학업을 통해 나아갈 데가 없다. 즉 이미 성인인 것이다. 가장 어리석은 자下愚는 누구일까? 다음은 주희의 『논어집주』에 인용된 그에 관한 해설이다.

■ 정자(정이)가 말했다. "사람의 성性이 원래 선한데, 바뀔 수 없는 것이 있는 것은 어째서일까? 그 성을 말하면 모두 선하나, 그 재질을 말하면 하우下愚의 바뀔 수 없음이 있다. 소위 하우에는 두 가지가 있는데, 자포自暴와 자기自棄다. 사람이 진정 선善으로 자신을 닦으면 바뀔 수 없는 것이 없어서, 비록 지극히 어둡고 어리석은 사람이라도 모두 조금씩 연마하여 앞으로 나아갈 수 있다. 오직 스스로를 해치는 자自暴者만이 믿지 못해 거절하고, 스스로를 버리는 자自棄者만이 하지 않고 끊으니, 비록 성인과 함께 산다고 하더라도 교화시켜 들어가게 할 수 없다. 이것이 공자께서 말씀하시는 소위 하우다. 그러나 그 기질이 꼭 어둡고 어리석은 것만은 아니다. 왕왕 강하고 사나워서 재주와 기운이 남보다 지나친 자들도 있으니 상商나라의 신辛(은나라의 폭군 주紂)이 그렇다. 자기 스스로 선善을 끊는다고 하여 성인이 하우라고 일컬었으나, 그 귀결을 살펴보면 정녕 어리석을 뿐이다."

: 程子曰, 人性本善, 有不可移者何也. 語其性則皆善也, 語其才則有下愚之不移. 所謂下愚有二焉. 自暴自棄也. 人苟以善自治, 則無不可移. 雖昏愚之至, 皆可漸磨而進也. 惟自暴者拒之以不信, 自棄者絶之以不爲. 雖聖人與居, 不能化而入也, 仲尼之所謂下愚也. 然其質非必昏且愚也. 往往强戾而才力有過人者, 商辛是也. 聖人以其自絶於善, 謂之下愚, 然考其歸則誠愚也.

맹자는 「이루상」편에서 "말만 하면 예와 의를 헐뜯는 자"를 일컬어 자포라고 하였고, "나는 인에 머물 수 없고 의를 따를 수 없다고 하는 자"를 일컬어 자기라고 하였다言非禮義謂之自暴也, 吾身不能居仁由義謂之自棄也.

즉, 자포자기는 스스로 하지 않으려 하는 것이다. 공자가 말하는 가장 어리석은 자란 다름 아닌 스스로 하지 않으려 하는 자들이다. 스스로 하지 않으려 하는 사람은 비록 요순이 같이 살며 바꾸려 해도 바꿀 방법이 없다. 그래서 공자가 가장 어리석은 자는 변하지 않는다고 한 것이다. 그러나 그렇지 않은 사람들, 즉 조금이라도 자신을 돌이켜 보고 앞으로 나아가려고 하는 사람들은 누구나 다 변할 수 있다. 즉, 노력하면 요순과 같은 성인이 될 수 있는 것이다.

성실함誠은 하늘의 도이고, 성실하려고 하는 것은 사람의 도이다. 성실함은, 힘쓰지 않고도 도에 맞고, 생각하지 않고도 터득하여, 조용히 도에 맞으니, 성인이다. 성실하려고 하는 것은, 선을 택해 굳게 지키는 것이다. 이것을 널리 배우고, 자세히 물으며, 신중히 생각하고, 분명하게 분별하며, 독실하게 행해야 한다. 배우지 않는 일이 있을지언정, 배우면 능할 수 없거든 놓지 않는다. 묻지 않는 일이 있을지언정, 물으면 알지 못하거든 놓지 않는다. 생각하지 않는 일이 있을지언정, 생각하면 터득하지 못하거든 놓지 않는다. 분별하지 않는 일이 있을지언정, 분별하면 분명하지 못하거든 놓지 않는다. 행하지 않는 일이 있을지언정, 행하면 독실하지 못하거든 놓지 않는다. 남이 한 번에 할 수 있으면 나는 백 번을 하며, 남이 열 번에 할 수 있으면 나는 천 번을 한다. 진실로 이 도에 능할 수 있으면 비록 어리석다 하더라도 반드시 밝아지며, 비록 유약하다 하더라도 반드시 강해진다.

: 誠者, 天之道也. 誠之者, 人之道也. 誠者, 不勉而中, 不思而得, 從容中道, 聖人也. 誠之者, 擇善而固執之者也. 博學之, 審問之, 愼思之, 明辨之, 篤行之. 有弗學, 學之弗能弗措也. 有弗問, 問之弗知弗措也. 有弗思, 思之弗得弗措也. 有弗辨, 辨之弗明弗措也. 有弗行, 行之弗篤弗措也. 人一能之, 己百之. 人十能之, 己千之. 果能此道矣, 雖愚必明, 雖柔必强. 『중용』

자사子思가 썼다고 전해지는 『중용』의 말이다. 성실함誠이라는 것은 우주의 법칙성이다. 고대 중국인들은 때가 되면 정확히 해와 달이 떴다 지고, 어김없이 일 년마다 사계절이 찾아오는 자연의 법칙성을 하늘의 성실함이라고 봤다. 성실하려고 한다는 것誠之은 우리 인간이 저 하늘의 도天道를 본받아 그처럼 성실해지려고 하는 것이다. 따라서 성실하려고 하는 것은 사람의 도人道다.

그런데 이 성실함으로 만사에 임하면 못할 것이 없다. 내가 능력이 남의 10분의 1밖에 안 되면 10배의 성실함으로 임하면 되고, 100분의 1밖에 안 되면 100배의 성실함으로 임하면 된다. 성실함으로 임하면 아무리 뒤떨어지는 사람도 결국은 같은 목표에 도달할 수 있다. 즉 성인이 될 수 있는 것이다.

- 성인의 문하에 제자가 삼천 명이나 있었지만, 오직 안자(안연)만이 배우기를 좋아했다고 한다. 대개 시서육예詩書六藝를 삼천 제자가 익혀 통하지 않은 경우가 없었는데, 그러면 안자가 홀로 좋아한 것은 무슨 공부인가? 배워서 성인에 이르는 도이다.

성인은 배워서 이를 수 있는가? 대답하기를, 그렇다. 배움의 도는 어떠한가? 대답하기를, 천지에 정기가 쌓여 오행五行 중 빼어난 것을 얻어 사람이 된다. 그 근본은 참되고 고요하다. 그 본성이 드러나지 않았을 때에도 오성五性이 갖추어져 있으니, 이름 하여 인의예지신仁義禮智信이다. 형체가 이미 생긴 후에는 바깥 사물이 그 형체에 접촉하면서 속에서 움직임이 일어난다. 움직임이 일어나면 칠정이 나오는데 이름하여 희노애락애오욕喜怒哀樂愛惡欲이다.

그 감정이 왕성해져 더욱 방탕해지면 본성이 손상된다. 그러므로 배우는 자는 그 감정을 제어하여 중화中和에 맞게 하고, 마음을 바르게 하며, 본성을 기를 뿐이다. 그러므로 말하길, 감정을 본성으로 만든다고 한다性其情. 어리석은 자는 감정을 제어하는 것을 알지 못해, 감정을 제멋대로 놔두어 사악하고 편벽한 데 이르며, 본성을 속박하여 없어지게 한다. 그러므로 말하길, 본성을 감정으로 만든다고 한다情其性.

무릇 배움의 도는 그 마음을 바로 하고, 본성을 기르는 것일 뿐이다. 치우치지 않아 올바르고, 성실하면 성인이다. 군자의 배움은 반드시 먼저 마음에 그것을 밝히고, 기를 바를 안 연후에 힘써 행하여 이르기를 구하니, 소위 밝음으로부터 성실해지는 것이다.

그러므로 배움은 반드시 그 마음을 다해야 한다. 그 마음을 다하면 그 본성을 알게 되고, 그 본성을 알면 돌이켜 성실해지니, 성인이다. 그러므로 홍범洪範에 말하길, "생각하면 명철해지고, 명철해지면 성인이다."라고 하였다.

성실해지려고 하는 방법은 도를 독실히 믿는 데 있다. 도를 독실히 믿으면 행동이 결과를 얻게 되고, 행동이 결과를 얻으면 지키는 것이 굳어진다. 인의충신仁義忠信이 마음에서 떠나지 않아, 경황이 없을 때도 그러하고, 다급할 때도 그러하며, 나아가고 머무르며 말하고 침묵할 때도 그러하게 된다. 오래되어도 잃지 않으면 일상에 거처하는 데 편안하고, 일거수일투족이 예에 맞아, 사악하고 편벽된 마음이 저절로 생기는 일이 없게 된다.

그래서 안자가 받든 것은 "예가 아니면 보지 않고, 예가 아니면 듣지 않으며, 예가 아니면 말하지 않고, 예가 아니면 움직이지 말라."였다. 공자께서 이를 칭찬하여 말씀하시길, "좋은 것을 하나 얻으면 잘 받들어 가슴속에 넣고 잃지 않는다."라고 하셨고, 또

"노함을 옮기지 않았고, 허물을 두 번 하지 않았으며, 잘못이 있으면 알아채지 못한 적이 없었고, 알면 다시 한 적이 없었다."라고 하셨다. 이것이 독실하게 좋아하는 것으로, 배우는 도이다.

보고 듣고 말하고 행동하는 것이 다 예인 사람이 성인과 다른 것은, 성인은 생각하지 않고도 터득하고, 힘쓰지 않고도 도에 맞아, 조용히 도에 맞는데, 안자는 반드시 생각한 후에 터득하고, 힘쓴 후에 도에 맞는다는 것이다. 그러므로 안자와 성인은 서로 차이 나는 것이 숨 한 번에 불과하다.

맹자가 말하길, "충실하게 갖춰 광채가 나는 것을 일컬어 크다고大 하며, 크며 저절로 화化하는 것을 일컬어 성스럽다고聖 하고, 성스러우면서 알 수 없는 것을 일컬어 신령스럽다고神 한다."고 하였다. 안자의 덕은 충실하게 갖춰 광채가 나는 것으로, 이르지 못한 바는 지키는 것일 뿐, 아직 저절로 화하지 못한다는 것이다. 그러나 그 배우기를 좋아하는 마음으로 몇 년을 더 살 수 있다면 얼마 지나지 않아 저절로 화하게 될 것이다. 그러므로 공자께서 말씀하시길, "불행히도 명이 짧아 죽었다."고 하셨으니, 성인에 이르지 못함을 안타깝게 여기신 것이다. 소위 저절로 화한다는 것은 입신의 경지에 들어 저절로 그렇게 되는 것이니, 생각하지 않고도 터득하고, 힘쓰지 않고도 도에 맞는 것을 일컫는다. 공자께서 말씀하신 "칠십에 마음이 내키는 대로 행하여도 법도에 어긋나지 않는다."가 그것이다.

어떤 사람이 말하길, "성인은 태어나면서부터 아는 사람인데, 지금 배워서 이를 수 있다고 하는데, 그 근거가 있는가?"라고 하니, 말하길, "그렇다. 맹자가 말하길, '요임금과 순임금은 본성대로 했고, 탕왕과 무왕은 본성을 돌이켜 회복했다.'고 했으니, 본성대로 행한 것은 태어나면서 아는 사람이요, 본성을 돌이켜 회복한 것은 배워서 아는 사람이다." 또 말하길, "공자는 태어나면서부터 아는 사람이요, 맹자는 배워서 아는 사람이다. 나중 사람들이 이를 깨닫지 못하고, 성인은 본래 태어나면서부터 아는 사람이니, 배워서 이를 수 있는 것이 아니라고 여겨, 마침내 배움의 도가 사라졌다. 자기에게서 구하지 않고 밖에서 구하며, 널리 듣고, 억지로 외우며, 교묘히 꾸미고, 화려하게 말하는 것을 공부라고 여겨, 그 말만 화려하게 하니, 도에 이르는 자가 드물다. 그러니 지금의 배움이라고 하는 것은 안자가 좋아하던 그 배움과 다른 것이다."

: 聖人之門, 其徒三千, 獨稱顔子爲好學. 夫詩書六藝, 三千子非不習而通也. 然則顔子所獨好者何學也. 學以至聖人之道也.

聖人可學而至歟. 曰, 然. 學之道如何. 曰, 天地儲精, 得五行之秀者爲人. 其本也眞而靜. 其未發也五性具焉, 曰, 仁義禮智信. 形旣生矣, 外物觸其形而動於中矣. 其中動而七情出焉, 曰, 喜怒哀樂愛惡欲.

情旣熾而益蕩, 其性鑿矣. 是故覺者約其情使合於中, 正其心, 養其性, 故曰, 性其情. 愚者則不知制之, 縱其情而至於邪僻, 梏其性而亡之, 故曰, 情其性.

凡學之道, 正其心, 養其性而已. 中正而誠, 則聖矣. 君子之學, 必先明諸心, 知所養, 然後力行以求至, 所謂自明而誠也.

故學必盡其心. 盡其心, 則知其性. 知其性, 反而誠之, 聖人也. 故洪範曰, 思曰睿, 睿作聖.

誠之之道, 在乎信道篤. 信道篤則行之果, 行之果則守之固. 仁義忠信不離乎心, 造次必於是, 顚沛必於是, 出處語默必於是. 久而弗失, 則居之安, 動容周旋中禮, 而邪僻之心無自生矣.

故顔子所事, 則曰, 非禮勿視, 非禮勿聽, 非禮勿言, 非禮勿動. 仲尼稱之, 則曰, 得一善, 則拳拳服膺而弗失之矣. 又曰, 不遷怒, 不二過, 有不善未嘗不知, 知之未嘗復行也. 此其好之篤, 學之之道也.

視聽言動皆禮矣, 所異於聖人者, 蓋聖人則不思而得, 不勉而中, 從容中道. 顔子則必思而後得, 必勉而後中. 故曰, 顔子之與聖人 相去一息.

孟子曰, 充實而有光輝之謂大, 大而化之之謂聖, 聖而不可知之謂神. 顔子之德, 可謂充實而有光輝矣. 所未至者, 守之也, 非化之也. 以其好學之心, 假之以年, 則不日而化矣. 故仲尼曰, 不幸短命死矣. 蓋傷其不得至於聖人也. 所謂化之者, 入於神而自然, 不思而得, 不勉而中之謂也. 孔子曰, 七十而從心所欲不踰矩, 是也.

或曰, 聖人生而知之者也. 今謂可學而至, 其有稽乎. 曰, 然. 孟子曰, 堯舜性之也, 湯武反之也. 性之者, 生而知之者也. 反之者, 學而知之者也. 又曰, 孔子則生而知也, 孟子則學而知也. 後人不達, 以謂聖本生知, 非學可至, 而爲學之道遂失. 不求諸己而求諸外, 以博聞强記巧文麗辭爲工, 榮華其言, 鮮有至於道者. 則今之學, 與顔子所好異矣. 「顔子所好何學論」

1056년 정이가 24살의 나이에 썼다는 그 유명한 "안자가 좋아한 것은 무슨 학문이었는가?顔子所好何學"이다. 당시 정이는 송나라의 수도인 개봉開封에 놀러 갔는데, 태학太學에서 호원胡瑗(993-1059)이 위의 제목으로 태학생들에게 시험을 보는 것을 보고, 즉석에서 위의 글을 써내 뭇사람들을 놀라게 한 바 있다. 이 글에서 정이는 안연을 빌려 공문孔門의 공부라는 것이 도를 배우고 익혀 도와 일치한 인간, 즉 성인이 되기 위한 공부이고, 누구나 다 공부를 통해 성인이 될 수 있다고 호언하고 있다. 정이가 설파하는 공부의 방법론은 설혹 공자나 맹자와 다를 수 있을지 몰라도, 공부에 대한 근본 인식만은 조금도 차이가 없는 것을 알 수 있다.

공자는 열다섯에 공부에 뜻을 두어 일흔에는 마음이 하고자 하는 대로 행하여도 법도에 어긋나지 않게 되었다고 하였다子曰, 吾十有五而志于學, … 七十而從心所欲不踰矩. 「위정」. 과연 공자의 말일까 의심이 가는 대목이기도 하지만, 열다섯에 공부에 뜻을 둔 것이 마음이 하고자 하여도 법도에 어긋나지 않는 사람이 되기 위함, 즉 도와 일치한 사람이 되기 위함이었음을 말하고 있다. 그렇다 공문의 공부는 바로 도를 배우고 익혀 도와 일치한 사람, 즉 성인이 되기 위한 것이다.

공자가 배우고 제때에 맞춰 수시로 익히는 것이 즐겁다고 한 것은 다름 아니라, 그렇게 함으로써 자신의 삶이 나날이 도에 가까이 다가감을 온 몸으로 느낄 수 있게 되어 즐겁다는 것이다. 화가가 그림 그리는 법을 배우고 제때에 수시로 익히다 보면 기술이 몸에 배어 점차 자기 것이 되어 가는 것처럼, 도를 배우고 제때에 수시로 익히다 보면 도가 점차 자기 것이 되어 간다. 그것이 기쁜 것이다. 그리고 그 공부가 하루하루 쌓이다 보면 마침내 나도 모르는 사이에 도와 일치한 사람, 즉 성인이 되어 있는 자신을 발견할 수 있을 것이다. 그것이 결코 빈 말이 아님은 공자 자신이 온몸으로 증명해 주고 있다.

천상지탄川上之歎, 어떻게 읽을 것인가?

■ 공자께서 냇가에서 말씀하셨다. "흘러가는 것이 이와 같아서 밤낮으로 멈추지를 않는구나."

: 子在川上曰, 逝者如斯夫, 不舍晝夜. 「자한」

공자의 유명한 천상지탄川上之歎이다. 공자는 밤낮으로 멈추지 않고 흘러가는 시냇물을 보면서 무엇을 느꼈기에 이런 말을 했을까?

■ 포함包咸(BC6–AD65)이 말했다. "逝는 往으로 가는 것이다. 무릇 가는 것이 시냇물이 흘러가는 것과 같음을 말한 것이다."

: 包曰, 逝往也. 言凡往也者如川之流.

하안의 『논어집해』에 인용된 포함의 해설이다. 포함은 막연하게 무릇 가는 것往이 시냇물이 흘러가는 것과 같다고만 하고 있다. 포함이 말하는 가는 것이란 도대체 무엇일까? 포함의 글 속에는 그에 대한 더 이상의 언급은 없다.

- 공자가 냇가에서 시냇물이 한 번도 정지하지 않고 빠르게 흘러가는 것을 보고 인생의 나이가 가는 것이 또한 이와 같음을 탄식한 것이다. 과거의 나는 지금의 내가 아니기 때문에 말하기를 "흘러가는 것이 이와 같다."고 하였다. 사斯는 차此로 이것이다. 부夫는 어조사다. 세월이 머물러 있지 않음이 흘러가는 물과 같으므로 말하길 "밤낮으로 멈추지를 않는구나."라고 하였다. 강희江熙가 말했다. "사람은 남산南山이 아니므로, 덕을 쌓고 공을 세우며, 굽어보고 우러러보는 사이에 시간은 지나간다. 흘러가는 시냇물을 보고 감회에 젖으니, 감개하지 않을 수 있겠느냐? 성인은 백성의 마음으로 자신의 마음을 삼는다." 손작孫綽이 말했다. "시냇물이 흘러가며 머물지를 않듯이, 나이도 지나가며 머물지를 않는다. 때는 이미 늦었는데도 도는 아직도 행해지지 않는다. 그래서 근심하며 탄식한 것이다."

: 孔子在川水之上, 見川流迅邁, 未嘗停止, 故嘆人年往去, 亦復如此. 向

我非今我, 故云逝者如斯夫者也. 斯此也. 夫語助也. 日月不居, 有如流水, 故云不舍晝夜也. 江熙云, 言人非南山, 立德立功, 俛仰時過, 臨流興懷, 能不慨然. 聖人以百姓心爲心也. 孫綽云, 川流不舍, 年逝不停, 時已晏矣, 而道猶不興, 所以憂嘆也. 『논어의소』

황간의 해설이다. 황간은 공자가 시냇물이 흘러가는 것을 보고 인생의 무상함을 느껴 한 말로 보고 있다. 나이가 중년을 넘어선 사람이라면 누구나 시냇물이 쉬지 않고 흘러가는 것을 바라보면서 인생의 무상함을 느껴 본 경험이 있을 것이다. 엊그제만 해도 검은 머리에 윤기 흐르던 얼굴이 어느새 눈이 내린 듯 하얗고 쭈글쭈글하게 변해 버린 것을 바라볼 때 인생의 무상함이 한숨과 함께 저절로 다가오지 않을 수 없다. 아무리 위대한 공자라고 하지만 세월이 그를 위해 멈추지는 않는 법. 밤낮으로 쉬지 않고 흘러가는 세월은 마치 저 시냇물과 같아서 어느새 인생의 황혼이 되었는데, 아직도 이룬 것은 없고, 이게 공자의 탄식이 아니었는지……. 황간이 그린 공자는 평범한 우리와 조금도 다를 바 없는 사람이다. 그것을 강희는 성인은 백성의 마음으로 자신의 마음을 삼는다고 하였다聖人以百姓心爲心.

▒ 천지의 조화가 가는 것이 지나가면 오는 것이 이어져 한순간도 그치는 법이 없으니, 이것이 바로 도체道體의 본연이다. 그러나 쉽게 지적하여 볼 수 있는 것으로 시냇물이 흘러가는 것 만한 것이

없다. 그래서 여기에서 드러내어 사람들에게 보인 것이니, 배우는 자가 수시로 성찰하여 잠시도 중단하지 않게 하고자 한 것이다. 정자(정이)가 말했다. "이것은 도의 본체道體이다. 하늘은 운행함이 그치는 법이 없어, 해가 가면 달이 오고, 추위가 가면 더위가 오며, 물은 흘러 그치는 법이 없고, 만물은 태어나 다하는 법이 없으니, 모두 도와 한 몸이 되어 밤낮으로 운행하여 일찍이 그치는 법이 없다. 그래서 군자는 이것을 본받아 스스로 힘쓰고 쉬지 않으니, 그 지극한 경지에 이르게 되면, 순수함이 또한 그치지 않는다." 또 말했다. "한나라 이래로 유자들이 모두 이 뜻을 알지 못했다. 여기서 성인의 마음이 순수함이 또한 그치지 않음을 볼 수 있으니, 이것이 바로 하늘의 덕이다. 하늘의 덕이 있어야 왕도王道를 말할 수 있으니, 그 요체는 오직 홀로 있을 때를 삼가는 것謹獨에 있다."

: 天地之化, 往者過, 來者續, 無一息之停, 乃道體之本然也. 然其可指而易見者, 莫如川流. 故於此發以示人, 欲學者時時省察, 而無毫髮之間斷也. 程子曰, 此道體也. 天運而不已, 日往則月來, 寒往則暑來, 水流而不息, 物生而不窮, 皆與道爲體, 運乎晝夜, 未嘗已也. 是以君子法之, 自强不息. 及其至也, 純亦不已焉. 又曰, 自漢以來, 儒者皆不識此義. 此見聖人之心, 純亦不已也. 純亦不已, 乃天德也. 有天德, 便可語王道, 其要只在謹獨. 『논어집주』

주희의 해석은 황간과 전혀 다르다. 주희나 정이는 시냇물이 밤낮으로 멈추지 않고 흐르는 것이 도체道體의 본연을 나타낸다고 보고 있다. 즉 공자가 시냇물이 쉬지 않고 흐르는 것을 보면서 인생무상 따위의 나약한 감정을 느낀 것이 아니라, 도체의 본연, 즉 우주의 운행이 한순간도 쉬지 않고 계속되는 것을 깨달은 것이라고 한다. 그 도체의 본연, 즉 우주가 한순간도 쉬지 않고 운행하는 것을 본받아 우리 인간도 한순간도 쉬지 않고 부지런히 자신을 갈고 닦아야 한다. 공자의 말은 원래 이런 내용이었는데, 이것을 한漢나라 이래로 아무도 깨닫지 못하고 있다가 자기들 대에 와서야 비로소 깨닫게 되었다는 것이다.

주희나 정이의 주장은 『중용』의 지성무식至誠無息에서 유래한 것이다. 『중용』에서 우주의 법칙성은 지성무식으로 표현된다. 즉 아침이 되면 어김없이 해가 뜨고, 저녁이 되면 별이 나오며, 일 년마다 봄, 여름, 가을, 겨울이 번갈아 찾아오는 우주의 법칙성을 『중용』은 도가 지극한 정성으로至誠 한순간도 쉬지 않는 것으로無息 표현한다. 그런데 우리 인간은 하늘의 법도를 본받으며 살아가야 할 존재다. 따라서 우리도 우주처럼 지성무식, 즉 자강불식自强不息해야 한다. 주희와 정이는 공자가 시냇물이 밤낮으로 멈추지 않고 흘러가는 것을 보고 이 지성무식을 깨달아, 후학들에게 그것을 알려줄 목적으로 이런 말을 했다고 해석하는 것이다. 주희나 정이가 그리는 공자는 어떤 상황하에서도 한순간의 게으름도 없는, 말 그대로 성인 그자체이다.

■ 서자徐子가 말했다. "중니께서 자주 물에 대해 말씀하시며 '물이여! 물이여!'하셨는데, 물에서 무엇을 취한 것입니까?"

맹자가 말했다. "원천源泉의 물은 항상 용솟음쳐 밤낮으로 멈추지 아니하고, 웅덩이를 다 채운 후 나아가 사해에 이른다. 근본이 있는 것은 이와 같으니, 이것을 취했을 뿐이다. 만일 근본이 없다면, 칠팔 월에 비가 집중적으로 쏟아지면 도랑을 가득 채우지만, 그 물이 말라버리는 것을 서서 기다릴 수 있을 것이다. 그러므로 군자는 소문이 실제보다 지나친 것을 부끄러워한다."

: 徐子曰, 仲尼亟稱於水. 曰, 水哉, 水哉. 何取於水也. 孟子曰, 原泉混混, 不舍晝夜. 盈科而後進, 放乎四海. 有本者如是. 是之取爾. 苟爲無本, 七八月之閒雨集, 溝澮皆盈, 其涸也, 可立而待也. 故聲聞過情, 君子恥之. 『맹자』「이루하」

『맹자』에서 인용하였다. 맹자에 의하면 공자는 평소 자주 물에 대해 언급했던 모양이다. 그런데 그 물에 대해 맹자는 원천源泉 여부, 즉 근원이 있느냐 여부를 가장 중요시하고 있다. 근원이 있으면 끊임없이 나아가 결국 바다에 이르지만, 근원이 없으면 말라버리고 만다. 따라서 우리 인간도 그것을 본받아 항상 근원을 갖추도록, 즉 실상을 갖추도록 노력해야 한다는 것이다. 그래야만 끊임없이 전진해 궁극의 목표, 즉 도와 일치하는 성인의 경지에 나아갈 수 있다. 주희나 정이의 해석은 맹자의 이러한 입장에서 비롯된 것은 아닌지…….

흘러가는 세월의 무상함이라는 하안이나 황간의 해석과 우주의 지성무식이라는 주희나 정이의 해석은 서로 용납될 수 없는 것일까? 꼭 그렇지만은 않을 것이다. 흘러간 세월의 무상함을 알면 남은 세월의 귀중함도 또한 알 수 있을 테니까. 따라서 우주의 지성무식을 본받아 더욱 자강불식하려 노력할 것이다.

- 증자가 말했다. "사士는 넓고 굳세지 않으면 안 될 것이니, 맡은 임무는 무겁고, 가야 할 길은 멀기 때문이다. 인仁으로써 자신의 임무를 삼으니 어찌 무겁지 않으며, 죽은 다음에야 끝나니 어찌 멀지 않겠느냐?"

  : 曾子曰, 士不可以不弘毅. 任重而道遠. 仁以爲己任, 不亦重乎. 死而後已 不亦遠乎. 「태백」

도를 따라 사는 것은 인이라는 무거운 짐을 지고 죽은 다음에야 끝나는 먼 길을 가는 것과 같다. 따라서 마음을 넓고 굳세게 갖고 항상 자강불식해야 할 것이다.

공자의 마음가짐은 명경지수와 같았을까?

공자가 제나라에 있을 때 소韶 음악을 듣고 석 달 동안 고기 맛을 알지 못했다. 말하길, "음악을 하는 것이 여기에 이를 것이라고는 생각하지 못했다."라고 했다.

: 子在齊聞韶, 三月不知肉味. 曰, 不圖爲樂之至於斯也. 「술이」

소韶는 순舜임금의 음악이다. 일찍이 공자가 "더할 나위 없이 아름답고 더할 나위 없이 선하다子謂韶, 盡美矣, 又盡善矣. 「팔일」."고 한 바 있다. 공자는 그 소 음악을 제나라에 있을 때 들었다. 그리고는 석 달 동안이나 고기 맛을 알지 못했다.

■ 주周씨가 말했다. "공자가 제나라에 있을 때 소 음악의 성대한 아름다움을 듣고 익혔다. 그래서 홀연 고기 맛을 알지 못했다." 왕王씨가 말했다. "爲는 作이다. 소 음악을 만든 것이 여기에 이를 것이라고는 생각하지 못한 것이다. 여기는 제나라다."

: 周曰, 孔子在齊, 聞習韶樂之盛美. 故忽忘於肉味. 王曰, 爲作也. 不圖作韶樂至於此. 此齊. 『논어집해』

하안의 해설이다. 하안은 왕씨를 인용하여 "여기에 이르렀다至於斯"의 여기斯를 제나라齊로 해석했다. 즉 소 음악이 제나라에까지 이를 줄은 생각하지 못했다는 뜻이다.

황간은 『논어의소』에서 부연하기를 소 음악은 성군인 순임금의 음악인데, 그런 아름다운 음악이 무도한 제나라에서 연주되는 것을 보고 탄식한 말이라고 하였다. 그래서 곽상郭象(252?-312)이 "악기는 있는데 도는 없어졌고, 소리는 들을 수 있는데 그 시절은 없는 것을 슬퍼한 것이다郭象曰, 傷器存而道廢, 得有聲而無時."라고 한 말을 인용하고 있다. 즉 소 음악과 그것이 연주된 당시의 제나라가 서로 어울리지 않음을 슬퍼하여 석 달 동안이나 고기 맛을 알지 못했다는 말이다.

■ 『사기』에는 三月 위에 學之라는 두 글자가 더 있다. 고기 맛을 몰랐다는 것은 마음이 여기에 몰입하여 다른 데 미치지 않은 것이다. 순임금이 만든 음악이 이처럼 아름다운 경지에 이를 것이

라고는 생각하지 못했다라고 말한 것은, 그 감정과 꾸밈을 갖춤이 지극하여 자기도 모르는 가운데 깊이 탄식한 것이다. 대개 성인이 아니면 이에 미칠 수 없다. 범씨范祖禹(1041–1098)가 말했다. "소 음악은 지극히 아름답고 또 지극히 선하니, 음악은 여기에 더 더할 것이 없다. 그러므로 석 달 동안 배우는 동안 고기 맛을 알지 못하고 탄미歎美하기를 이처럼 한 것이다. 정성이 지극하고, 감동이 깊은 것이다."

: 史記三月上有學之二字. 不知肉味, 蓋心一於是而不及乎他也. 曰, 不意舜之作樂至於如此之美, 則有以極其情文之備, 而不覺其歎息之深也. 蓋非聖人不足以及此. 范氏曰, 韶盡美又盡善, 樂之無以加此也. 故學之三月, 不知肉味, 而歎美之如此. 誠之至, 感之深也.『논어집주』

주희의 해설이다. 원래 이 대목은『사기』「공자세가」에는 공자의 나이 서른다섯에서 마흔둘 사이의 일로 기록되어 있는데, 다음과 같다. "제나라의 태사와 음악에 대해 말을 나누다가 소 음악을 듣고는 그것을 배우느라, 석 달 동안 고기 맛을 알지 못했다與齊太史語樂, 聞韶音, 學之, 三月不知肉味." 주희의 말대로 三月 앞에 學之라는 두 글자가 더 있으며, 또한 "음악을 하는 것이 여기에 이를 것이라고는 생각하지 못했다."는 공자의 말도 빠져 있다.

주희는 여기斯를 하안처럼 제나라로 보지 않고, "이처럼 아름다움如此之美"의 뜻으로 해석한다. 즉 소 음악이 이처럼 아름다운 경지에 이를 것이라고는 생각하지 못했다는 뜻이다. 그래서 공자가 그 아름다움에 깊이 심취하여 석 달 동안이나 고기 맛을 알지 못했다는 것이다. 고기 맛을 알지 못했다는 것은 마음이 소 음악에 빠져 있어 다른 데는 신경이 가지 않았다는 것이다. 『대학大學』에 "마음이 있지 않으면, 보아도 보이지 않고, 들어도 들리지 않으며, 먹어도 맛을 모른다心不在焉, 視而不見, 聽而不聞, 食而不知其味."고 한 말이 바로 이것이다. 주희의 해석이 하안보다 훨씬 자연스럽게 느껴진다.

하안이나 황간의 해석과 주희의 해석이 서로 조금씩 다르긴 하지만 모두 공자가 소 음악 때문에 석 달 동안 고기 맛을 알지 못했다는 데만은 의견이 일치한다. 그런데 정이는 석 달이라는 뜻의 三月은 음音자가 잘못된 것이라고 주장한다. 音이라는 글자를 잘못 나누어 둘로 보아 三月로 읽었다는 것이다. 즉 音을 三月의 세로쓰기로 보았다는 말이다. 그래서 音으로 읽어야지 三月로 읽으면 뜻이 되지 않는다고 한다三月乃音字誤分爲二也. 作三月, 則於義不可. 『이정집二程集』. 정이에 의하면 이 문장은 원래 이렇게 되어야 한다. "공자가 제나라에 있을 때 소韶 음악을 듣고 고기 맛을 알지 못했다. 말하길, '음악을 하는 것이 여기에 이를 것이라고는 생각하지 못했다子在齊聞韶音, 不知肉味. 曰, 不圖爲樂之至於斯也.'"라고 했다.

정이는 그 이유를 다음과 같이 말하고 있다. "성인은 사물에 걸리거나 막히지 않는다. 그러니 비록 소 음악이 아름답다고 해도 어찌 곧장 석 달에 이르도록 고기 맛을 모를 수가 있겠는가? 三月이라는 글자는 잘못된 것으로, 마땅히 音이라는 글자여야 한다聖人不凝滯于物. 安有韶樂雖美, 直至三月不知肉味者乎. 三月字誤, 當是音字.『이정집』." 사물에 걸리거나 막히지 않는다는不凝滯 말은 거울이 대상을 비추는 것과 같이 대상이 사라지면 그 영상도 사라져, 그 대상에 걸리거나 막혀 있지 않는 것이다. 성인의 마음은 거울과 같아 사물에 걸리거나 막혀 있지 않는데, 소 음악이 아무리 아름답다고 하여도 그때뿐으로, 거기에 걸리거나 막혀 있지 않는데, 어찌 석 달 동안이나 고기 맛을 알지 못할 수 있겠느냐는 뜻이다. 석 달 동안 고기 맛을 알지 못했다는 것은 성인이 소 음악에 걸리거나 막혀 있다는 것인데, 그렇다면 성인이 아니라는 말이다. 그래서 뜻이 되지 않는다는 것이다. 소 음악이 아무리 좋아도 성인은 그것을 들을 때만 거기에 심취할 뿐, 그것을 벗어나면, 마치 거울이 대상이 사라지면 영상도 사라지듯이, 소 음악에서 벗어난다. 그게 성인이다. 이게 정이의 주장이다.

정이의 주장은 『사기』에 이 대목이 與齊太史語樂, 聞韶音, 學之, 三月不知肉味로 되어 있어, 音과 三月이 모두 나와 있는 것에 비추어 볼 때, 가능성이 희박한 이야기다. 정이 말대로 音을 三月로 잘못 읽었다면 音과 三月이라는 글자는 둘 중 하나만 나와야 하기 때문이다. 주희가 『논어집주』에서 정이의 주장을 채택하지 않은 것도 이런 이유에서이다. 그러나 정이의 주장은 이른바 명경지수明鏡止水설로서 성인인 공자의 마음을 설명할 때 성리학자들이 즐겨 인용하는 주장이다.

애공이 물었다. "제자들 중에 누가 배움을 좋아합니까?"

공자께서 대답하여 말씀하셨다. "안회라는 자가 있어 배움을 좋아해, 노여움을 옮기지 않았으며, 잘못을 되풀이하지 않았습니다. 불행히도 명이 짧아 일찍 죽으니 지금은 없습니다. 이후로 배움을 좋아한다는 자를 듣지 못했습니다."

: 哀公問, 弟子孰爲好學. 孔子對曰, 有顏回者好學, 不遷怒, 不貳過. 不幸短命死矣, 今也則亡. 未聞好學者也. 「옹야」

「옹야」편의 글이다. 공자는 수많은 제자 중에 오직 안회만을 가리켜 배우기를 좋아한다好學고 하였다. 그리고 그 이유를 노여움을 옮기지 않고, 잘못을 되풀이하지 않기不遷怒, 不貳過 때문이라고 하였다. 다음은 주희의 『논어집주』에 인용된 정이의 해설이다.

정자(정이)가 말했다. "안자의 노여움은 대상에게 있지, 자신에게 있지 않았다. 그래서 옮기지 않은 것이다. 선하지 않은 것이 있으면 일찍이 알지 못한 적이 없고, 알면 일찍이 다시 한 적이 없으니, 잘못을 되풀이하지 않은 것이다." 또 말했다. "기뻐하고 노여워함이 일에 있으니, 이치상 당연히 기뻐하고 노여워해야 하는 것이요, 혈기에 있지 않으니 옮기지 않는 것이다. 예컨대 순임금이 사흉四凶을 죽일 때 그 노여워함은 저들에게 있었지, 자신이야 무슨 상관있었겠는가? 마치 거울이 사물을 비출 때 아름답고 추함이 저들에게 있어 사물에 따라 응할 뿐이니, 어찌 옮김이 있겠는가?"

: 程子曰, 顔子之怒, 在物不在己, 故不遷. 有不善未嘗不知, 知之未嘗復行, 不貳過也. 又曰, 喜怒在事, 則理之當喜怒者也. 不在血氣則不遷. 若舜之誅四凶也, 可怒在彼, 己何與焉. 如鑑之照物, 姸媸在彼, 隨物應之而已, 何遷之有.

노여움을 옮긴다는 것은 종로에서 뺨 맞고 한강 가서 눈을 흘긴다는 것이다. 우리가 노여움을 옮기는 것은 노여움이라는 감정의 찌꺼기가 우리 마음속에(정이는 혈기라고 했다) 남아 있기 때문이다. 그 남아 있는 노여움이 탈출구를 찾아 헤매다가 엉뚱한 곳에서 분출되어 나오는 것이 노여움을 옮기는 것이다. 그런데 안회는 그렇지 않았다. 그 이유를 정이는 안회의 마음이 거울과 같기 때문이라고 하였다. 거울은 앞에서 비춘 대상에 대한 영상을 간직하고 있다가 다른 대상에게 그것을 보여주지 않는다. 아름답든 추하든 그 대상에 따라 그대로 비출 뿐이다. 대상이 사라지면 그에 대한 영상도 사라진다. 그런데 우리 인간은 갑이라는 대상에게 노여웠으면, 갑이 사라졌는데도 그 노여움을 그대로 간직하고 있다가 엉뚱하게 아무 관계없는 을에게 그 노여움을 터뜨린다. 그런데 마음이 거울과 같다면 갑이 사라지는 순간 노여움도 사라진다. 그저 대상에 따라 그대로 응할 뿐이다. 이게 거울과 같은 마음, 이른바 명경지수明鏡止水와 같은 마음이다. 안회는 이런 마음을 가졌기 때문에 노여움을 옮기지 않았는데, 성인인 공자의 마음도 응당 명경지수와 같았다. 이게 정이의 명경지수설의 개요다. 그런데 명경지수라는 말은 원래 유가의 말이 아니었다.

상계常季가 말했다. "그는 자신을 닦는 데 있어, 자신의 지혜로 그 마음을 터득했고, 그 마음으로 변함없는 본심을 터득했습니다. 그런데도 사람들이 그에게 모이는 것은 어째서입니까?"
중니가 말했다. "사람들은 흐르는 물에 모습을 비추지 않고, 잔잔히 고여 있는 물에 모습을 비춘다. 오직 잔잔히 고여 있어야만 다른 모든 것들을 잔잔히 고여 있게 할 수 있다. 땅에서 생명을 얻은 것 중에 오직 소나무와 측백나무만이 올발라, 겨울이건 여름이건 푸르다. 하늘로부터 생명을 받은 것 중에 오직 순임금만이 올발라, 다행히 자신의 본성을 올바르게 함으로써 뭇사람들의 본성을 올바르게 할 수 있었다."
: 常季曰, 彼爲己, 以其知得其心, 以其心得其常心. 物何爲最之哉. 仲尼曰, 人莫鑒于流水, 而鑒于止水. 唯止能止衆止. 受命於地, 唯松柏獨也正, 冬夏靑靑. 受命於天, 唯舜獨也正, 幸能正生以正衆生. 『장자莊子』「덕충부德充府」

명경지수明鏡止水의 지수라는 말은 『장자』「덕충부」에서 유래했다.

흐르지 않고 잔잔히 고여 있는 물이라는 뜻으로 잔잔히 고여 있어야만 사물을 비출 수 있다. 마음이 잔잔히 고여 있는 사람은 남들이 찾아와 그를 거울삼는 법이다. 「덕충부」에는 "거울이 밝은 것은 먼지가 앉지 않아서이고, (먼지가) 앉으면 흐려진다鑑明則塵垢不止, 止則不明也."는 표현도 있어 명경이라는 말 또한 여기서 유래하였다.

- 몸은 보리수요, 마음은 맑은 거울이니
  부지런히 털고 닦아, 티끌이 생기지 않게 하리라
  : 身是菩提樹, 心如明鏡臺, 時時勤拂拭, 莫遣有塵埃

북종선北宗禪의 개창자 대통신수大通神秀(606-706)의 시다. 신수는 번뇌와 망상이 없는 맑은 마음을 맑은 거울에 비유했다. 명경지수의 명경이다. 도가뿐만 아니라 불가에서도 명경지수라는 말을 썼음을 알 수 있다. 이후 명경지수라는 말은 사념邪念이 없는 맑은 마음을 가리키는 말로 즐겨 사용되었다.

정이는 불가나 도가에서 즐겨 사용한 이 명경지수라는 말을 이용하여 안연이나 공자의 마음 상태를 설명하려 하였다. 정이가 인용한 명경지수의 마음이란 일체의 것에 걸리거나 막히지凝滯 않는 마음이다. 불교식으로 말하자면 일체의 사물에 집착하지 않는 마음이다. 공자는 어떤 사물에도 집착하지 않기 때문에, 다시 말하자면 사심私心이 없기 때문에 모든 일에 공정할 수 있었다. 그러기에 "오직 어진 사람만이 능히 사람을 좋아할 수 있고, 능히 사람을 미워할 수 있다 子曰,唯仁者,能好人,能惡人.「이인」."고 했다.

그러면 공자는 과연 정이의 말처럼 명경지수와 같은 마음을 가졌을까?

■ 공자는 상을 당한 사람 옆에서 식사를 할 때 배부르게 먹지 않았다. 곡을 한 날에는 노래를 부르지 않았다.

: 子食於有喪者之側, 未嘗飽也. 子於是日哭, 則不歌.「술이」

상을 당한 사람 옆에서 식사를 할 때 배부르게 먹지 않았다는 것은 상식적으로 이해할 수 있는 이야기다. 그 슬픔을 함께하고자 하는 것이다. 그런데 곡을 한 날, 노래를 부르지 않은 것은? 우리 같은 범인이야 상을 당한 사람에 대한 연민의 감정에 사로잡혀 그렇다고 할 수 있지만, 성인인 공자는 명경지수와 같은 마음을 가졌을 텐데, 왜 그렇게 연민의 감정에 집착하고 있지?

거울처럼 슬픈 일은 슬프게 대응하고, 기쁜 일은 기쁘게 대응하면 되지, 아까 슬픈 일을 보았다고 그 슬픔의 감정에 집착하여 기쁜 일에도 슬픔의 감정을 드러낸다면 그게 거울과 같은 마음이라고 할 수 있을까? 명경지수라면 일체의 집착이 없이 비춰지는 사안에 따라 맞게 대응하면 되는데, 왜 지나간 슬픔의 감정에 집착하여 그날은 노래도 부르지 않지? 그날 하루라는 시간상의 문제일 뿐인가?

곡을 한 날은 노래를 부르지 않은 공자가 위대할까? 아니면 곡을 할 때는 곡을 하고 노래를 부를 때는 노래를 부르는 명경지수와 같은 마음의 소유자가 위대할까?

■ 명경지수라는 네 글자는 본래 『장자』에서 나왔다. 성인의 책에는 이런 말이 없으며, 이런 이치도 없다. 선유先儒(송 유)들은 이 말로 성인의 마음을 비유하였다. 그러나 나는 그것이 현격하게 다름을 본다. 주공周公은 삼대의 성왕聖王을 겸비하고, 네 가지 일을 베풀 것을 생각했다. 만일 맞지 않는 것이 있으면, 우러러 생각하며 밤을 지새웠다. 다행이 이를 터득하면 앉아 날이 밝기를 기다렸다. 공자는 상을 당한 사람 옆에서 식사를 할 때 배부르게 먹지 않았다. 곡을 한 날에는 노래를 부르지 않았다. (여기) 어디에서 명경지수가 됨을 볼 수 있는가? 무릇 성인의 도는 떳떳한 인륜을 근본으로 삼고, 은혜와 의리를 맺음으로 삼는다. 모든 말이 이것으로 가르침을 삼지 않은 것이 없다. 지금 불교와 노자의 가르침은 청정淸淨을 근본으로 삼고, 무욕無欲을 도道로 삼는다. 그래서 공부가 무르익으면, 그 마음이 맑은 거울과 같이 텅 비고空, 고요한 물과 같이 맑게湛 된다. 조금의 하자도 있지 않고, 마음이 맑게 된다. 여기에 이르게 되면 은혜와 의리가 먼저 사라지고, 이어 떳떳한 인륜이 모두 없어져 버린다. 임금과 신하, 부모와 자식, 부부, 형제, 친구 사이의 교류를 마치 쓸모없는 장식처럼 바라본다.

그리하여 성인의 도와, 마치 물과 불이 서로 용납할 수 없는 것 같이 상반되게 된다.

: 明鏡止水四字本出於莊子. 於聖人之書本無此語, 亦無此理. 先儒以此喩聖人之心, 吾觀其益天淵矣. 周公思兼三王以施四事. 其有不合者, 仰而思之, 夜以繼日. 幸而得之, 坐以待旦. 孔子食於有喪者之側, 未嘗飽也. 子於是日哭, 則不歌. 何所見其爲明鏡止水乎. 夫聖人之道以彝倫爲本. 而以恩義爲結. 千言萬語皆莫不以此爲敎. 今夫佛老之爲敎也, 以淸淨爲本, 無欲爲道. 曁乎功夫旣熟, 則其心若明鏡之空, 若止水之湛, 一疵不存, 心地潔淨. 於此恩義先絶, 而彝倫盡滅. 視君臣父子夫婦兄弟朋友之交猶弁髦綴旒然. 與聖人之道相反, 猶水火之不可相入. 『어맹자의語孟字義』「心」

이토 진사이伊藤仁齋(1627-1705)의 『어맹자의』에서 인용하였다. 이토 진사이는 명경지수가 본래 공자의 가르침이 아니라 불교나 노자의 가르침이며, 그 가르침을 따르게 되면, 은혜와 의리가 사라지고, 이어 윤리까지 모두 사라지게 된다고 경계하고 있다. 인간 세상의 윤리를 자연自然을 벗어난 인위人爲나 분별심의 발현으로 간주하는 도가나 불교의 가르침에 대한 경계심의 발로이다. 어찌되었던 인간 세상의 윤리가 사라진다면 그것은 분명 공자의 가르침과는 상반된 것이다.

■ 옛 선비들은 그 뜻을 이해하기를, 사람의 마음이 사물에 대응할 때, 각각 그 경우를 만나, 일이 지나가면 바로 평온해져, 고집하고, 막히고, 머무르고, 집착하지 않는 것이라고 여겼다. 마치 거울이 사물을 비출 때 응하되 흔적을 남기지 않는 것과 같다. 그러나 성인이 뭇사람들과 다른 것은 마음이 머무르냐 머무르지 않느냐에 있는 것이 아니라, 선善을 좋아하는 것이 돈독하냐 그렇지 않냐에 있다.

: 先儒會其義, 以爲人心之應物, 各會其境, 事過卽平, 不固滯住著. 猶鏡之照物, 應而無迹也. 然聖人之所以異於衆人者, 不在心之住不住, 而在好善之篤與否焉. 『논어고의論語古義』「술이」

■ 송유宋儒들은 인仁을 이理로 여겨 좋아하고 미워함이 이치에 맞는 것으로 이해했다. 즉 명경지수의 뜻이다. 이런 것은 대개 정이 없는 것無情으로 인仁을 바라보고, 욕심이 없는 것無欲으로 인을 이해하는 것이다. 그리고 인이라는 덕이 비록 깊고 얕고, 크고 작음의 차이는 있다 하더라도, 사람을 사랑하는 마음으로부터 나오지 않은 것이 없음을 알지 못한 것이다. 그러므로 오직 어질고 사랑하는 사람이 된 이후에야 능히 좋아하고 미워함이 타당하게 되고, 각박하고 치우치는 폐단에 이르지 않게 된다.

: 宋儒以仁爲理, 故以好惡當理解之. 卽明鏡止水之意也. 蓋以無情視仁, 無欲解仁. 而不知仁之爲德, 雖有淺深大小之差, 而未有不自愛人之

心而出者也. 故唯仁愛之人, 而後能好惡得當, 而不至於有刻薄褊私之弊. 『논어고의』「이인」

다시 이토 진사이의 글이다. 공자가 위대한 것은 마음이 명경지수와 같아서가 아니라, 선을 돈독히 좋아하고, 사람을 깊이 사랑하기 때문이라는 것이다. 오늘날 우리가 공자를 인류의 위대한 스승으로 존경하는 이유는 무엇일까? 이토 진사이의 말이 옳을까? 정이의 말이 옳을까?

일찍이 공자는 새나 짐승과는 무리가 될 수 없다고 하면서, 자신이 이 사람들과 함께하지 않으면 누구와 함께하겠느냐고 한 바 있다 鳥獸不可與同羣, 吾非斯人之徒與而誰與. 「미자」. 공자의 도는 세상을 나 몰라라 한 채 자신만을 위하기 위한 것이 아니다. 공자의 도는 사람들과 함께 살면서 사람의 도리를 다하기 위한 것이다. 따라서 마음을 명경지수와 같이 유지하는 것도 중요하지만, 더욱 중요한 것은 세상 사람들에 대한 관심과 사랑이다. 이토 진사이는 그 사실을 말하고 있다. 공자가 곡을 한 날 노래를 부르지 않은 것은 마음이 명경지수와 같지 못해서가 아니라, 상을 당한 사람에 대한 연민의 감정이 그를 사로잡았기 때문일 것이다. 인간에 대한 사랑, 인간 세상에서 이것보다 더 고귀한 것은 없다.

유교무류,
가르침에 차별이 없다

공자께서 말씀하셨다. "가르침에 차별이 없다."

: 子曰, 有教無類.「위령공」

이 문장을 어떻게 해석해야 할까?

마융이 말했다. "사람이 가르침을 받는 곳에서는 종류가 없음을 말한 것이다."

: 馬曰, 言人所在見教, 無有種類.『논어집해』

고주의 마융은 사람을 가르치는 데 종류를 구별하지 않는다, 즉 차별이 없다는 뜻으로 해석한다. 공자가 제자들을 가르칠 때 신분이나 빈부를 따지지 않고 누구나 차별 없이 가르쳤다는 것이다. 일찍이 공자는 "스스로 속수의 예를 행하는 이상, 나는 일찍이 가르치지 않은 바가 없다子曰, 自行束脩以上, 吾未嘗無誨焉. 「술이」."고 말한 바 있다. 즉 스승으로 모시겠다는 예만 나타낸다면 누구도 가르치지 않은 적이 없다는 말이다.

실제로 공자의 제자에는 맹의자孟懿子나 남궁경숙南宮敬叔 같은 대부의 자식들도 있었지만, 염옹冉雍과 같이 얼룩소의 새끼犁牛之子라고 불릴 만큼 비천한 신분의 자식도 있었다. 이는 순장이 공공연히 행해지고 있던 당시 사회에서 파격을 넘어선 것이었다.

아무리 주례周禮로 표현되는 사회질서가 무너지고 있었다지만 당시는 엄격한 계급사회였다. 그런데 신분이나 빈부를 따지지 않고 누구나 제자로 받아들였다니……. 조금만 고개를 돌려 바로 몇 백 년 전인 조선 시대로 돌아가 양반의 자식과 상놈의 자식이 같이 공부를 한다고 생각해 본다면 공자의 태도가 얼마나 진취적, 혁명적이었나를 알 수 있다. 바로 얼마 전인 19세기만 해도 생각도 못할 일을 공자는 무려 2,500여 년 전에 태연히 행하고 있었던 것이다.

마융을 따라 해석하면 이 문장은 이렇게 된다.

공자께서 말씀하셨다. "가르침에 차별은 없다."

■ 사람은 귀천이 있으나, 똑같이 가르침을 받을 자격이 있다. 그 종류가 비천하다고 하여 가르치지 않아서는 안 된다. 가르치면 선해지니 본래 종류가 없다. 무파繆播가 말했다. "세상은 모두 이 뜻이 가르침을 숭상하는 것임은 알고 있으나, 이 이치가 깊고 믿음직한 것임은 믿지 못하고 있다. 모든 생명은 똑같이 지극한 도一極를 받고 태어났다. 그래서 비록 매우 어리석은 자라 하더라도 교화하면 만 배는 나아질 수 있다. 만약 태어나면서 도를 듣고, 자라면서 가르침을 받으며, 인도仁道로 처하고, 덕으로 기르며, 도와 처음과 끝을 같이하면서도 도가 없는 사람이 되는 자는 내가 논할 수 없는 바다(알지 못한다)."

: 人乃有貴賤, 同宜資敎. 不可以其種類庶鄙, 而不敎之也. 敎之則善, 本無類也. 繆播云, 世咸知斯旨之崇敎, 未信斯理之諒深. 生生之類, 同稟一極, 雖下愚不移, 然化所遷者其萬倍也. 若生而聞道, 長而見敎, 處之以仁道, 養之以德, 與道終始, 爲乃非道者, 余所不能論之也. 『논어의소』

황간의 해석이다. 그런데 미묘한 변화가 엿보인다. 고주를 이어받아 사람은 귀천의 차이를 불문하고 누구나 가르침을 받을 자격이 있다고人乃有貴賤, 同宜資敎 해석하면서도 뒤에 가르치면 선해지니 본래 종류가 없다敎之則善, 本無類也는 말을 덧붙이고 있다. 문맥상으로는 사람은 가르침을 받으면 누구나 다 선해질 수 있으니 가르침에 차별을 두어서는 안 된다는 뜻이나, 다른 해석을 낳을 수도 있기 때문이다.

뒤에 인용한 무파의 해설은 그런 가능성을 현실적으로 보여준다. 무파의 말은 사람은 가르침을 받으면 누구나 다 도에 나아갈 수 있다, 즉 누구나 다 같아진다는 데 중점을 두었다.

- 사람의 본성이 모두 선하나, 그 종류에 좋고 나쁨의 차이가 있는 것은 타고난 기氣와 습관에 물들기 때문이다. 그러므로 군자가 가르치면 사람은 누구나 모두 다시 선으로 돌아갈 수 있으니, 다시 그 종류의 악함을 논해서는 안 된다.

  : 人性皆善, 而其類有善惡之殊者, 氣習之染也. 故君子有教, 則人皆可以復於善, 而不當復論其類之惡矣.

주희의 해석이다. 주희의 해석은 고주의 마융과 전혀 다르다. 주희는 사람은 가르치면 누구나 다 선해진다, 즉 같아진다로 해석한다. 주희를 따라 해석하면 이 문장은 이렇게 된다. 공자가 말했다. "가르침을 받으면 누구나 차이가 없어진다."

어느 해석이 맞을까? 공자가 살아 돌아오지 않는 이상, 어느 해석이 공자의 뜻에 맞는지 확인할 방법은 없을 것이다. 그러나 주희처럼 가르침을 받으면 차이가 없어진다로 해석하더라도 가르침에 차별을 두어서는 안 된다라는 말은 성립된다. 왜냐하면 가르치면 다 같아지므로, 가르치기도 전에 미리부터 선을 그어 차별해서는 안 되기 때문이다. 또 공자의 서恕의 정신에 입각하더라도, 내가 원하는 것은 남도 원하고, 내가 싫어하는 것은 남도 싫어하니, 누구는 기회를 주고, 누구는 기회를 주지 않아서는 안 되기 때문이다. 공자의 도 앞에서 모든 인간은 다 평등할 뿐이다.

단장취의, 공자에게 시는 도구일 뿐

사마천은 「공자세가」에서 공자가 3,000여 편에 달했던 시들 중에서, 중복된 것은 빼고, 예의에 적용할 수 있는 것들을 취하여 305편으로 정리하였는데, 이때부터 예악이 조술祖述되고, 왕도王道가 구비되었으며, 육예六藝가 이루어졌다고 하고 있다. 즉 『시경詩經』을 편찬하였다는 이야기다. 오늘날 많은 학자들이 공자가 현재 우리가 보고 있는 『시경』의 전승과 매우 밀접하게 관련되어 있다고 보고 있다.

그러나 『논어』에는 공자와 『시경』의 전승과 관련한 직접적인 기록은 보이지 않는다. 다만 공자가 시와 음악에 심취하였고, 매우 조예가 깊었으며, 중국을 위시한 동아시아 유교 문화권의 시문학과 음악의 전통에 매우 심대한 영향을 끼쳤음을 보여주는 기록은 풍부하게 존재한다.

- 공자께서 말씀하셨다. "태사太師 지摯의 연주로 시작하여 관저의 합창으로 끝날 때까지 그 음악이 아름답게 귀에 가득 찼도다."

  : 子曰, 師摯之始, 關雎之亂, 洋洋乎盈耳哉.「태백」

태사 지는 공자 당시 노나라의 궁정 악사장이다. 공자가 어느 날 태사 지가 연주한 음악을 듣고 감동을 받아 귓가에서 그 여운이 떠나지 않았던 모양이다. 그래서 이런 말을 한 것이다. 공자가 음악에 얼마나 심취했는가를 알 수 있다.

- 공자께서 제에 계실 때 소韶 음악을 들으시고 석 달 동안 고기 맛을 알지 못하셨다. "음악을 하는 것이 여기에 이를 줄은 생각도 하지 못했도다."

  : 子在齊聞韶, 三月不知肉味. 曰, 不圖爲樂之至於斯也.「술이」

석 달 동안 고기 맛을 알지 못할 정도로 소 음악에 심취한 것이다. 도대체 얼마나 음악에 심취했으면 석 달 동안이나 고기 맛을 몰랐을까? 소 음악이 대단히 훌륭했음을 말해주지만, 다른 한편으로는 공자가 음악에 얼마나 심취해 있었는가를 보여주기도 한다. 음악 자체에 심취해 있지 않으면, 아무리 좋은 음악이라도 석 달 동안이나 빠져 있을 수는 없다.

- 공자께서 말씀하셨다. "내가 위衛나라에서 노나라로 돌아온 연후에 비로소 음악이 바로잡히고, 아雅와 송頌도 각각 제자리를 잡았다."

  : 子曰, 吾自衛反魯, 然後樂正. 雅頌各得其所.「자한」

『시경』의 시들은 그 문체에 따라 풍風, 아, 송으로 나뉘는데, 아는 그 중 조정에서 공식 행사 때 연주되던 것이고, 송은 종묘에서 조상에게 제사지낼 때 연주되던 것이다. 고대 중국에서 시들은 모두 음악으로 연주되고, 노래로 불려졌다. 즉 시와 음악이 분리되지 않았던 것이다. 공자는 13년의 주유 동안 각 나라에서 시와 음악을 듣고 배운 후 노나라로 돌아와 그 가사와 가락을 바로잡았다. 공자의 음악에 대한 취향이 단순히 듣고 부르는 것을 뛰어넘어 가사와 가락을 바로잡는 경지에까지 이르렀음을 알 수 있다. 그만큼 음악과 시에 대한 조예가 깊은 것이다.

- 공자께서 노나라 태사에게 음악에 대해 말씀하셨다. "음악을 알 수 있을 것 같습니다. 처음에 시작할 때 모든 가락이 합하여 일

어나고, 계속해서 여러 악기의 소리가 제각기 울려 퍼지면서 조화를 이루고, 각각의 음이 명료해지며, 그러한 상태가 계속되면서 끝마무리에 이르는 것입니다."

: 子語魯大師樂曰, 樂其可知也. 始作翕如也, 從之, 純如也, 皦如也, 繹如也, 以成.「팔일」

이 구절은 학자마다 해석이 엇갈린다. 흡翕, 순純, 교皦, 역繹의 뜻이 불분명하기 때문이다. 그러나 어찌되었든 공자가 음악에 대하여 자기 나름의 눈이 생기기 시작했음을 분명하게 알려주고 있다.

■ 공자께서 소韶에 대해 말씀하셨다. "더할 나위 없이 아름답고 더할 나위 없이 착하도다."

무武에 대해 말씀하셨다. "더할 나위 없이 아름다우나, 더할 나위 없이 착하지는 못하구나."

: 子謂韶, 盡美矣, 又盡善也. 謂武, 盡美矣, 未盡善也.「팔일」

소韶는 순임금의 음악이고, 무武는 주나라 무왕武王의 음악이다. 공자가 그에 대해 총평하길, 순은 더할 나위 없이 아름답고 더할 나위 없이 착하다고 하였고, 무는 더할 나위 없이 아름다우나 더할 나위 없이 착하지는 않다고 했다. 공자가 무엇을 근거로 이런 평가를 내렸는지는 알 수 없다.

많은 학자들이 순과 무왕 모두 고대의 위대한 성왕이나, 순은 선양을 받아 평화적인 방법으로 정권을 인계했고, 무왕은 혁명을 해 무력을 통해 정권을 쟁취한 것을 들어 그 차이를 설명하고 있으나, 그것은 역사에 대한 평가이지 음악에 대한 평가는 아니다. 하여튼 공자가 음악에 대해 자기 나름의 식견을 갖고 있었음을 알 수 있다. 그런 식견은 시와 음악에 대한 깊은 조예가 바탕이 되지 않으면 안 되는 것이다.

- 공자께서 말씀하셨다. "관저는 즐거우면서도 지나치지 않으며, 슬프면서도 상심케 하지 않는다."

  : 子曰, 關雎, 樂而不淫, 哀而不傷.「팔일」

관저關雎는 『시경』「국풍國風」주남周南에 실려 있는 시로 『시경』의 첫머리를 장식하고 있으며 그 전문은 다음과 같다.

- 관관하며 징경이 모래톱에서 우는데
  요조숙녀는 군자의 좋은 짝이라네

  : 關關雎鳩 在河之洲
  窈窕淑女 君子好逑

- 올망졸망 마름풀을 이리저리 찾네

요조숙녀를 자나 깨나 그리네

구해도 얻지 못해 자나 깨나 생각하네

오래고 오래도록 잠 못 자고 뒤척이네

: 參差荇菜 左右流之

窈窕淑女 寤寐求之

求之不得 寤寐思服

悠哉悠哉 輾轉反側

올망졸망 마름풀을 이리저리 뜯네

요조숙녀와 거문고 타며 사귀리

올망졸망 마름풀을 이리저리 고르네

요조숙녀와 종을 치며 즐기리

: 參差荇菜 左右菜之

窈窕淑女 琴瑟友之

參差荇菜 左右芼之

窈窕淑女 鐘鼓樂之

공자의 평은 단순히 관저의 가사에 대한 평가만은 아닐 것이다. 공자 당시 시는 노래였기 때문에, 가사와 가락을 분리해서 생각할 수는 없다. 그런데 지금 우리는 관저의 노래가사는 알 수 있어도, 그 가락은 알 수 없다. 악보가 전해지지 않았기 때문이다. 따라서 공자의 평을 생동감 있게 받아들일 수는 없다. 다만 "즐거우면서도 지나치지 않으며, 슬프면서도 상심케 하지 않는다."는 말 속에서 공자가 절제의 아름다움과 감정의 정화Catharsis에 대해 말하고 있음은 알 수 있다. 공자가 시와 음악에 대해 높은 식견을 가졌음을 보여준다.

- 공자께서 말씀하셨다. "시 300편을 한마디 말로 나타낸다면 생각함에 사특함이 없는 것이다."

  : 子曰, 詩三百, 一言以蔽之曰, 思無邪.「위정」

사무사思無邪, 공자는 시 300편을 한 마디로 이렇게 정리하였다. 이에 대하여, 주희는 듣는 사람의 성정을 바르게 하는 것으로 이해하고其用, 歸於使人得其性情之正而已, 다산은 지은이의 마음이 사악하고 편벽함이 없는 것으로 이해한다思無邪者謂, 作詩之人, 其心志所發, 無邪僻也. 두 사람의 견해는 다르지만, 사실상 양쪽을 포괄하여 이해하는 것이 옳을 것이다. 지은이의 마음이 진실하기 때문에 듣는 사람의 마음도 진실해지는 것이다. 예술은 기교도 중요하지만 진실함도 그 못지않게 중요한 것이다. 공자는 이미 이 사실을 꿰뚫어 보고 있었다. 공자의 예술에 대한 식견이 어느 정도인가를 웅변적으로 보이고 있다.

이렇듯 공자가 시와 음악에 심취한 이후, 시와 음악은 유교문화권 지식인들의 필수 소양이 되었다. 중국과 한국의 전근대 사회의 내로

라하는 지식인치고 시 한 편 남기지 않은 사람은 없을 것이다. 이는 서양이나 다른 문화권에서는 없는 유교문화권만의 독특하고 아름다운 전통이었다.

- 공자께서 말씀하셨다. "시에서 일어나, 예에서 서며, 악에서 이룬다."

  : 子曰, 興於詩, 立於禮, 成於樂.「태백」

주희는 이 구절을 풀이하기를 공부를 하는 순서라고 하였다. 여기서의 시는 노래다. 노래는 이해하기 쉬우며, 듣고 따라 부르는 동안 저절로 기억된다. 따라서 공부는 시에서 감흥을 일으켜 뜻을 세우고, 예에서 대상과 상황에 따라 각기 다르게 꾸미고 절제하는 법을 배워 독립된 인격체로 우뚝 서며, 음악을 통해 조화를 이룸으로써 완성된다.

한편 황간은 정치를 하는 순서라고 풀이한다. 시(노래)를 채집해 백성의 뜻과 풍속을 알고, 그것에 따라 제도를 만들어 예를 달성하고, 음악으로 감화해 공을 이룬다는 뜻이다.

주희와 황간의 해석이 각기 다르지만 모두 시와 음악을 공부, 또는 백성 교화의 수단, 즉 도를 배우고 익히거나 또는 도를 실행하기 위한 수단으로 간주하고 있다는 점에서는 똑같다. 그것은 공자가 시 300편을 한 마디로 정리해 思無邪라고 한 것과도 같은 맥락이다. 思無邪란 말 속에는 시를 통해 사람들을 진실하게 만든다는 뜻이 내포되어 있기 때문이다. 공자는 시와 음악을 그 자체의 아름다움이라는 관점에서보다는 무엇을 위한 수단, 즉 도를 닦고 실행하기 위한 수단이라는 관점에서 바라보고 있다.

- 공자께서 무성武城에 가시어 거문고 소리에 맞춰 부르는 노랫소리를 들으셨다. 공자께서 빙그레 웃으시며 말씀하셨다. "닭을 잡는 데 어찌 소 잡는 칼을 쓰느냐?"
  자유子游가 대답했다. "전에 저는 선생님으로부터 이런 말을 들었습니다. '군자가 도를 배우면 사람을 사랑하고, 소인이 도를 배우면 부리기가 쉽다.'"
  공자께서 말씀하셨다. "얘들아, 언偃의 말이 옳다. 아까 한 말은 농담이니라."
  : 子之武城, 聞弦歌之聲. 夫子莞爾而笑曰, 割鷄焉用牛刀. 子游對曰, 昔者偃也聞諸夫子曰, 君子學道則愛人, 小人學道則易使也. 子曰, 二三子, 偃之言是也. 前言戲之耳. 「양화」

자유가 무성을 다스리는 데 음악을 이용했다. 그것을 본 공자가 어찌 이 조그마한 곳을 다스리는 데 음악까지 쓰느냐고 농을 건 것이고, 거기에 자유가 정색을 하며 대꾸하자, 공자가 농담이라고 시인한 대목이다. 자유나 공자에게 음악은 도를 배우기 위한 수단이다.

그리고 사람을 사랑하는 것을 익히고, 백성을 부리기 위한 수단이기도 하다. 두 사람 다 음악을 도의 수단으로 바라보고 있다.

■ 공자께서 말씀하셨다. "시 300편을 외우고 있더라도, 정치를 맡아 제대로 처리하지 못하고, 사방에 사신으로 나아가 혼자 상대할 줄 모른다면, 비록 많이 외우고 있다한들 어디에 쓰겠는가?"
: 子曰, 誦詩三百, 授之以政, 不達. 使於四方, 不能專對. 雖多, 亦奚以爲. 「자로」

시가 정치의 수단이 될 수 있는 것은 시(노래) 속에 대중의 삶이 녹아 있기 때문이다. 시대별 유행가를 살펴보면 그 시대 사람들의 삶을 알 수 있듯이, 『시경』「국풍國風」을 읽어보면 당시 사람들의 삶을 알 수 있다. 그런데 정치를 하는 데 백성의 삶을 파악하는 것보다 더 긴요한 것은 없다. 따라서 시(노래)가 정치의 훌륭한 수단이 되는 것이다.

시가 외교의 수단이 될 수 있는 것은 시를 통해 말을 절제하는 것과 수사법修辭法을 익힐 수 있기 때문이다. 말을 절제하여 상대방을 자극하지 않으면서, 비유와 상징 등 여러 가지 수사법을 통해 자기의 의도를 적절히 나타내는 것, 이것이야말로 외교관에게 정말 필요한 자질이다. 더군다나 한 번 외교관의 사명을 띠고 외국에 나가면, 본국과 연락을 취할 방법이 없어, 오로지 스스로 알아서 처리해야 했던專對 당시 사회에서는 더욱 더 그러했다. 시는 그런 것들을 익힐 수 있게 해 주는 최상의 교재다. 따라서 시를 공부하면 훌륭한 외교관이 될 수 있는 것이다.

그런데 공자에게 시는 시 자체로서의 존재 이유는 없다. 오직 정치와 외교의 훌륭한 교재, 훌륭한 수단으로서 의미가 있을 뿐이다. 그러기에 아무리 시를 많이 공부하여 외우고 있다 하더라도, 정치와 외교에 쓸 줄 모른다면 아무 소용이 없는 것이었다. 공자에게 시는 오직 도의 수단으로서 그 존재 이유가 있었다.

■ 맹자가 말했다. "왕자의 자취가 끊어지니 시가 사라지고, 시가 사라진 연후에 『춘추春秋』가 지어졌다."

: 孟子曰, 王者之迹熄而詩亡, 詩亡然後春秋作. 『맹자』「이루하」

맹자 또한 시를 정치적 맥락에서 이해하고 있다. 왕자가 사라지니 시가 사라지게 되고, 시가 사라지게 되자, 공자가 후대를 위하여 정치적 포폄褒貶의 대의로 『춘추』를 지었다는 이야기다. 즉 시는 『춘추』와 같은 정치적 의미를 갖고 있다는 말이다. 맹자에게도 시는 정치적 수단으로서, 즉 도를 실행하기 위한 수단으로서 존재 의미가 있었던 것이다.

■ 진항이 백어에게 물었다. "당신은 달리 들은 것이 있지요?"

대답하여 말했다. "없습니다. 일찍이 아버님께서 홀로 서 계시기에 내가 종종걸음으로 뜰을 지나가니, '시를 공부했느냐?'하고 물으셨습니다. '아직 못 배웠습니다.'라고 대답하자, 말씀하시길 '시를 배우지 않으면 말을 할 수 없다.'고 하셨습니다. 나는 물러나 시를 공부했습니다. 다른 날 또 홀로 서 계시기에 종종걸음으로 뜰을 지나가니 '예를 공부했느냐?'라고 물으셨습니다. '아직 못 배웠습니다.'라고 대답하자, 말씀하시길 '예를 배우지 않으면 설 수가 없다.'고 하셨습니다. 나는 물러나 예를 공부했습니다. 이 두 말씀을 들었을 뿐입니다."

진항이 물러 나와 기뻐하며 말했다. "하나를 물어 셋을 얻었다. 시에 대해 들었고, 예에 대해 들었으며, 군자가 자기 자식을 멀리한다는 것을 들었다."

: 陳亢問於伯魚曰, 子亦有異聞乎. 對曰, 未也. 嘗獨立, 鯉趨而過庭. 曰, 學詩乎. 對曰, 未也. 不學詩, 無以言. 鯉退而學詩. 他日, 又獨立, 鯉趨而過庭. 曰, 學禮乎. 對曰, 未也. 不學禮, 無以立. 鯉退而學禮. 聞斯二者. 陳亢退而喜曰, 問一得三. 聞詩, 聞禮, 又聞君子之遠其子也. 「계씨」

시를 공부하면, 말을 절제하는 것을 배우고, 또 여러 가지 수사법을 통해 자신의 뜻을 적절히 나타내는 것을 배우게 된다. 이것이 공자가 생각하는 시를 공부해야 하는 이유였다. 시는 도를 배우고 익히기 위한 수단일 뿐이었다.

■ 공자께서 말씀하셨다. "너희들은 어찌하여 아무도 시를 공부하지 않느냐? 시는 감흥을 나타낼 수 있으며, 세상을 살펴볼 수 있고, 무리와 어울릴 수 있으며, 원망할 수 있다. 가까이는 아비를 섬기고, 멀리는 임금을 섬길 수 있으며, 새와 짐승, 풀과 나무의 이름도 많이 알 수 있다."

: 子曰, 小子, 何莫學夫詩. 詩, 可以興, 可以觀, 可以羣, 可以怨. 邇之事父, 遠之事君. 多識於鳥獸草木之名. 「양화」

시나 노래는 그것을 통하여 자신의 감흥을 나타낼 수 있게 해 주고, 세상 사물을 살펴볼 수 있게 해 주며, 남들과 어울릴 수 있게 해 주고, 또 원망의 마음을 드러낼 수 있게 해 준다. 그럼으로써 가까이는 부모를 섬길 수 있고, 멀리는 임금을 섬길 수 있게 된다. 이것이 시의 효용이다. 그 밖에 시를 많이 알면 새나 짐승, 풀이나 나무의 이름을 많이 알게 되는 부수적인 효과도 있다. 제자들로 하여금 시를 공부하게 하기 위하여 한 말이기는 하나, 공자는 시를 철저하게 효용의 관점, 즉 수단의 관점에서 파악하고 있다.

■ 공자께서 백어에게 말씀하셨다. "너는 주남周南과 소남召南을 공부했느냐? 사람으로서 주남과 소남을 공부하지 않으면, 아마 담장을 마주하고 서 있는 것과 같을 것이다."

: 子謂伯魚曰, 女爲周南召南矣乎. 人而不爲周南召南, 其猶正牆面而立

也與.「양화」

주남周南과 소남召南은 『시경』「국풍」의 처음 두 편의 이름이다. 이 구절은 고래로 해설이 분분하여 무슨 뜻인지 해석이 잘 안 되는 구절이다. 시를 공부할 필요성을 강조한 것이라면 앞에서 본 것과 뜻을 같이 하겠지만, 주남과 소남을 특정한 이유가 있다면 그 이유가 무엇 때문인지 전혀 파악되지 않는다. 아무튼 시를 모르면 담장을 마주하고 있는 것처럼 앞으로 나아가지도 못하고 보지도 못한다는 뜻으로 해석하여도 큰 무리는 없을 것이다. 그만큼 시의 중요성을 강조한 것이다. 그런데 그 시의 중요성은 시가 완전한 인간이 되기 위한 수단이라는 측면에서 유효한 것이다.

■ 자공이 말했다. "가난하여도 아첨하지 않고 부유하여도 교만하지 않는다면 어떻겠습니까?"
공자께서 말씀하셨다. "좋으나 가난하여도 즐거워하고 부유하면서도 예를 좋아하는 것만은 못하다."
자공이 말했다. "시詩에 이르길 '깎고 다듬은 듯 쪼고 간 듯이'라고 했는데 아마 이를 두고 한 말일까요?"
공자께서 말씀하셨다. "사는 이제야 비로소 함께 시를 말할 수 있겠구나. 지나간 것을 말하니 앞으로 올 것을 아는구나."
: 子貢曰, 貧而無諂, 富而無驕, 何如. 子曰, 可也. 未若貧而樂, 富而好禮

者也. 子貢曰, 詩云, 如切如磋, 如琢如磨. 其斯之謂與. 子曰, 賜也, 始可與言詩已矣. 告諸往而知來者.「학이」

"깎고 다듬은 듯 쪼고 간 듯이如切如磋, 如琢如磨"는 『시경』「위풍衛風」에 실려 있는 기욱淇奧이라는 시의 구절이다. 그 부분이 있는 장을 소개하면 다음과 같다.

- 기수의 물굽이 바라보니 푸르른 대나무 우거졌도다
  우리 님은 깎고 다듬은 듯 쪼고 간 듯
  위엄 있고 너그러우며 빛나고 의젓하다
  아름다운 우리 님을 끝내 잊지 못하겠네
  : 瞻彼淇奧 綠竹猗猗
  有匪君子 如切如磋 如琢如磨
  瑟兮僩兮 赫兮咺兮
  有匪君子 終不可諼兮

기욱이라는 시는 주나라가 동천東遷할 때 큰 공을 세운 위나라 무공武公을 찬미한 시라고 한다. 그런데 자공이 인용한 구절은 위나라 무공의 모습을 형용한 말이다. 즉 위공의 모습이 뼈나 뿔을 잘 깎고 다듬은 듯하고如切如磋, 옥이나 돌을 잘 쪼고 간 듯하다如琢如磨는 뜻이다. 그런데 자공은 이 말을 더욱 더 갈고 닦으라고 권면勸勉하는 말, 즉 오늘날 우리가 흔히 쓰는 절차탁마切磋琢磨라는 말로 해석하고 있다. 그리고 공자는 거기에 한 술 더 떠 이제야 비로소 시를 이해할 수 있게 되었다고 칭찬까지 하고 있다. 시의 한 구절을 임의로 떼어내 지은이의 의도와 상관없이 자기 멋대로 해석하는 이른바 단장취의斷章取義다. 자공의 이러한 태도는 공자로부터 비롯되었을 가능성이 크다. 왜냐하면 공자는 시를 시 자체로 바라보지 않고, 인간을 완성시키기 위한 수단, 즉 도의 수단으로 바라보았기 때문이다. 그렇기 때문에 시에서 무언가 삶의 교훈 같은 것을 찾아내려고 억지로 무리한 해석을 하는 것이다. 공자가 시문학에 끼친 부정적 유산이다.

■ 자하가 물었다. "'방긋 웃는 웃음에 입맵시가 아름답고, 아름다운 눈동자에 눈매가 고우니, 흰 바탕에 고운 채색이로다.'라고 하는 데 무엇을 일컬은 말입니까?"

공자께서 말씀하셨다. "먼저 흰 바탕을 만든 후에 그림을 그린다는 뜻이다."

자하가 말했다. "예가 나중입니까?"

공자께서 말씀하셨다. "나를 일깨워주는구나, 상이. 비로소 더불어 시를 말할 만하구나."

: 子夏問曰, 巧笑倩兮, 美目盼兮, 素以爲絢兮, 何謂也. 子曰, 繪事後素. 曰, 禮後乎. 子曰, 起予者商也. 始可與言詩已矣. 「팔일」

"방긋 웃는 웃음에 입맵시가 아름답고, 아름다운 눈동자에 눈매가 고우니巧笑倩兮, 美目盼兮"는 『시경』 「위풍」의 석인碩人이라는 시의 구절이다. "흰 바탕에 고운 채색이로다素以爲絢兮"는 앞의 교소천혜 미목반혜巧笑倩兮, 美目盼兮와 연관된 일련의 구절로 추정되나, 현재의 석인이라는 시에는 이 구절이 보이지 않는다. 巧笑倩兮, 美目盼兮가 들어 있는 부분을 소개하면 다음과 같다.

> 손은 부드러운 띠 싹 같고, 살결은 기름처럼 윤이 난다네
> 목덜미는 나무굼벵이 같고, 가지런한 흰 이는 박씨와 같네
> 매미 같은 이마에 누에 눈썹
> 방긋 웃는 웃음에 입맵시가 아름답고, 아름다운 눈동자에 눈매가 곱도다
>
> : 手如柔荑 膚如凝脂
> 領如蝤蠐 齒如瓠犀
> 螓首蛾眉
> 巧笑倩兮 美目盼兮

석인은 위나라 장공莊公의 부인인 장강莊姜이 제나라에서 위나라로 시집올 때의 모습을 노래한 시다. 그런데 여기서는 공자가 먼저 단장취의하고 있다. 巧笑倩兮 美目盼兮는 누가 봐도 시집오는 장강의 모습이 "방긋 웃는 웃음에 입맵시가 아름답고, 아름다운 눈동자

에 눈매가 곱다."는 뜻이다. 그런데 공자는 이것을 "먼저 흰 바탕을 만든 후에 그림을 그린다繪事後素."는 뜻으로 해석하고 있고, 자하는 이것을 받아 "예가 나중이냐?禮後乎"고 묻고 있다. 여인의 아름다운 모습을 형용한 구절이 전혀 엉뚱하게 예에 관한 문제로 변질되고 만 것이다.

시를 시 자체로 보지 않고, 그 속에서 무언가 삶의 교훈, 정치의 교훈 같은 것을 찾아내려는 단장취의의 태도는 이후 유교 문화권 시문학의 독특한 특징이 되었다. 그래서 조선 시대에 임금 앞에서 경연經筵할 때, 『시경』의 시들도 당당히 한 자리를 차지할 수 있었던 것이다. 시가 시 자체로 취급되지 않고, 정치의 수단으로 취급된 것이다. 그리고 이러한 태도는 시를 넘어서 문학 전체로까지 번져 나갔다. 현대 중국에서 우한吳含이 쓴 해서파관海瑞罷官이라는 희곡을 둘러싼 논쟁이 문화대혁명의 서곡이 되었다는 사실은 이를 웅변적으로 말해주고 있다. 현대에까지 공자의 단장취의의 전통이 이어지고 있었던 것이다.

공자에게 있어 시와 음악은 그 자체로서 의미를 갖는 것이 아니었다. 물론 그 자신은 그 시와 음악에 빠져 석 달 동안 고기 맛을 몰랐을 정도로 심취했지만, 그가 시와 음악에 의미를 부여한 것은 시와 음악 그 자체가 아니라, 인간이 살아가는 데 있어 유용한 수단으로서의 측면이었다. 공자에게 시와 음악은 완전한 사람이 되는 것을 공부하고, 또 남들을 그렇게 가르치며, 정치를 통해 모두가 사람으로서의 도리를 다하며 살 수 있는 사회를 건설하는 데 지극히 유용한 수단으로서 의미가 있는 것이었다. 다시 말해 공자에게 시와 음악은 도를 배우고 익히며, 전수하고, 실행하는 데 유용한 도구였을 뿐이다.

제3장

인仁과 예禮

孔子思想

효와 우애는 인의 근본일까? 인을 행하는 근본일까?

▪ 유자가 말했다. "그 사람됨이 효성스럽고 우애 있는 사람으로서 윗사람을 범하기를 좋아하는 자는 적다. 윗사람을 범하기를 좋아하지 않으면서 난을 일으키기를 좋아하는 자는 없다. 군자는 근본에 힘써야 하니 근본이 서면 도가 생겨난다. 효와 우애야말로 아마 인仁의 근본일 것이다."

: 有子曰, 其爲人也孝弟, 而好犯上者鮮矣. 不好犯上, 而好作亂者, 未之有也. 君子務本, 本立而道生. 孝弟也者, 其爲仁之本與. 「학이」

효孝는 부모에 대한 효이고, 제弟는 제悌로 형제간의 우애다. 부모에 대한 효와 형제간의 우애가 인의 근본이다? 문제가 있으리라고는 전혀 생각되지 않는 내용의 글이다. 그런데 여기에 큰 논쟁점이 숨어 있을 줄이야. 문제가 된 것은 기위인지본여其爲仁之本與의 爲를 어떻게 해석하느냐였다. 爲를 "행하다"는 뜻의 행行으로 읽든, "~이다"는 뜻의 시是로 읽든, 즉 효와 우애孝弟가 인을 행하는 근본이라고 해석하든, 인의 근본이라고 해석하든 큰 차이가 없다고 생각해 왔었는데, 그만 정이程頤(1033-1107)가 심각한 문제를 제기한 것이다. 다음은 주희의 『논어집주』에서 인용한 글이다.

- 정자程子(정이)가 말했다. "효와 우애孝弟는 순종적인 덕이다. 그래서 윗사람을 범하기를 좋아하지 않는 것이니, 어찌 또 이치를 거슬러 상도常道를 어지럽히는 일이 있겠는가? 덕에는 근본이 있으니, 근본이 서야 그 도가 충만해지고 커진다. 집에서 효와 우애를 행한 후에야 인과 사랑이 남에게 미치는 것이니, 이것이 소위 '친한 이를 친애하고 백성을 사랑한다親親而仁民.'는 것이다. 그러므로 인을 행하는 것은 효와 우애를 근본으로 삼는다. 성性을 논하자면 인이 효와 우애의 근본이 된다."

  : 程子曰, 孝弟, 順德也. 故不好犯上, 豈復有逆理亂常之事. 德有本, 本立則其道充大. 孝弟行於家, 而後仁愛及於物, 所謂親親而仁民也. 故爲仁以孝弟爲本. 論性, 則以仁爲孝弟之本.

■ 어떤 사람이 물었다. "효제위인지본孝弟爲仁之本이란 말은 효와 우애로부터 인에 도달할 수 있다는 말입니까?"(정이가) 대답했다. "아니다. 인을 행하는 것이 효와 우애로부터 시작한다는 것을 일컬은 말로, 효와 우애는 인의 한 가지 일에 불과하다. 이것을 일컬어 인을 행하는 근본이라고 하는 것은 괜찮지만, 인의 근본이라고 하는 것은 안 된다. 인은 성性이요, 효와 우애는 용用으로, 성에는 단지 인, 의義, 예禮, 지智 넷만 있을 뿐인데, 어찌 일찍이 효와 우애가 있겠는가? 그러나 인은 사랑을 주로 하는데, 사랑에는 부모를 사랑하는 것보다 더 큰 것이 없으므로 말하길 효와 우애야말로 아마 인을 행하는 근본일 것이라고 하는 것이다."

: 或問, 孝弟爲仁之本, 此是由孝弟可以至仁否. 曰, 非也. 謂行仁自孝弟始, 孝弟是仁之一事. 謂之行仁之本則可, 謂是仁之本則不可. 蓋仁是性也, 孝弟是用也. 性中只有箇仁, 義, 禮, 智四者而已, 曷嘗有孝弟來. 然仁主於愛, 愛莫大於愛親, 故曰孝弟也者, 其爲仁之本與.

정이의 말은 인은 인간이 타고난 본성으로, 인을 타고났기 때문에 효와 우애를 할 수 있다는 말이다. 따라서 효와 우애를 인의 근본이라고 하면 틀린다. 인이 효와 우애의 근본인 것이다. 다만 인의 쓰임用 중에 효와 우애보다 큰 것이 없기 때문에 효와 우애가 인을 행하는 근본이라고 할 수는 있다는 것이다. 즉 其爲仁之本與의 爲를 "~이다"는 뜻의 是로 읽어서는 안 되고, 반드시 "행하다"는 뜻의 行

으로 읽어야 한다는 말이다. 주희가 인을 풀이하길 사랑의 이치愛之理라고 한 것도 같은 이유에서다. 즉 인은 사랑이라는 인간의 감정 현상 배후에 있는 근본 이치로, 인간은 인을 타고 났기 때문에 사랑을 할 수 있다는 것이다. 따라서 주희도 爲를 行으로 읽는다. 이는 성리학자들이라면 아마 누구라도 다 그럴 것이다. 그러면 도대체 성리학자들은 왜 전부 그런 식으로 이 문장을 해석할까? 이 문제를 이해하려면 어쩔 수 없이 맹자에게로까지 거슬러 올라가지 않으면 안 된다.

■ 맹자가 말했다. "사람마다 모두 차마 남을 해치지 못하는 마음을 갖고 있다. 선왕들께서는 차마 남을 해치지 못하는 마음을 갖고 있어, 차마 남을 해치지 못하는 정치를 베푸셨다. 차마 남을 해치지 못하는 마음으로 차마 남을 해치지 못하는 정치를 베풀면, 천하를 다스리는 것이 손바닥 위에서 움직이는 것 같이 쉬울 것이다. 사람마다 모두 차마 남을 해치지 못하는 마음을 갖고 있다고 말하는 까닭은, 지금 만일 어떤 사람이 갑자기 어린아이가 우물에 빠지려고 하는 것을 보았다면 모두 두렵고 측은한 마음이 들 것이기 때문이다. 그것은 어린아이의 부모와 교제를 맺고자 하기 때문도 아니요, 마을 사람들에게 칭찬받기 위해서도 아니며, (어린아이를 구해주지 않았다는) 나쁜 소리가 들리는 것을 싫어하기 때문도 아니다.

이로부터 살펴보건대 측은한 마음이 없다면 사람이 아니며, 부끄러워하고 미워하는 마음이 없다면 사람이 아니며, 사양하는 마음이 없다면 사람이 아니며, 옳고 그름을 따지는 마음이 없다면 사람이 아니다. 측은한 마음은 인仁의 발단이며, 부끄러워하고 미워하는 마음은 의義의 발단이며, 사양하는 마음은 예禮의 발단이며, 시비를 가리는 마음은 지智의 발단이다.

사람이 이 네 가지 발단을 갖고 있는 것은 마치 사지四肢를 갖고 있는 것과 같다. 이 네 가지 발단을 갖고 있으면서도, 스스로 일컫기를 할 수 없다고 하는 자는 스스로를 해치는 자이며, 그 임금에 대해 일컫기를 할 수 없다고 하는 자는 그 임금을 해치는 자이다. 무릇 네 가지 발단이 나에게 있는 것을 모두 넓혀 채울 줄 안다면, 마치 불이 막 타기 시작하고, 물이 막 흐르기 시작하는 것과 같다. 진실로 능히 채울 수 있다면 족히 사해를 보존할 수 있지만, 채울 수 없다면 부모도 족히 섬기지 못할 것이다."

: 孟子曰 人皆有不忍人之心. 先王有不忍人之心 斯有不忍人之政矣. 以不忍人之心 行不忍人之政 治天下可運之掌上. 所以謂人皆有不忍人之心者 今人乍見孺子將入於井 皆有怵惕惻隱之心. 非所以內交於孺子之父母也 非所以要譽於鄕黨朋友也 非惡其聲而然也. 由是觀之 無惻隱之心 非人也, 無羞惡之心 非人也, 無辭讓之心 非人也, 無是非之心 非人也. 惻隱之心 仁之端也, 羞惡之心 義之端也, 辭讓之心 禮之端也, 是非之心 智之端也. 人之有是四端也 猶其有四體也. 有是四端而自謂不

能者 自賊者也, 謂其君不能者 賊其君者也. 凡有四端於我者 知皆擴而充之矣 若火之始然 泉之始達. 苟能充之 足以保四海, 苟不充之 不足以事父母.「공손추상」

그 유명한 맹자의 사단설四端說이다. 그런데 여기서 문제의 핵심은 端을 어떻게 읽느냐이다. 다음은 주희의 『맹자집주孟子集注』에서 인용했다.

■ 측은惻隱, 수오羞惡, 사양辭讓, 시비是非는 정情이다. 인, 의, 예, 지는 성性이다. 심心은 성과 정을 통합한 것이다. 단端은 실마리緖다. 그 정이 발發함으로 인해 성의 본연을 볼 수 있으니, 물건이 가운데 있으면 실마리가 밖에 보이는 것과 같다.

: 惻隱, 羞惡, 辭讓, 是非, 情也. 仁, 義, 禮, 智, 性也. 心, 統性情者也. 端, 緖也. 因其情之發, 而性之本然可得而見, 猶有物在中而緖見於外也.『맹자집주』

주희는 端을 "실마리"라는 뜻의 서緖로 읽는다. 우리는 실 뭉치 끝에 있는 실마리를 봄으로써 그 안에 실이 있음을 알 수 있다. 마찬가지로 우리는 우리의 마음 밖에 드러나 있는 측은, 수오, 사양, 시비의 정情을 봄으로써 그 안에 인, 의, 예, 지가 있다는 것을 알 수 있다. 이것이 주희의 주장의 핵심이다. 다시 말해 안에 인, 의, 예, 지가 있기 때문에 측은, 수오, 사양, 시비의 감정이 겉으로 드러난다는 것이다.

주희의 말은 성리학의 전형을 보여준다. 즉 인의예지는 사람이 태어날 때 하늘理로부터 부여받은 성性으로 사람이라면 누구나 다 갖고 있는 것이다. 그러나 측은, 수오, 사양, 시비는 인간의 감정으로, 인간 내면에 인의예지가 있음을 보여주는 실마리에 불과할 뿐이다. 따라서 인의예지가 측은, 수오, 사양, 시비의 근본이라는 말이다.

이러한 주희의 주장에 대해 다산은 『맹자요의孟子要義』에서 다음과 같이 반박하고 있다. 우선 다산은 측은, 수오, 사양, 시비의 네 가지가 없는 사람은 사람이라고 할 수 없다는 주희의 말人若無此, 則不得謂之人에서부터 비판을 시작한다. 다산은 "이 네 가지가 없는 사람은 금수와 같아 사람의 마음이 아니다言無此四者, 當若禽獸, 非人心耳."라고 해설한 조기趙岐(108-201?)의 말은 절대로 삭제해서는 안 된다고 주장한다. 즉 송원宋元대 이후 조기의 금수설이 빠졌는데, 이는 송원대의 유학자들(성리학자들)이 사단을 본연의 성이라고 여겨, 본연의 성은 사람과 만물이 모두 함께 받은 바라고 생각했기 때문에, 금수는 이 마음이 없다고 하지 않은 데서 기인했다는 것이다. 즉 천하 만물이 인의예지라는 본연의 성을 하늘理로부터 받아 태어났기 때문에, 천하 만물이 다 측은, 수오, 사양, 시비의 마음을 갖고 있어, 금수 또한 이 마음을 갖고 있다는 성리학의 주장 때문에 조기의 금수설이 슬며시 빠졌다는 이야기다. 다산에 의하면 천하 만물이 다 하늘理로부터 인의예지의 본성을 받아 타고났다는 주장은 성리학의 주장일 뿐이며, 금수는 측은, 수오, 사양, 시비의 마음이 없기 때문에 사람으로서 그런 마음이 없다면 당연히 금수와 같을 뿐이라는 것이다.

또 다산은 端에 대해서도 조기의 손을 들고 있다. 조기는 "단은 첫머리首다. 사람은 모두 인의예지의 첫머리를 가지고 있기 때문에 꺼내 쓸 수 있다端者首也, 人皆有仁義禮智之首, 可引用之."고 해설했다. 다산은 端을 처음始이라고 풀이한다. 조기와 입장을 같이한 것이다. 즉 측은지심, 수오지심, 사양지심, 시비지심은 인의예지의 시작이다. 인의예지는 측은지심, 수오지심, 사양지심, 시비지심을 길러 나아가는 데서 얻어지고 확충되는 것이다. 인의예지가 태어날 때부터 하늘에게서 부여받은 본연의 성이라면 눈을 감고 단정히 앉아 그 마음을 바라봄으로써 그 마음을 불러오기만 하면 될 뿐이지, 무엇 때문에 그 덕을 이루려고 힘쓰겠냐는 것이 다산의 생각이다. 다산은 여기에 관한 한 조기의 주석 열일곱 자는 글자마다 금석金石이고, 한 점 한 점이 주옥과 같아 참으로 털끝만큼도 유감이 없는데, 머리首를 고쳐 꼬리緖라고 하고, 꺼내 쓴다引用를 고쳐 드러나 밖에 보인다發見고 한 것은 본말이 바뀐 것이라고 하며 조기의 주장에 전적인 지지를 보내고 있다.

다시 유자의 말로 돌아가 살펴보면 정이나 주희를 비롯한 성리학자들의 생각은 분명하다. 천하 만물이 인의예지의 본성을 타고 났기 때문에, 측은, 수오, 사양, 시비의 마음이 겉으로 드러나는 것처럼, 인을 타고 났기 때문에 효와 우애를 할 수 있는 것이다. 따라서 효와 우애가 인을 행하는 근본이라고는 말할 수 있어도, 효와 우애가 인의 근본이라고는 말할 수 없다. 오히려 거꾸로 인이 효와 우애의 근본이라는 것이다.

이에 대해 다산은 인仁의 근본과 인을 행하는爲仁 근본을 그처럼 뚜렷이 구분할 필요는 없다는 입장이다. 즉 인의 근본이면서 인을 행하는 근본이라는 말이다. 다만 인은 총명總名이므로 임금을 섬기는 것, 백성을 기르는 것, 고아를 구휼하는 것 등 모든 것을 포괄하지만, 효제는 전칭專稱이라 오직 어버이를 섬기고 형을 공경하여야만 그 실상이 되므로 유자가 "모든 인 가운데 효와 우애가 근본이다諸仁之中, 孝弟爲之本."라고 말했다는 것이다. 다시 말해 인에 포함될 수 있는 모든 것은 효와 우애를 근본으로 한다는 말이다.

그러면 공자나 공자의 일대 제자들은 인간의 본성에 대해 어떻게 생각하였을까? 『논어』에는 공자나 공자의 제자들이 인간의 본성에 대해 논한 것이 딱 두 번 나온다. 「공야장」에 "선생님의 문장文章은 들을 수 있었지만, 성性과 천도天道에 대해 말씀하신 것은 들을 수 없었다子貢曰, 夫子之文章, 可得而聞也. 夫子之言性與天道, 不可得而聞也."는 자공의 말이 기록되어 있고, 「양화」에 "성性은 서로 가까우나, 익히는 것에 의해 서로 멀어진다."는 공자의 말이 기록되어 있을 뿐이다子曰, 性相近也, 習相遠也. 따라서 이것만 갖고는 공자나 그의 제자들이 인간의 본성에 대해 어떻게 인식했는지 판단하기 매우 곤란하다. 다만 자공의 말에 주의를 기울인다면 공자가 인간의 본성에 대해서는 거의 아무런 언급도 하지 않았다는 것이 더 사실에 가까울 것이다. 그렇게 본다면 인간이 태어나면서부터 인의예지를 부여받았다는 성리학자들의 주장은 공자나 공자의 일대 제자들과는 전혀 관계가 없는 그들만의 주장에 불과할 뿐이다.

뿐만 아니라 정이나 주희의 주장은 성리학의 도그마dogma를 받아들일 때만이 성립할 수 있는 이야기다. 천하 만물이 처음 태어날 때 이理로부터 인의예지라는 형이상학적 이념을 성性으로 부여받아 타고난다는 말은 분명하고도 명백한 도그마로 그것을 받아들이는 사람에게만 진리일 뿐이다. 따라서 효와 우애가 인의 근본이라고 해서는 안 된다는 말은 성리학자들에게만 타당하다. 성리학의 도그마를 받아들이지 않는다면 인을 행하는 근본과 인의 근본을 엄격하게 구분할 필요가 없어진다. 인이라는 것은 효와 우애와 같이 가장 가까운 가족 안의 사랑에서부터 시작하여 확충해 나아가면서 얻어지는 것이기 때문에 효와 우애가 인을 행하는 근본도 되고, 또 인의 근본도 되는 것이다. 유자의 말은 그런 뜻이 아니었을까? 그것을 정이가 공연히 긁어 부스럼을 만들어 논쟁거리로 만든 것은 아닌지? 물론 성리학의 이론 구조상 어쩔 수 없는 것이기는 하지만…….

극기복례위인, 인은 무엇이고 예는 무엇인가?

문제의 제기

안연顔淵이 인仁에 대해 물었다. 공자께서 말씀하셨다. "나를 극복하고 예를 실천하는 것이 인을 행하는 것이다. 하루 동안 나를 극복하고 예를 실천하면 천하가 인이라 부른다. 인을 행하는 것이 나로부터 비롯되지, 남으로부터 비롯되겠는가?"

안연이 말했다. "청컨대 그 조목을 묻습니다."

공자께서 말씀하셨다. "예가 아니면 보지를 말고, 예가 아니면 듣지 말며, 예가 아니면 말하지 말고, 예가 아니면 움직이지 마라."

안연이 말했다. "제가 비록 영민하지는 못하나 그 말씀을 삼가 받들겠습니다."

: 顏淵問仁. 子曰, 克己復禮爲仁. 一日克己復禮, 天下歸仁焉. 爲仁由己, 而由人乎哉. 顏淵曰, 請問其目. 子曰, 非禮勿視, 非禮勿聽, 非禮勿言, 非禮勿動. 顏淵曰, 回雖不敏 請事斯語矣. 「안연」

『논어』에는 제자들이 공자에게 인에 대해 묻는問仁 대목이 모두 일곱 번 나온다. 번지가 세 번, 안연, 중궁仲弓, 자장子張, 사마우司馬牛가 각각 한 번씩 인에 대해 묻고 있다. 그런데 그때마다 공자의 대답은 다 다르다. 그것은 공자가 인을 사전적으로 정의하기보다는 묻는 사람의 상황에 맞춰 가장 절실한 것을 중심으로 대답했기 때문이다. 따라서 그 일곱 번의 문답에 어떤 우열이 있을 수는 없을 것이다. 그럼에도 불구하고 안연과 주고받은 이 문답은 다른 여섯 번의 문답보다 훨씬 많은 주목을 받고 있다. 그것은 바로 안연이 공자가 가장 아끼고 사랑했던 제자로 공문에서 가장 학덕이 높은 사람이라고 인식되어 왔기에, 이 문답에 다른 문답에서는 볼 수 없는 뭔가 특별한 것이 있을 것이라고 생각되었기 때문이다. 주희는 이 문답이 공자가 안연에게 심법을 전수한 대목이라고까지 하고 있다此章問答, 乃傳授心法切要之言.『논어집주』.

이 문답의 핵심은 전반에 있다. 즉 극기복례위인이 바로 핵심이다. 극기와 복례라는 두 개념이 합해져 인이 된다는 것인데, 뒤의 문답을 보면 극기보다는 복례에 중점이 가 있다. 그래서 예가 아니면 보지도, 듣지도, 말하지도, 행동하지도 말라고 한 것이다. 그러므로 극기복례위인을 해석할 때는 극기복례가 왜 인이 되는지, 좀 더 나아가 왜 예가 인이 될 수 있는지를 밝힐 수 있어야 제대로 해석했다고 할 수 있다. 예와 인은 분명히 서로 다른 개념인데, 어떻게 해서 예가 인이 될 수 있는지, 고금의 해설을 하나하나 분석해 가며 살펴보자.

역대 제가(諸家)들의 해설(주희, 하안, 다산을 중심으로)

- 인은 본래 마음이 갖고 있는 온전한 덕本心之全德이다. 극은 승勝으로 이기는 것이고, 기는 자신의 사사로운 욕심身之私欲이다. 복復은 반反으로 돌아가는 것이고, 예는 하늘의 이치를 구분지어 나타낸 것天理之節文이다. 위인爲仁이라는 것은 그 마음의 덕을 온전하게 하는 것이다. 마음의 온전한 덕이 천리天理가 아닌 것이 없으나, 또한 사람의 욕심에 파괴되지 않을 수 없다. 따라서 인을 행하는 자가 반드시 사사로운 욕심을 이기고 예로 돌아가면, 일마다 천리天理가 아닌 것이 없게 되고 본심의 덕이 다시 나에게서 온전해진다. 歸는 與(허여하다)와 같다. 또 하루라도 극기복례하면 천하의 사람들이 모두 그 인을 허여한다고 했으니, 그 효과가 매우 빠르고 지극히 큼을 극언한 것이다. 또 인을 행하는 것은 나로부터 비롯되어, 남이 관여할 수 없음을 말했으니, 또한 그

계기가 나에게 있어 어렵지 않음을 보인 것이다. 하루하루 이겨 어렵다고 여기지 않게 되면, 사사로운 욕심이 깨끗이 사라지고, 천리가 흘러, 인을 다 쓸 수 없게 될 것이다.

정자(정이)가 말했다. "예가 아닌 곳이 바로 사의私意이니, 이미 사의인데 어떻게 인일 수 있겠는가? 반드시 자신의 사사로움을 완전히 이겨, 모두 예로 돌아가야, 비로소 인이 될 수 있다."

또 말했다. "극기복례를 하면 일마다 모두 인이다. 그러므로 천하가 인을 허여한다고 말한 것이다."

사씨(사량좌謝良佐, 1050-1103)가 말했다. "극기는 반드시 자신의 성격이 편벽되어 극복하기 어려운 곳부터 극복해 나아가야 한다."

: 仁者, 本心之全德. 克勝也. 己謂身之私欲也. 復反也. 禮者, 天理之節文也. 爲仁者, 所以全其心之德也. 蓋心之全德, 莫非天理, 而亦不能不壞於人欲. 故爲仁者必有以勝私欲而復於禮, 則事皆天理, 而本心之德復全於我矣. 歸猶與也. 又言一日克己復禮, 則天下之人皆與其仁, 極言其效之甚速而至大也. 又言爲仁由己, 而非他人所能預, 又見其機之在我而無難也. 日日克之, 不以爲難, 則私欲淨盡, 天理流行, 而仁不可勝用矣. 程子曰, 非禮處便是私意. 旣是私意, 如何得仁. 須是克盡己私, 皆歸於禮, 方始是仁. 又曰, 克己復禮, 則事事皆仁, 故曰天下歸仁. 謝氏曰, 克己須從性偏難克處克將去. 『논어집주』

주희의 해설이다. 주희는 극을 승勝으로 이기는 것, 기를 신지사욕身之私欲으로 내 몸의 사사로운 욕심, 복을 반反으로 돌아가는 것, 예를 천리지절문天理之節文으로 천리를 구분지어 나타낸 것으로 풀이한다. 인은 본심지전덕本心之全德으로 본래 마음이 갖고 있는 온전한 덕이다. 위인爲仁은 인을 행하는 것으로 그 마음의 덕을 온전히 하는 것이다.

인간의 마음은 원래 천리를 그대로 받은 것으로 그 덕이 온전한 것이었으나, 내 몸의 사사로운 욕심에 의해 그 덕이 파괴된다. 따라서 사람의 마음의 온전한 덕을 파괴하는 그 사사로운 욕심을 제거하고(극기), 천리로 돌아가면(복례), 다시 그 마음의 덕이 온전해지니, 이것이 인을 행하는 것이다. 마치 맑은 거울에 먼지가 쌓여 지저분해진 것을 먼지를 깨끗이 닦아내면 다시 거울이 원래의 맑음을 회복하는 것과 같은 이치다.

주희의 해설은 성리학 특유의 관점으로, 천리, 인욕, 성선 등 성리학의 명제들이 전제되어 있다. 따라서 성리학을 받아들이지 않는 사람들에게는 납득이 가지 않는 해설이다. 그리고 설사 성리학의 명제들을 받아들인다고 하여도 주희의 해설에는 다음과 같은 중대한 하자가 있다.

첫째로, 복례의 내용이 없다. 주희는 복례를 예로 돌아간다고 풀이했는데, 예로 돌아간다고 하는 것이 무슨 뜻인지 아무 설명이 없다. 예를 실천한다고 하지 않고, 굳이 예로 돌아간다고 한 것은 성리학의 명제상 어쩔 수 없었을 것이다. 인간은 태어날 때 이미 천리로부터 인의예지를 받아 태어났기 때문이다. 원래 받아 태어났으나, 내 몸의 사사로운 욕심에 의해 파괴되었기 때문에 원래 상태를 회복한다고 하는 의미에서 굳이 돌아간다고 했을 것이다. 그런데 돌아간다고 하는 것이 어떻게 돌아간다고 하는 것인지, 그 내용이 전혀 없다. 일상생활에서 예를 실천하는 것이 예로 돌아간다는 뜻이라면, 간단하게 예를 실천한다고 하면 된다. 굳이 돌아간다고 한 것은 그곳으로부터 왔기 때문일 텐데, 왔으면 그 곳이 어디인지, 그리고 어떻게 돌아가는지, 그 길을 훤히 알고 있을 터이다. 그렇다면 어린아이가 동네 골목에서 놀다가 집에 돌아가는 것처럼 쉽고 간단하다는 말일 텐데, 그것을 굳이 왜 복례라고 거창하게 표현했는지 모를 일이다. 아니면 다산의 말처럼 불교의 선승들이 선삼매禪三昧에 들어 어느 날 문득 내 마음이 곧 부처인 것을 깨닫는 것과 같이, 명상에 잠겨 내 마음 속에 이미 예가 갖추어져 있음을 깨닫는다는 말인지……. 궁금하기 짝이 없다.

둘째로, 예로 돌아간다는 표현도 함께 쓰고 있지만, 주희의 해설의 핵심은 누가 보더라도 극기에 가 있다. 타고난 마음의 온전한 덕이 사사로운 욕심에 의해 파괴되기 때문에 그 사사로운 욕심을 제거하는 것이 우선 제 일차적 과제가 되기 때문이다. 거울에 먼지가 앉으면 뿌옇게 되어 사물이 잘 보이지 않으나, 그 먼지를 제거하면 다시 본래의 맑음을 회복하는 것과 마찬가지다. 예로 돌아간다는 것은 사사로운 욕심을 제거하고 난 후의 부수적인 일에 불과하다. 마치 불가에서 제일 힘들고 어려운 것이 깨닫는 것이고, 일단 깨닫고 나면 그 다음의 공부는 부수적인 것과 같은 이치다. 돈오돈수頓悟頓修다, 돈오점수頓悟漸修다, 말이 많지만, 불교 공부에서 가장 어려운 관문이 돈오하는 것임은 누구나 다 인정하는 바이다. 점수는 일단 돈오한 다음의 부수적인 일에 불과하다. 주희의 해설도 마찬가지다. 가장 어려운 것은 사사로운 욕심이 깨끗이 사라져 천리가 흐르게 하는 것私欲淨盡, 天理流行이다. 즉 극기가 우선인 것이다. 복례는 극기한 후의 부수적인 과제이다. 돈오 이후의 점수와 같은 것이다. 그런데 원문에서 공자의 주안점은 누가 보더라도 극기가 아니라 복례에가 있다.

셋째로, 주희는 극기복례가 위인이 되는 이유로 천리를 들고 있다. 인은 본래 마음의 온전한 덕으로 천리가 아닌 것이 없으며心之全德, 莫非天理, 예는 천리를 구분지어 나타낸 것天理之節文이다. 즉 인과 예, 둘 다 천리라는 말이다. 그래서 예로 돌아간다는 것은 천리로 돌아간다는 것이고, 천리로 돌아가니까 천리를 행하는 것, 즉 인을 행하는 것이 되는 것이다. 즉 극기복례위인克己復禮爲仁이 논리구조상으로는 극기복리위리克己復理爲理가 되는 것이다. 인과 예는 분명히 서로 다른 개념인데, 주희의 해설 속에서는 인과 예의 차별성은 사라지고, 모두 천리라고 하는 하나의 개념 속에 녹아 버리고 말았다. 그런데 성리학에 의하면, 사람의 본성은 모두 하늘로부터 부여받은 것으로,

인의예지가 바로 그것이라고 한다. 이 말은 다시 말해 인의예지가 모두 천리라는 말이다. 따라서 극기복례위인을 극기복리위리의 논리구조로 해석할 때, 리의 자리에 인의예지 중 어느 것을 넣어도 말이 될 수 있다. 즉 극기복인위례克己復仁爲禮도 되고, 극기복지위인克己復智爲仁도 되는 것이다. 천리라는 하나의 개념으로 포괄하면서 인의예지의 차별성이 모두 사라지고 만 것이다. 공자의 말은 극기하면서 예를 복復하면 인이 된다는 것인데, 주희는 그에 대해서는 사실상 아무런 설명도 하지 않으면서 오히려 혼란만 가중시키고 말았다.

- 마씨(마융馬融, 79-166)가 말했다. "극기는 자신의 몸을 단속하는 것約身이다." 공씨(공안국孔安國, BC156?-BC74?)가 말했다. "복復은 반反으로, 돌아가는 것이다. 몸이 능히 예로 돌아가면 인이 된다."

  : 馬曰, 克己約身. 孔曰, 復反也. 身能反禮則爲仁矣.

- 유현이 말했다. "극克의 훈은 승勝(이기다)이다. 기己는 몸을 말한다. 몸에는 기욕嗜慾이 있는데, 마땅히 예의禮義로써 다스려야 한다. 기욕과 예의가 싸울 때, 예의가 기욕을 이기게 되면, 몸이 예로 돌아갈 수 있는데, 이와 같이 되면 인이 된다. 복復은 반反(돌아가다)이다. 정情이 기욕에게 핍박받아 이미 예를 떠난 것을 다시 돌아가게 함을 말한다."

: 劉炫云, 克訓勝也, 己謂身也. 身有嗜慾, 當以禮義齊之. 嗜慾與禮義戰, 使禮義勝其嗜慾, 身得歸復於禮, 如是乃爲仁矣. 復反也. 言情爲嗜慾所逼, 已離禮, 而更歸復之. 『논어주소』

위는 하안의 『논어집해』에서 인용한 글이고, 아래는 형병邢昺(932-1010)이 하안의 주석을 해설한 『논어주소論語注疏』에서 인용한 글이다. 이들의 해설도 주희와 큰 차이가 없다. 자신의 몸을 단속하는 것이나 몸의 사사로운 욕심을 이기는 것이나, 그것이 그것이다. 그리고 둘 다 복례를 예로 돌아가는 것反禮으로 해석하고 있다. 위인을 주희처럼 인을 행하는 것으로 해석하는 것인지行仁, 아니면 인이 되는 것是仁으로 해석하는 것인지는 불분명하나, 어느 쪽으로 해석하든지 큰 차이가 있다고는 생각되지 않는다. 다만 유현은 극기를 예의가 몸의 기욕을 이기는 것으로 풀이하고 있는데, 내 몸을 예의와 기욕의 전쟁터로 생각하고 있는 것이 좀 독특하다.

그런데 공안국이나 유현의 해설에 한 가지 의문이 드는 것이 있다. 돌아간다는 것은 온 데로 다시 돌아간다는 뜻이다. 주희 같은 성리학자들은 우리 인간의 본성을 이理로부터 온 것이라고 여기기 때문에, 그 이(예)로 돌아간다는 표현이 가능하다. 그런데 공안국이나 유현도 우리 인간의 본성이 예로부터 온 것이라고 인식하고 있는지……. 예로부터 왔어야 예로 돌아간다는 표현이 가능한데, 정말 그렇게 인식했는지 궁금하다.

그리고 이들의 해설도 주희의 해설과 똑같은 문제를 안고 있다. 즉 중점이 극기에 가 있으며, 예가 왜 인이 될 수 있는지 그에 대한 설명이 없다는 것이다.

■ 유현이 말했다. "克의 훈은 勝(이기다)이다. 己는 몸을 말한다. 몸에는 기욕이 있는데, 마땅히 예의로써 다스려야 한다. 기욕과 예의가 싸울 때, 예의가 기욕을 이기게 되면, 몸이 예로 돌아갈 수 있는데, 이와 같이 되면 인이 된다."

己라는 것은 나다. 나는 두 개의 몸을 갖고 있으며, 또한 두 개의 마음을 갖고 있다. 도심道心이 인심人心을 이기면 큰 몸大體이 작은 몸小體을 이긴다. 一日克己라는 것은 하루아침에 분발하여 힘써 행하는 것이다.

공씨가 말했다. "復은 反이다."

인이라는 것은 사람이다. 두 사람이 인을 행한다. 부자가 그 본분을 다하면 인이다. 군신이 그 본분을 다하면 인이다. 부부가 그 본분을 다하면 인이다. 인이라는 이름은 반드시 두 사람 사이에서 생긴다. 가까이는 오교五敎에서 멀리는 천하 만백성에 이르기까지 무릇 사람과 사람이 그 본분을 다하는 것을 일컬어 인이라고 한다.

: 劉炫云, 克訓勝也, 己謂身也. 身有嗜慾, 當以禮義齊之. 嗜慾與禮義戰, 使禮義勝其嗜慾, 身得歸復於禮, 如是乃爲仁矣.

己者我也. 我有二體, 亦有二心. 道心克人心, 則大體克小體也. 一日克己謂一朝奮發用力行之.

孔曰 復反也.

仁者人也. 二人爲仁. 父子而盡其分則仁也. 君臣而盡其分則仁也. 夫婦而盡其分則仁也. 仁之名必生於二人之間. 近而五敎, 遠而至於天下萬姓, 凡人與人盡其分, 斯謂之仁. 『논어고금주』

다산의 『논어고금주』에서 인용하였다. 다산은 기본적으로 유현의 해설을 계승하고 있다. 다만 유현의 기욕과 예의를 『상서尙書』「대우모大禹謨」의 인심과 도심, 그리고 『맹자』「고자상」의 큰 몸大體과 작은 몸小體이라는 개념으로 대체하고 있는 것이 특이하다. 또한 복례의 복復은 반反으로 돌아가는 것이라는 공안국의 설명만 인용할 뿐 복례에 대해서는 일언반구도 언급하지 않고 있다. 그리고 인을 사람과 사람이 그 본분을 다하는 것이라고 정의하고 있는 것이 독특하다. 다산의 해설도 중점이 극기에 가 있고, 예가 왜 인이 될 수 있는지 그에 대한 설명은 없다.

그런데 이 문제는 주희, 하안, 다산만의 문제가 아니라, 역대 제가들의 논어 해설에서 공통적으로 나타나는 문제이다. 모두들 극기복례위인을 극기를 중심으로 설명하고 있고, 복례의 문제, 즉 왜 예가 인이 될 수 있는지 그에 대해서는 해설을 생략하고 있다.

그렇지만 공자의 말은 분명하고도 명백하게 복례에 초점이 가 있다. 따라서 극기복례위인은 왜 예가 인이 될 수 있는지 그에 초점을 맞춰 해설해야 한다. 그러기 위해서는 불행히도 어쩔 수 없이 공자 자신도 분명히 하지 않은 예와 인에 대해 비록 무모하지만 개념 정리를 시도하지 않을 수 없다.

예란?

『논어』에는 예가 무엇인지 개념적으로 밝히고 있는 대목이 한 군데도 없다. 다만 "예와 겸양으로 나라를 다스릴 수 있다면 무슨 어려움이 있겠느냐? 예와 겸양으로 나라를 다스릴 수 없다면 예는 해서 무엇 하겠느냐?子曰, 能以禮讓爲國乎, 何有. 不能以禮讓爲國, 如禮何. 「이인」"는 등의 몇몇 구절로 미루어, 공자가 말하는 예가 서양의 이른바 에티켓, 즉 개인적 예절을 넘어서는, 사회의 문물제도 전반까지도 포괄하는 훨씬 광범위한 개념일 것이라고만 추정할 뿐이다. 그렇지만 다음 구절은 비록 공자의 말이 아니라는 약점은 있지만 예의 본질에 대해 일말의 단서를 제공하여 준다.

- 유자가 말했다. "예를 쓰는 것은 화합을 귀중히 여기니, 선왕의 도가 이것을 아름답게 여겨 크고 작은 것이 여기에서 비롯됐다. 그러나 하지 않을 것이 있다. 화합만 알고 화합에 치우쳐 예로써 절제하지 않으면, 또한 행해서는 안 되는 것이다."

  : 有子曰, 禮之用, 和爲貴. 先王之道斯爲美, 小大由之. 有所不行. 知和

而和, 不以禮節之, 亦不可行也.「학이」

'화합和'과 '예로 절제하는 것'이 대비되고 있다. 화합이란 서로 어울려 잘 지내는 것이고, 예로 절제한다는 것은 서로 분수를 지키는 것이다. 예를 쓰는 것이 화합을 귀중히 여겨 크고 작은 것이 여기서 비롯되었다는 말은 예가 서로 어울려 잘 지내기 위한 목적에서 비롯되었다는 말이다. 할아버지와 손자 사이의 예는 할아버지와 손자가 서로 잘 지내기 위한 목적에서 비롯된 것이다. 그런데 할아버지와 손자가 서로 적절하게 자기 분수를 지키지 않고, 그저 잘 어울리기 위한 화합에만 치우치면 자칫 할아버지가 손자에게 따귀를 맞는 사태가 나올 수 있다. 그래서 예로 절제할 필요가 생기는 것이다.

그런데 여기서 화합和이란 말은 이미 서로 다름을 전제하고 있다. 즉 서로 다르니까 화합하는 것이다. 『춘추좌전春秋左傳』 소공昭公 20년을 보면 안영晏嬰(?-BC500)이 다음과 같은 말을 하고 있는 대목이 있다.

"화합은 국을 만드는 것과 같다. 물, 불, 식초, 젓갈, 소금, 매실을 넣고, 물고기와 고기를 삶는데, 땔나무로 불을 땐다. 요리사가 맛을 조화시켜和, 입맛에 맞게 하는데, 부족하면 더하고, 지나치면 뺀다. 군자가 이것을 먹으면 마음이 평안해진다和如羹焉. 水火醯醢鹽梅, 以烹魚肉, 燀之以薪. 宰夫和之, 齊之以味. 濟其不及, 以洩其過. 君子食之, 以平其心." 요리사의 화합이란 서로 다른 재료를 적절하게 써 맛을 조화시키는 것이다.

즉 화합은 서로 다른 것을 잘 어울리게 하는 것이다. 따라서 예가 화합에서 비롯되었다는 말은 예가 서로 다른 것들을 잘 어울리게 할 필요성에서 비롯되었다는 말과 같다.

■ 음악이라는 것은 같게 하는 것이고, 예라는 것은 다르게 하는 것이다. 같게 하면 서로 친해지고, 다르게 하면 서로 공경한다. 음악이 지나치면 방탕해지고, 예가 지나치면 멀어진다. 감정을 합치고, 겉모습을 꾸미는 것이 예악禮樂의 일이다. 예의禮義가 서면 귀천貴賤의 차등이 생기고, 음악의 꾸밈이 같아지면 상하가 화합한다.

: 樂者爲同, 禮者爲異. 同則相親, 異則相敬. 樂勝則流, 禮勝則離. 合情飾貌者, 禮樂之事也. 禮義立則貴賤等矣, 樂文同則上下和矣. 『예기』「악기樂記」

여기서는 예와 악을 대비하고 있다. 예와 악은 한 마디로 말하면 그냥 예다. 악은 예와 불가분의 관계를 갖고 있어 한 마디로 그냥 예라고 할 때는 악이 그 속에 포함되어 있다. 다만 예와 악으로 분리하여 말할 때, 예는 절제의 측면을, 악은 화합의 측면을 강조하고 있다. 그런데 여기서 예와 악으로 구분할 때의 예는 기본적으로 다르게 하는 것, 즉 귀천을 차등하는 것임을 분명히 밝히고 있다. 다만 예로써 너무 차등만 하면 서로 멀어지기 때문에 악으로써 서로 친해지게, 다시 말해 화합하게 해야 하는 것이다. 즉 예는 서로 다른 것들을 차등하는 것, 즉 다르게 보고 대하는 것이란 말이다.

- 인仁이라고 하는 것은 사람으로, 친한 이를 친애함이 크다. 의義라고 하는 것은 마땅함으로, 어진 이를 존경함이 크다. 친한 사람을 친애함을 줄여가는 것, 어진 이를 존경함에 차등을 두는 것이 예가 생겨난 이유이다.

  : 仁者人也, 親親爲大. 義者宜也, 尊賢爲大. 親親之殺, 尊賢之等, 禮所生也. 『중용』

애공이 정치에 대해 묻자 공자가 대답한 말 가운데 일부이다. 친한 정도에 따라 친애함을 줄여가는 것, 어진 정도에 따라 존경에 차등을 두는 것, 이것이 예가 생겨난 이유라고 하고 있다. 예라고 하는 것이 서로 다른 정도에 따라 차별하는 것임을 분명히 말하고 있다.

예는 역사적으로 살펴볼 때 사회 분업의 소산이다. 인간이 신체적인 특징을 기준으로 남녀, 노소 등을 구분하여 각기 그에 맞는 사회적 역할을 요구하고 그에 걸맞게 대접한 데서 예는 비롯되었다. 이후 인간 사회가 발전하면서 예도 따라 발전하여, 단순한 신체적 특징에서 나아가 개인적 친소, 신분, 문화, 교육 등 여러 가지를 기준으로 인간을 다양하게 구분하여 각기 그에 맞게 대접하여 왔다. 이런 면에서 볼 때 예는 기본적으로 인간을 어떤 기준을 중심으로 구분하여 각기 다르게 대접하는 것이다. 다시 말해 예는 구분하여 차별하기 위한 것이다. 즉 인간이 갖고 있는 차별성에 주목하는 것이다. 국가의 법령이란 것도 결국 차별을 제도화한 것에 불과하다. 형법은 죄를 지은 사람과 죄를 짓지 않은 사람을 구분하는 것이고, 소득세법은 소득이 많은 사람과 적은 사람을, 노동관계법은 자본가와 노동자를 각기 그 위치에 맞게 달리 대하는 것, 즉 차별하는 것이다. 유가의 예에 법령을 비롯한 문물제도가 망라되는 것은 바로 그러한 이유에서이다. 인간을 구분하여 차별하는 일체를 포괄하는 개념, 그것이 바로 유가에서 말하는 예다.

인이란?

예와 마찬가지로, 인에 대해서도 『논어』에는 그것이 무엇인지 개념적으로 밝히고 있는 대목이 하나도 보이지 않는다. 다만 『논어』에 제자들이 공자에게 인이 무엇인지 묻는問仁 대목이 모두 일곱 번 나오는데, 그 중 앞에 인용한 안연과의 문답을 제외한 나머지 여섯은 다음과 같다.

- 번지가 안다는 것에 대해 물었다. 공자께서 말씀하셨다. "인간의 도리에 힘쓰고, 귀신을 공경하되 멀리 하면, 안다고 할 수 있을 것이다."

  인에 대해 물으니, 말씀하셨다. "어진 자는 어려운 일은 남보다 앞장서고, 이득을 얻는 일은 남보다 뒤에 한다. 그렇다면 가히 어질다고 할 수 있을 것이다."

: 樊遲問知. 子曰, 務民之義, 敬鬼神而遠之, 可謂知矣. 問仁. 曰, 仁者先難而後獲, 可謂仁矣. 「옹야」

▪ 번지가 인仁에 대해 물었다. 공자께서 말씀하셨다. "사람을 사랑하는 것이다."

아는 것知에 대해 물었다. 공자께서 말씀하셨다. "사람을 아는 것이다."

번지가 깨닫지 못했다. 공자께서 말씀하셨다. "곧은 사람을 발탁하여 굽은 사람 위에 놓으면 능히 굽은 사람을 곧게 만들 수 있을 것이다."

번지가 물러 나오다 자하를 보고 말했다. "아까 내가 선생님을 뵙게 되어 아는 것에 대해 물었더니, 선생님께서 말씀하시길 '곧은 사람을 발탁하여 굽은 사람 위에 놓으면 능히 굽은 사람을 곧게 만들 수 있을 것이다'라고 하셨는데, 무슨 뜻이오?"

자하가 말했다. "의미심장하구나! 말씀이. 순임금이 천하를 다스릴 때 뭇사람 중에서 고요를 발탁하니 어질지 않은 자들이 멀어졌소. 탕임금이 천하를 다스릴 때 뭇사람 중에서 이윤을 발탁하니 어질지 않은 자들이 멀어졌소."

: 樊遲問仁. 子曰, 愛人. 問知. 子曰, 知人. 樊遲未達. 子曰, 擧直錯諸枉,

能使枉者直. 樊遲退, 見子夏曰, 鄉也, 吾見於夫子而問知. 子曰, 擧直錯諸枉, 能使枉者直. 何謂也. 子夏曰, 富哉言乎. 舜有天下, 選於衆, 擧皐陶, 不仁者遠矣. 湯有天下, 選於衆, 擧伊尹, 不仁者遠矣.「안연」

번지가 인仁에 대해 물었다. 공자께서 말씀하셨다. "평소에 몸가짐을 공손히 하고, 일을 잡으면 삼가 신중히 하며, 남과 함께 할 때는 성실히 하라. 비록 오랑캐 땅에 가더라도 (이것을) 버려서는 안 될 것이다."

: 樊遲問仁. 子曰, 居處恭, 執事敬, 與人忠. 雖之夷狄, 不可棄也.「자로」

중궁이 인仁에 대해 물었다. 공자께서 말씀하셨다. "문 밖에 나가서는 큰 손님을 뵙는 것 같이 하며, 백성을 부릴 때에는 큰 제사를 받드는 것 같이 하라. 내가 원하지 않는 것을 남에게 베풀지 마라. 나라 안에서도 원망이 없을 것이며 집안에서도 원망이 없을 것이다."
중궁이 말했다. "제가 비록 영민하지는 못하나 그 말씀을 삼가 받들겠습니다."

: 仲弓問仁. 子曰, 出門如見大賓, 使民如承大祭. 己所不欲, 勿施於人. 在邦無怨, 在家無怨. 仲弓曰, 雍雖不敏, 請事斯語矣.「안연」

사마우가 인仁에 대해 물었다. 공자께서 말씀하셨다. "어진 자는 그 말을 참는다."

"그 말을 참으면 어질다고 할 수 있습니까?"

공자께서 말씀하셨다. "행하는 것이 어려운데, 말을 하는 것을 어찌 참지 않을 수 있겠느냐?"

: 司馬牛問仁. 子曰, 仁者其言也訒. 曰, 其言也訒, 斯謂之仁已乎. 子曰, 爲之難, 言之得無訒乎.「안연」

- 자장이 인仁에 대해 공자께 물었다. 공자께서 말씀하셨다. "능히 다섯 가지를 천하에 행할 수 있다면, 인을 행하는 것이다."

"청컨대 묻사옵니다."

"공손함, 관대함, 신의, 민첩함, 은혜이니라. 공손하면 모욕을 당하지 않고, 관대하면 많은 사람들을 얻으며, 신의가 있으면 사람들이 신임하고, 민첩하면 공을 이룰 수 있으며, 은혜를 베풀면 족히 사람을 부릴 수 있다."

: 子張問仁於孔子. 孔子曰, 能行五者於天下, 爲仁矣. 請問之. 曰, 恭寬信敏惠. 恭則不侮, 寬則得衆, 信則人任焉, 敏則有功, 惠則足以使人.「양화」

번지와의 세 차례에 걸친 문답은 같은 사람인데도 불구하고 그 내용이 다 다르다. 공자가 무슨 이유로 이처럼 다르게 대답했는지는 전해지지 않는다. 그저 막연히 공자가 번지가 질문을 할 당시 그에게 가장 절실히 요구되는 것을 중심으로 말하지 않았을까 추측은 해보지만, 그 상황이란 것이 전해지지 않아 구체적인 것은 알 수 없다. 다만 이로써 공자가 제자들에게 인을 이야기할 때 무슨 추상적인 개념으로서 말하는 것이 아니라, 당시 상황에서 당사자에게 가장 절실히 요구되는 구체적인 삶의 덕목으로 말을 하였다는 것 정도는 분명히 알 수 있다.

나머지 세 사람과의 문답도 마찬가지다. 사마우는 막연하지만, 말에 문제가 있었던 것 같다. 그러나 중궁하고 자장과의 문답은 좀 일반적인 대답이기도 해, 무슨 문제가 있어 그런 대답을 한 것인지, 아니면 일반론적인 대답으로 그렇게 말한 것인지도 확실치 않다.

아무튼 공자와 제자들이 인에 대해 묻고 대답한 이야기만 갖고서는 인이 어떤 것인지 구체적으로 파악하기는 현실적으로 불가능하다고 할 수 있겠다. 그러나 사람에 따라 다 다르고, 또 같은 사람에게도 상황에 따라 다르다는 데서, 인이란 것이 단면적이고 부분적인 덕목이 아니라, 종합적이고 총체적인 덕목이란 것 정도는 유추할 수 있겠다.

그러면 공자 이후 역대 제가들은 인을 어떻게 풀이하였을까? 불행히도 사람마다 다 달라 통일된 풀이는 존재하지 않고 있다. 주희는 "사랑의 이치이며, 마음의 덕愛之理, 心之德"이라고 풀이하는데, 사랑의 이치란 사랑이란 감정 현상 배후에 있는 이理란 말로, 성리학자만이 납득할 수 있는 주장이다. 다산은 "두 사람이 함께하는 것二人相與"으로, "무릇 두 사람 사이에서 그 본분을 다하는 것凡二人之間盡其本分"

이 인이라고 하고 있다. 다산에 의하면 인은 인륜의 총체로, 두 사람 사이의 어떤 특정한 관계에서 자기 본분을 다하는 것인데, 아버지에게는 효를 다하는 것이 인이고, 임금에게는 충성을 다하는 것이 인이고, 자식에게는 자애로움을 다하는 것이 인이라는 것이다. 다산의 인은 모든 인륜을 다 망라한 것이라, 예나 지, 신 등 다른 덕목을 포괄하는 개념이다. 한편 일본의 오규 소라이狄生徂徠(1666-1728)는 인을 사람을 기르고 백성을 편안하게 하는 덕長人安民之德이라고 하는데, 이는 인을 통치자에게만 해당되는 덕목으로 파악한 것이라 동의하기 어렵다. 이로써 보면 역대 제가들의 인에 대한 풀이, 어느 것도 극기복례위인을 해석하는 데 큰 도움이 될 것 같지는 않다.

- 자공이 물었다. "한마디 말로 평생 동안 행할 만한 것이 있습니까?"
  공자께서 말씀하셨다. "아마 서恕일 것이다. 내가 원하지 않는 것을 남에게 베풀지 마라."
  : 子貢問曰, 有一言而可以終身行之者乎. 子曰, 其恕乎. 己所不欲, 勿施於人. 「위령공」

평생 좌우명으로 삼을 만한 말을 자공이 물었는데 공자의 대답은 의외로 단순하다. 내가 원하지 않는 것을 남에게 베풀지 말라고. 내가 싫어하는 것은 남도 싫어하니 하지 말라는 뜻이다. 당대의 인물

중 하나였던 자공이 물었는데 고작 한다는 말이 내가 싫어하는 것을 남에게 하지 말라는 한 마디 뿐이라니, 도무지 이해가 가지 않는 일이다.

"내가 원하지 않는 것을 남에게 베풀지 마라己所不欲, 勿施於人"고 하는 말은 앞에서도 인용한, 중궁이 인에 대해 물었을 때의 대답에도 나온다. 공자 스스로 임금이 될 만하다고 한 중궁인데雍也可使南面. 「옹야」, 그가 인에 대해 물었는데, 기껏 하는 말이 내가 싫어하는 것은 남에게 하지 말라고…….

도대체 서恕, 내가 원하지 않는 것을 남에게 베풀지 말라는 이 말에 무슨 깊은 의미가 있기에 공자가 그렇게 강조하는 것일까? 주희는 서를 풀이하기를 자기를 미루는 것이라 하였는데推己之謂, 자기를 미루어 남에게 미치는 것이다推己及物. 자기를 미루어 남에게 미친다는 것은 나를 갖고 상대방을 헤아린다는 뜻으로, 즉 내가 상대방이라면 하고 생각하는 것이다. 다시 말해 역지사지易地思之, 즉 입장을 바꿔 생각하는 것이다. 그래서 내가 원하지 않는 것은 상대방도 원하지 않을 것임을 알기 때문에 그것을 행해서는 안 되는 것이다.

나는 나고 너는 너라, 네가 배고픈 것은 네가 배고픈 것이지, 내가 배고픈 것이 아니기 때문에, 내가 남과 배고픔을 같이할 수는 없다. 그렇지만 우리 인간은 비록 지금 나는 배고프지 않다 하더라도 다른 사람의 배고픔을 충분히 이해할 수는 있다. 어떻게? 내가 그 입장이라면 하고 생각하는 순간, 내가 배고팠을 때의 심정을 너 또한 갖고 있으리라 미루어 짐작할 수 있기 때문이다. 이것이 바로 서이다. 서는 서로 물리적으로 단절되어 있는 인간과 인간을 서로 이어주는 가교이다. 바로 서를 할 줄 알기 때문에, 다시 말해 입장 바꿔 생각할 줄 알기 때문에 서로가 서로를 이해하고 소통할 수 있으며, 서로가 서로를 이해하고 소통할 수 있기 때문에 사회를 이루어 살아갈 수 있다. 서를 할 수 있기 때문에 우리는 생물학적 인간을 넘어 사회적 인간이 될 수 있는 것이다.

그런데 서에는 한 가지 전제가 있다. 그것은 인간은 누구나 다 똑같다는 것이다. 인간이 누구나 다 똑같다는 것이 전제되지 않으면 아무리 입장을 바꿔 생각해본들, 남을 이해할 방법이 없다. 인간은 누구나 맞으면 아프고, 배고프면 서럽고 한 것이다. 만일 그렇지 않다면, 누구는 맞으면 아파하지만, 누구는 맞는 것을 좋아한다면, 맞고 있는 저 사람이 싫어할지, 좋아할지 어떻게 알 수 있겠는가? 인간은 누구나 다 같기 때문에 서를 통해 이해하고 소통할 수 있는 것이지, 같지 않다면 이해도 소통도 할 수 없으며, 따라서 법이고 도덕이고 존재할 수 없게 되고, 나아가 사회도 존립할 수 없게 된다. 어떤 사람은 맞는 것을 싫어하고, 어떤 사람은 맞는 것을 좋아한다면, 도대체 어떻게 남을 때리는 것을 처벌할 수 있겠으며, 또 그런 최소한의 공통 규범도 마련하지 못하면서 어떻게 사회를 이룰 수 있겠는가? 서가 인간은 누구나 똑같다는 것을 전제로 하고 있다는 것은 글자에서도 분명히 나타난다. 서는 같을 여如 밑에 마음 심心이 있는 글자로, 그 글자가 뜻하는 것 자체가 사람의 마음은 누구나 다 똑같다는 것이다.

서가 인간이 같음을 전제하고 있다면, 공자가 자공이나 중궁에게 서를 강조한 의도가 이제 좀 분명해진다. 평생 인간은 누구나 다 같다는 것을 잊지 말라는 것이다.

▪ 자공이 말했다. "만일 널리 백성에게 은혜를 베풀고 능히 뭇사람을 구제한다면 어떻습니까? 인仁이라고 할 수 있겠습니까?"
공자께서 말씀하셨다. "어찌 인仁에 그치겠느냐. 꼭 말한다면 성聖일 것이니, 요순조차도 아마 어렵게 여기셨을 것이다. 무릇 어진 자는 자기가 서고 싶으면 남도 서게 해 주며, 자기가 두루 통하고 싶으면 남도 두루 통하게 한다. 능히 가까운 것에서 비유를 취하는 것이 인仁의 방법이라 말할 수 있을 것이다."
: 子貢曰, 如有博施於民而能濟衆, 何如. 可謂仁乎. 子曰, 何事於仁, 必也聖乎. 堯舜其猶病諸. 夫仁者, 己欲立而立人, 己欲達而達人. 能近取譬, 可謂仁之方也已. 「옹야」

자공은 남에게 널리 베푸는 것이 인이라고 생각했다. 그러나 공자는 생각이 달랐다. 그것은 좋기는 하지만 너무 어려운 일이다. 천하의 성인이라는 요순도 어려워한 일이다. 인은 내가 서고 싶으면 남도 서게 해주며, 내가 두루 통하고 싶으면 남도 두루 통하게 해 주는 것이다夫仁者 己欲立而立人 己欲達而達人. 선다는 것立은 독립된 인격체로서 서는 것이고, 두루 통한다는 것達은 사방에 막히지 않고 두루 통하는 것이다. 즉 내가 독립된 인격체로서 사방에 두루 통하고 싶으면, 나만 혼자 그렇게 되는 것이 아니라, 남도 그렇게 될 수 있도록 해 주는 것이다.

능히 가까이서 비유를 취하는 것能近取譬, 그것이 인의 방법이다. 공자가 말하는 가까이서 비유를 취한다는 것은 도대체 무엇일까? 그것이 인의 방법이라고 했으니, 거기에 바로 인에 관한 비밀이 숨어 있을 텐데……. 능근취비를 이해하는 열쇠는 바로 그 위의 문장이다. 자기가 서고 싶으면 남도 서게 해 주고, 자기가 통하고 싶으면 남도 통하게 해 준다는. 가까운 것은 바로 나다. 내가 서고 싶어 하니까, 남도 서고 싶어 함을 알고 그를 세워 주는 것이며, 내가 통하고 싶어 하니까, 남도 통하고 싶어 함을 알고 그를 통하게 해 주는 것이다. 능근취비는 나를 갖고 남을 이해하는 것, 다시 말해 나를 미루어 남에게 미치는 것推己及物, 즉 서恕다. 공자는 자공에게 내가 원하지 않는 것을 남에게 베풀지 마라己所不欲 勿施於人고 하면서, 그것을 서라고 하였다. 기소불욕 물시어인己所不欲 勿施於人이 부정적, 소극적이라면, 기욕립이립인 기욕달이달인己欲立而立人 己欲達而達人은 그것과 달리 긍정적, 적극적이다. 그렇지만 己欲立而立人 己欲達而達人도 남도 나와 같다는 것을 전제로 하고 있다. 다시 말해 그것도 또한 서인 것이다. 공자는 서가 인의 방법이라고 하였다. 인의 비밀은 바로 서에 있었던 것이다.

주희는 이 장을 해설하면서 "의학서적에 손발이 마비된 것을 불인不仁이라고 하는데, 이 말이 인을 가장 잘 나타내고 있다醫書以手足痿痹爲不仁 此言最善名狀."는 정호程顥(1032-1085)의 말을 소개하고 있다. 손발이 마비되었다는 것은 손발이 나와 소통이 되지 않는다는 것이다. 소통이 되지 않는 것, 그것이 바로 불인이다. 그런데 소통이 되려면 서로 같음을 알아야 한다. 손발이 나와 같지 않을 때, 즉 나와 한 몸이 아닐 때, 손발이 마비되는 것처럼不仁, 남도 나와 같음을 알지 못하는 것, 그것이 바로 불인이다.

공자께서 말씀하셨다. "증삼아! 나의 도는 하나로 관통해 있느니라."

증자가 말했다. "그렇습니다."

공자께서 나가시자, 문인들이 물었다. "무슨 말입니까?"

증자가 말했다. "선생님의 도는 충서忠恕일 뿐입니다."

: 子曰, 參乎, 吾道一以貫之. 曾子曰, 唯. 子出. 門人問曰, 何謂也. 曾子曰, 夫子之道, 忠恕而已矣. 「이인」

충忠은 주희에 의하면 자기 몸을 다하는 것으로盡己之謂, 자기의 몸과 마음을 다하는 성실함이다. 사람은 누구나 자신을 이루기 위해成己 모든 정성을 다한다. 그것이 충이다. 서는 내 몸을 미루어 남에게 미치는 것으로, 남도 나와 같다고 생각하는 것이다. 따라서 충서는 나 자신을 이루기 위해, 즉 나 자신이 사람다운 사람, 완전한 사람이 되기 위해 온몸을 다하는 것처럼忠, 남도 그런 마음인 줄 알아 남도 나와 같이 될 수 있도록 해주는 것이다恕. 증자는 공자의 도가 스스로 자신을 이루기 위해 온갖 정성을 다하면서, 또한 남들도 자신을 이룰 수 있게 해주는 것, 그것 하나로 관통해 있다고 하고 있다.

사람이 공부를 하는 것은 사람으로서 사람답게 살아가기 위해서이다. 우리는 자기 몸을 다해 사람이 살아야 할 도를 배우고 제때에 수시로 익혀 완전한 사람이 되는 길로 나아가야 한다. 그러나 거기에만 그쳐서는 안 된다. 남들도 나와 같은 마음임을 알고 남들도 그렇게 될 수 있도록 해 주어야 한다. 그래서 군자는 학문이 어느 정도 수준에 오르면, 즉 어느 정도 자신을 이루게 되면, 반드시 세상에 나아가 남들도 그렇게 될 수 있도록 노력해야 한다. 즉 도를 배우고 익히는 것과 도를 행하는 것은 둘이 아닌 하나의 일인 것이다.

서, 남도 나와 같음을 알고, 나와 같이 될 수 있도록 해 주는 것, 이것이야말로 정말 공자의 가르침 전반을 꿰뚫는 하나의 키워드라 아니할 수 없다.

■ 맹자가 말했다. "만물이 모두 내게 구비되어 있다. 내 몸에 돌이켜 성실하면 즐거움이 이보다 큰 것이 없다. 힘써 서恕를 행하면, 인仁을 구하는 것이 이보다 가까운 것은 없다."

: 孟子曰, 萬物皆備於我矣. 反身而誠, 樂莫大焉. 强恕而行, 求仁莫近焉.
『맹자』「진심상」

맹자의 말이지만 증자의 말과 별 차이가 없다. 내 몸에 돌이켜 성실하면忠 나날이 덕이 높아져 도와 자신이 일치하게 되니 이보다 더 즐거운 것이 없다. 그리고 힘써 서恕를 행하여 남도 나와 같이 되게 하니 인을 구하는 데 이보다 더 가까운 것이 있을 수 없다. 인은 서를 통하여, 즉 남도 나와 같다는 것을 알아 나와 같이 되게 하는 것을 통해서 실행되는 것이다.

극기복례위인克己復禮爲仁의 새로운 해석

■ 안연과 계로가 공자를 모시고 있었다. 공자께서 말씀하셨다. "어찌 각자 자기의 뜻을 말하지 않느냐?"
자로가 말했다. "원컨대 수레와 말과 옷과 갖옷을 벗과 함께 사용하다가, 비록 그것이 낡아진다고 하여도 유감으로 생각하지 않으려 합니다."
안연이 말했다. "원컨대 내가 잘한 일을 자랑하지 않으며, 남을 수고롭게 하지 않으려 합니다."
자로가 말했다. "원컨대 선생님의 뜻을 듣고 싶습니다."
공자께서 말씀하셨다. "늙은 사람은 편안하게 해주고, 벗은 믿도록 하며, 어린아이는 품어주겠노라."

: 顔淵季路侍. 子曰, 盍各言爾志. 子路曰, 願車馬衣輕裘, 與朋友共, 敝之而無憾. 顔淵曰, 願無伐善, 無施勞. 子路曰, 願聞子之志. 子曰, 老者安之, 朋友信之, 小者懷之. 「공야장」

아래는 이 장에 대한 주희의 해설이다. 주희는 정이의 말로 해설을 대신하고 있다.

▪ 정자(정이)가 말했다. "공자는 인에 편안해 했고, 안연은 인을 떠나지 않으려 했으며, 자로는 인을 구했다."

또 말했다. "자로와 안연과 공자의 뜻은 모두 남과 같이하는 것이다. 다만 크고 작은 차이가 있을 뿐이다.

또 말했다. "자로는 의義에 용감한 사람으로 그 뜻을 살펴보건대 어찌 권세와 이익으로 그를 속박할 수 있겠는가? 기수沂水에서 목욕하겠다고 한 증점曾點에 버금간다. 안자顔子는 자신을 사사로이 하지 않았으므로 잘한 일을 자랑하지 않았고, 남과 같음을 알아서 남을 수고롭게 하지 않았다. 그 뜻은 크다고 할 수 있으나, 아직 뜻이 있음을 면하지 못했다. 공자에 이르러서는 마치 천지의 화공化工(조물주)이 만물에 맡기고 자신은 수고하지 않음과 같으니, 이것이 바로 성인이 하시는 바다. 지금 굴레와 고삐로 말을 제어하고 소는 제어하지 않는데, 사람들은 모두 굴레와 고삐를 만든 것이 사람인 줄은 알고 있으나, 굴레와 고삐가 생겨난 것이 말에서 유래한 것은 알지 못하고 있다. 성인의 교화도 이와 같다. 먼저 두 사람의 말을 살펴보고 나중에 성인의 말을 살펴보면 천지의 기상이 분명하다. 논어를 읽을 때는 문자만 이해하려고 할 뿐 아니라 모름지기 성현의 기상도 알려고 해야 한다.

: 程子曰, 夫子安仁, 顔淵不違仁, 子路求仁. 又曰, 子路, 顔淵, 孔子之志, 皆與物共者也, 但有小大之差爾. 又曰, 子路勇於義者, 觀其志, 豈可以勢利拘之哉. 亞於浴沂者也. 顔子不自私己, 故無伐善. 知同於人, 故無施勞. 其志可謂大矣, 然未免出於有意也. 至於夫子, 則如天地之化工, 付與萬物而己不勞焉, 此聖人之所爲也. 今夫羈靮以御馬而不以制牛, 人皆知羈靮之作在乎人, 而不知羈靮之生由於馬. 聖人之化, 亦猶是也. 先觀二子之言, 後觀聖人之言, 分明天地氣象. 凡看論語, 非但欲理會文字, 須要識得聖賢氣象. 『논어집주』

자로는 남들과 재물을 같이 하려 하였다. 그런 자로를 정이는 인을 구한 것求仁이라고 하고 있다. 인을 자기 것으로 만들려고 노력하고 있다는 뜻이다. 안연은 남들과 마음을 같이 하려 하였다. 그래서 자신을 자랑함으로써 남을 상처 주지 않으려 한 것이고, 남을 수고롭게 하지 않은 것이다. 그것을 정이는 인을 떠나려 하지 않은 것不違仁이라고 표현하고 있다. 인을 굳게 지켜 완전한 내 것이 되게 하려고 노력하고 있다는 뜻이다. 공자는 남들을 이루게 해 주려 하였다. 그래서 각자가 절실히 요구하는 바를 실현시켜 준 것이다. 즉 나만 자신을 이루는 것이 아니라 남들도 자신이 원하는 바를 이루게 해 준 것이다. 그런 공자를 정이는 인에 편안해 한 것安仁이라고 하였다. 즉 인과 일체가 되어 인이 내 몸처럼 편안해졌다는 뜻이다. 세 사람 모두 어찌되었든 남들도 나와 같음을 알고, 남들도 나와 같게 하려 한 것이다. 그래서 비록 크고 작은 차이는 있지만, 모두 인이 될 수 있는 것이다.

그런데 정이는 공자를 천지의 화공에 비유하고 있다. 즉 공자의 뜻이, 천지의 화공이 세상만물을 각자 다 자기 본성대로 행하게 할 뿐이지, 자기 의사를 드러내 강요하지 않는 것과 같다는 말이다. 사람들은 고삐를 사람이 만들었다고 생각하지만, 사실 고삐는 말의 본성에서 유래한 것이다. 어린이를 품어주는 것은, 어린이의 본성이 품어주기를 원해서이지, 내가 품고 싶어서가 아니다. 성인聖人의 인은 남들을 성인의 의사대로 이루게 하는 것이 아니라, 각자가 자기 본성대로 이루게 해 주는 것이다.

예가 무엇이고, 인이 무엇인지, 비록 사전적 정의는 내리지 못했지만, 가장 핵심적인 내용을 살펴보았으니, 이제 다시 원래의 문제인 극기복례위인의 해석으로 돌아가 보자. 극기克己는 무엇일까? 자기를 이기는 것, 자기를 극복하는 것이다. 다시 말해 자기의 입장, 자기의 생각을 강요하지 않고 접는 것이다. 복례復禮의 복復은 돌아가는 것反이 아니라 실천하는 것踐이다. 복례는 즉 예를 실천하는 것이다.

예를 실천한다는 것은 무슨 뜻일까? 그것은 바로 구분하여 차별한다는 것이다. 사람을 획일적으로 대하지 않고 그 사람의 차별성, 특수성을 인정하고, 그에 맞게 대하는 것이다. 즉 늙은 사람은 늙은 사람으로 대해 편안하게 해주며, 벗은 벗으로 대해 믿게 해주며, 어린이는 어린이로 대해 품어주는 것이다. 위인爲仁은 무엇일까? 남도 나와 같음을 알고 나와 같이 될 수 있게 하는 것, 다시 말해 남도 나와 같이 자신을 이룰 수 있게 해주는 것이란 말이다.

종합하면 극기복례위인은 다음과 같이 해석된다. "나를 내세우지 않고克己, 남이 갖고 있는 차별성(특수성)을 인정하고 그에 맞게 대하는 것이復禮 바로 그도 나처럼 될 수 있게 해주는 것, 즉 나처럼 자신을 이루게 해주는 것이다爲仁." 다시 말하면 내 생각대로 하지 않고(극기), 늙은 사람은 늙은 사람이 원하는 바가 편안하게 해주는 것이므로 편안하게 해주고, 벗은 원하는 바가 믿게 해주는 것이므로 믿게 해주며, 어린이는 원하는 바가 품어주는 것이므로 품어주는 것이(복례), 바로 모두가 똑같은 인간으로서 자신을 이룰 수 있게 해주는 것이라는(위인) 말이다.

인은 사람은 누구나 다 같다는 동질성에 기초하였고, 예는 사람은 누구나 다 다르다는 차별성에 기초하였다. 따라서 얼핏 보아서는 인과 예는 서로 모순되는 것처럼 보인다. 그러나 사람은 누구나 다 같다는 것이 모든 사람이 다 똑같은 옷을 입고, 똑같은 음식을 먹어야한다는 것은 아니다. 어린이나 성인成人이나 다 같다고 해서 동일한 의무를 부과하고, 남자나 여자나 다 같다고 해서 동일한 역할을 부여하는 것은, 모두에게 파멸을 초래할 뿐이다. 사람은 누구나 다 같다고 하는 보편적인 원리는 각기 다른 사람들이 다 각기 자신의 개성, 즉 자신만의 차별성을 이루는 속에서 추구될 때만이 구현될 수 있다.

즉 그림을 그리길 좋아하는 사람은 그림을 그림으로써 자신을 추구하고, 음악을 좋아하는 사람은 음악을 함으로써, 운동을 좋아하는 사람은 운동을 함으로써 자신을 추구하는 속에서 사람은 누구나 다 같다고 하는 보편적 원리가 구현될 수 있다는 말이다. 그림을 좋아하는 사람에게 음악을 강요하고, 음악을 좋아하는 사람에게 그림을 강요하는 것은 모두의 파멸만을 초래할 뿐이다. 어린이에게 어른의 일을 강요하고, 어른에게 어린이의 일을 강요하는 것과 같은 것이고, 월 소득이 100만원인 사람과 월 소득이 1억인 사람에게 똑같은 세율로 세금을 걷는 것과 같은 것이다. 서로가 다 다르다는 것을 인정하고 그렇게 대하는 것이, 즉 음악을 좋아하는 사람은 음악을 하게 하고, 그림을 좋아하는 사람은 그림을 그리게 함으로써 자신을 이루게끔 하는 것이, 바로 사람은 모두가 같다고 하는, 따라서 사람은 누구나 다 자신을 이룰 권리가 있다고 하는 보편적 원리를 구현하는 방법이다. 어린이에게는 어린이의 일을 요구하고, 어른에게는 어른의 일을 요구하는 것이, 소득이 100만원인 사람에게는 세금을 면제하고, 소득이 1억인 사람에게는 보다 많이 세금을 거두어들이는 것이 바로 사람은 누구나 다 평등하다고 하는 보편적 원리를 구현하는 것임과 같은 것이다. 즉 인은 예를 통해서 구체적으로 실현되고 관철되는 것이다. 극기복례위인은 바로 그것을 이야기하고 있다.

그런데 각자가 갖고 있는 차별성을 실현한다고 하여 무한정 차별하는 것도 또한 옳은 것일까? 즉 남녀를 구분한다고 하여 과거 조선시대처럼 신분적으로까지 차별하는 것도 과연 인이라고 할 수 있을까?

> 공자께서 말씀하셨다. "사람으로서 어질지 않다면 예를 어찌할 것이며, 사람으로서 어질지 않다면 음악을 어찌할 것인가?"
>
> : 子曰, 人而不仁, 如禮何. 人而不仁, 如樂何. 「팔일」

예고 악이고 인이 있은 다음의 일이다. 즉 인이 전제가 되지 않는 예악은 무의미하다는 말이다. 아니 무의미한 것이 아니라 있어서는 안 되는 것이다. 사람이 각기 다르기 때문에 그에 따라 달리 대한다고 하여 그것이 사람은 누구나 다 같다고 하는 보편적 원리를 훼손하는 정도로까지 나아가서는 안 된다. 다르게 대하는 것은 그 사람이 갖고 있는 차별성, 즉 특수성을 인정함으로써 그가 자신을 이룰 수 있게 하기 위함일 뿐이다. 차별은 인간은 누구나 다 자기를 이룰 권리가 있다는 보편성을 구현하는 방법으로서만 의미를 가질 뿐이다. 즉 인간은 누구나 다 평등하다는 그 전제가 실현되는 속에서만 차별이 용인될 수 있는 것이다. 다시 말해 예는 인을 실현하는 방법으로서만 그 구분과 차별이 인정되는 것이다.

제 4 장

정치
政治

孔子思想

수신과 위정,
자기를 닦아서
남을 평안케 한다

공자는 13년간 고향인 노나라를 떠나 천하를 주유했다. 그 13년 동안 공자는 때로는 목숨이 위태로울 정도의 고난에 처하는 등 온갖 어려움을 겪어야 했다. 도대체 공자는 왜 그렇게 어려운 길을 나선 것일까? 「공자세가」의 기록대로 나라의 제사 때 쓴 번육膰肉을 나눠 주지 않아 그런 것이라면 벼슬만 버리면 될 일이었다. 아니 「공자세가」의 기록 말고 또 다른 사정이 있었다 하더라도 꼭 고향을 떠나야만 할 정도로 공자가 노나라에서 어려운 경우에 처한 것은 아니었을 것이다. 그런데 왜 공자는 고향인 노나라를 떠나 13년간이나 천하를 주유했을까?

공자가 천하를 주유한 것은 이 세상 어디엔가 혹 있을지도 모를, 자기를 등용해 줄 군주를 찾아서였다. 그런 군주 밑에서 정치를 담당하여 이 세상을 모든 사람이 사람의 도리를 다하며 살 수 있는 세상, 즉 대동大同의 세상으로 만들고 싶은 강렬한 욕구가 그를 13년간이나 천하를 주유하게 만든 것이다. 그리고 그것은 자신이 배우고 익혀온, 문왕으로부터 전해온 그 도斯文를 이 세상에 전수하고 또한 실행해야 한다는 강렬한 사명감 때문이기도 하였다. 그런데 공자는 왜 그 도를 꼭 세상에 실행하려 했을까? 도를 품에 안고 자기 혼자 잘 살다 가면 될 것을, 왜 그 고생을 해 가며 그토록 정치를 하려고 했을까?

■ 자로가 군자에 대해 물었다. 공자께서 말씀하셨다. "경敬으로 자기를 닦는 것이다."

"그와 같을 뿐입니까?"

"자기를 닦음으로써 남을 평안케 해야 한다."

"그와 같을 뿐입니까?"

"자기를 닦음으로써 백성을 평안케 해야 한다. 자기를 닦음으로써 백성을 평안케 하는 것은 요임금과 순임금도 오히려 근심하셨을 것이다."

: 子路問君子. 子曰, 修己以敬. 曰, 如斯而已乎. 曰, 修己以安人. 曰, 如斯而已乎. 曰, 修己以安百姓. 修己以安百姓, 堯舜其猶病諸. 「헌문」

군자는 경으로 자신을 닦는 데서 그치는 것이 아니라, 남을, 나아가 백성을 평안케 해야 한다. 즉 군자가 자신을 닦는 것은 나아가 만백성을 평안케 하기 위한 것이라는 말이다. 수신修身과 위정爲政이 동일시되고 있다. 왜 수신과 위정을 동일시해야 할까? 도를 배우고 익혀 나만 성인이 되면 안 되는 것일까獨善其身? 왜 꼭 도를 실행하여 백성까지 평안케 해야 할까兼善天下?

▪ 옛날에 밝은 덕을 천하에 밝히려 하는 자는 먼저 그 나라를 다스렸다. 그 나라를 다스리고자 하는 자는 먼저 그 집안을 가지런히 하였다. 그 집안을 가지런히 하고자 하는 자는 먼저 그 몸을 닦았다. 그 몸을 닦고자 하는 자는 먼저 그 마음을 바르게 하였다. 그 마음을 바르게 하고자 하는 자는 먼저 그 뜻을 성실히 하였다. 그 뜻을 성실히 하고자 하는 자는 먼저 그 지식을 지극히 하였다. 그 지식을 지극히 하는 것은 사물을 궁구하는 데 있다. 사물을 궁구한 이후에 지식이 지극해지고, 지식이 지극해진 이후에 뜻이 성실해지며, 뜻이 성실해진 이후에 마음이 바르게 되고, 마음이 바르게 된 이후에 몸이 닦여지며, 몸이 닦여진 이후에 집안이 가지런해지며, 집안이 가지런해진 이후에 나라가 다스려지고, 나라가 다스려진 이후에 천하가 평안해진다. 천자로부터 서인에 이르기까지 하나같이 모두 몸을 닦는 것을 근본으로 삼는다.

: 古之欲明明德於天下者, 先治其國. 欲治其國者, 先齊其家. 欲齊其家者, 先脩其身. 欲脩其身者, 先正其心. 欲正其心者, 先誠其意. 欲誠其意者, 先致其知. 致知在格物. 物格而后知至, 知至而后意誠, 意誠而后心正, 心正而后身脩, 身脩而后家齊, 家齊而后國治, 國治而后天下平. 自天子以至於庶人, 壹是皆以脩身爲本. 『대학』

증삼曾參이 썼다고 전해지는 『대학』에 나오는 말이다. 여기서도 수신이 수신으로만 머물지 않고 평천하平天下로까지 이어지고 있다. 유가의 전통이다. 도대체 왜 수신은 수신으로만 머물지 못하고, 위정으로 이어지는 것일까?

- 자공이 물었다. "한마디 말로 평생 동안에 행할 만한 것이 있습니까?"
  공자께서 말씀하셨다. "아마 서恕일 것이다. 내가 원하지 않는 것을 남에게 베풀지 마라."
  : 子貢問曰, 有一言而可以終身行之者乎. 子曰, 其恕乎. 己所不欲, 勿施於人. 「위령공」

- 자공이 말했다. "만일 널리 백성에게 은혜를 베풀고 능히 뭇사람을 구제한다면 어떻습니까? 인仁이라고 할 수 있겠습니까?"
  공자께서 말씀하셨다. "어찌 인仁에 그치겠느냐. 꼭 말한다면 성

聖일 것이니, 요순조차도 아마 어렵게 여기셨을 것이다. 무릇 어진 자는 자기가 서고 싶으면 남도 서게 해 주며, 자기가 두루 통하고 싶으면 남도 두루 통하게 한다. 능히 가까운 것에서 비유를 취해 가는 것이 인仁을 행하는 방법이라 말할 수 있을 것이다."

: 子貢曰, 如有博施於民而能濟衆, 何如. 可謂仁乎. 子曰, 何事於仁, 必也聖乎. 堯舜其猶病諸. 夫仁者, 己欲立而立人, 己欲達而達人. 能近取譬, 可謂仁之方也已.「옹야」

서恕, "내가 원하지 않는 것을 남에게 베풀지 마라己所不欲, 勿施於人"는 때의 고금과 양의 동서를 막론하고 무조건적으로 타당한 도덕 명제이다. 소위 도덕의 황금률黃金律이요, 칸트의 정언명법定言命法이다. 그런데 서의 이면에는 중요한 명제 하나가 전제되어 있다. 즉 남도 나와 같다는 것이다. 남도 나와 같기 때문에, 내가 싫어하는 것은 남도 싫어한다. 그러니까 내가 싫어하는 것을 남에게 가해서는 안 되는 것이다.

그런데 서는 하지 말라는 데 초점이 가 있다. 즉 최소한의 윤리 규범이기 때문에 소극적이고, 부정적이다. 이 서를 적극적, 긍정적으로 바꾸면 바로 "자기가 서고 싶으면 남도 서게 해 주며, 자기가 두루 통하고 싶으면 남도 두루 통하게 한다己欲立而立人, 己欲達而達人."가 된다. 이것을 공자는 "능히 가까운 것에서 비유를 취하여 가는 것能近取譬"이라고 하고 있다. 다시 말해 자기를 미루어 남을 이해하는 것이다. 남도 나와 같기 때문에 내가 서고 싶으면 남도 서고 싶어 하는 줄 알고 남을 세워주며, 내가 두루 통하고 싶으면, 남도 그런 줄 알고 남도 두루 통하게 해 주는 것이다.

수신이 위정과 동일시되는 것은 바로 이 때문이다. 나를 이루고成己 싶으면, 남도 자신을 이루고 싶어 하는 것을 알고, 남도 자신을 이룰 수 있게 해 줘야 하는 것이다. 수신은 도를 배우고 익혀 자신을 이루는 것이고, 위정은 도를 실행하여 남도 자신을 이룰 수 있는 세상을 만드는 것이다. 수신과 위정은 남도 나와 같다는 생각, 즉 서를 매개로 하나가 된다. 그래서 도를 배우고 익히는 수신과 도를 실행하는 위정이 동일시되는 것이다.

도를 배우고 익히는 것과 도를 실행하는 것이 같다는 생각은 공자 이래 유가의 전통으로, 도가道家나 불가佛家 등 다른 유파와 차별되는 주요한 특징이다. 대승불교의 경우 위로는 깨달음을 구하고上求菩提, 아래로는 중생을 구제하는下化衆生 보살菩薩 사상을 강조하나, 깨달음을 구하는 데 훨씬 중점이 가 있어, 유가만큼 현실 정치에 적극적이지는 않다. 도를 배우고 익히는 것과 도를 실행하는 것을 하나의 일로 보는 것은 유가만의 독특한 전통으로, 동아시아 지식인들이 적극적으로 현실 정치에 참여하게 된 사상적 근거가 되었다.

■ 계강자가 정치에 대해 공자께 물었다. 공자께서 대답하셨다. "정치란 올바르게 하는 것입니다. 당신이 솔선하여 올바르게 하신다

면, 누가 감히 올바르지 않겠습니까?"

: 季康子問政於孔子. 孔子對曰, 政者正也. 子帥以正, 孰敢不正. 「안연」

- 공자께서 말씀하셨다. "진실로 그 몸을 바르게 한다면, 정치에 종사하는 데 무슨 어려움이 있겠는가? 그 몸을 바르게 하지 못한다면, 어찌 남을 바르게 할 수 있겠는가?"

  : 子曰, 苟正其身矣, 於從政乎何有. 不能正其身, 如正人何. 「자로」

수신의 궁극적 목적이 내가 나를 이루어 올바른 사람이 되는 것이라면, 정치의 궁극적 목적도 만백성이 다 자신을 이루어 올바른 사람이 되게 하는 것이다. 그래서 정치가 올바르게 하는 것, 즉 교화敎化가 되는 것이다. 정치가 도를 배우고 익혀 성인이 되기 위한 공부, 즉 수신으로부터 비롯되는 한 정치는 도道의 문제, 즉 윤리의 문제일 수밖에 없다.

- 어떤 사람이 공자에게 말했다. "선생님께서는 어찌하여 정치를 하지 않습니까?"

  공자께서 말씀하셨다. "『서書』에 이르기를 '효도하라, 오직 효도하고 형제간에 우애友愛 있어라. 그러면 정사에 베푸는 것이 있으리라'고 했으니, 이 또한 정치를 하는 것인데 어찌 정치를 할 것이 있겠습니까?"

: 或謂孔子曰, 子奚不爲政. 子曰, 書云, 孝乎惟孝, 友于兄弟, 施於有政. 是亦爲政, 奚其爲爲政. 「위정」

공자가 부모에 대한 효와 형제간의 우애라는 가족윤리를 실천하는 것이 곧 정치를 하는 것이라고 주장한 것은 당시 주周나라의 통치제도, 즉 봉건제封建制가 종법宗法질서라는 확대된 가족질서에 기초하고 있었기 때문이다. 주나라의 봉건제는 주왕실을 대종大宗으로 하고 각 제후들을 소종小宗으로 하는 종법질서宗法秩序로 결합되어 있었다. 핏줄이 다른 제후들도 이 종법질서를 의제擬制하여 봉건제에 편입되었다. 주나라는 주왕실을 종가로, 천하가 한 가족이라는 형태로 결합된 것이다. 따라서 가족윤리는 단순히 가족 내에서의 윤리를 넘어 국가 통치 질서 전반을 유지하는 이데올로기로서 기능하였다.

또한 정치가 수신의 연장선에 있는 한 정치란 기본적으로 도의 문제, 즉 윤리의 문제였다. 따라서 공자에게 정치는 가장 기초적인 윤리인 가족윤리의 실천과 결코 분리될 수 없는 것이었다.

■ 자로가 말했다. "위나라 임금이 선생님을 모시고 정치를 하려고 하는데, 선생님께서는 장차 무엇부터 하시겠습니까?"
공자께서 말씀하셨다. "꼭 한다면 이름을 바로 세우고 싶다."
자로가 말하길 "여전하시군요, 선생님의 우원迂遠하심이란. 어찌 이름을 바로 세운다고 하시는 겁니까?"

공자께서 말씀하셨다. "비속하구나, 유야. 군자는 알지 못하는 것에 대해서는 잠자코 있는 법이다. 이름이 바로 서지 않으면 말이 통하지 않으며, 말이 통하지 않으면 일이 이루어지지 않고, 일이 이루어지지 않으면 예악이 흥하지 않으며, 예악이 흥하지 않으면 형벌이 맞지 않게 되고, 형벌이 맞지 않으면 백성들이 손발을 둘 곳이 없게 된다. 그런 까닭에 군자가 이름을 세우면 반드시 말을 할 수 있어야 하고, 말을 하면 반드시 행할 수 있어야 한다. 군자는 그 말에 구차함이 없을 뿐이다."

: 子路曰, 衛君待子而爲政, 子將奚先. 子曰, 必也正名乎. 子路曰, 有是哉, 子之迂也. 奚其正. 子曰, 野哉, 由也. 君子於其所不知, 蓋闕如也. 名不正, 則言不順. 言不順, 則事不成. 事不成, 則禮樂不興. 禮樂不興, 則刑罰不中. 刑罰不中, 則民無所措手足. 故君子名之必可言也. 言之必可行也. 君子於其言, 無所苟而已矣. 「자로」

■ 제나라 경공景公이 공자에게 정치에 대해 물었다. 공자께서 대답하셨다. "임금은 임금답게, 신하는 신하답게, 아비는 아비답게, 자식은 자식답게 하는 것입니다."

경공이 말하길 "좋은 말씀이오. 진실로 임금이 임금답지 못하고, 신하가 신하답지 못하며, 아비가 아비답지 못하고, 자식이 자식답지 못하다면, 비록 곡식이 있다 한들 내가 그것을 먹을 수 있겠습니까?"

: 齊景公問政於孔子. 孔子對曰, 君君, 臣臣, 父父, 子子. 公曰, 善哉. 信如君不君, 臣不臣, 父不父, 子不子, 雖有粟, 吾得而食諸.「안연」

이름을 바로 세운다는 것正名은 명분을 바로 세워야 한다는 것과 같다. 임금이 임금다워야 한다는 것은 임금이 임금으로서의 명분을 지켜야 한다는 것이다. 정치를 윤리로 보면 명분보다 중요한 것은 없다.

■ 공자께서 말씀하셨다. "법으로 이끌고 형벌로 가지런히 한다면 백성들은 죄만 면하면 부끄러워할 줄 모른다. 그러나 덕으로 이끌고 예로 가지런히 한다면 부끄러움을 알고 바르게 될 것이다."

: 子曰, 道之以政, 齊之以刑, 民免而無恥. 道之以德, 齊之以禮, 有恥且格.「위정」

정치의 목적이 백성을 올바른 사람으로 만드는 것이라면 당연히 덕과 예로 백성을 이끌어야 한다. 형벌은 범죄를 짓지 못하게 하는 데 효과가 있을 뿐이지, 백성을 올바른 사람으로 교화하지는 못한다. 정치가 수신의 연장인 한 덕치는 자연스런 결론이다.

■ 공자께서 말씀하셨다. "덕으로 정치를 하는 것은, 비유컨대 북극

성이 제자리에 있으니 모든 별이 그를 향해 인사하는 것과 같다."

: 子曰, 爲政以德, 譬如北辰居其所, 而衆星共之. 「위정」

덕을 쌓으면 백성들이 저절로 따라 온다는 뜻이다. 덕치는 따라 오게 하는 것이지, 강제하는 것이 아니다.

- 공자께서 말씀하셨다. "그 몸이 바르면 명령하지 않아도 행하여지고, 그 몸이 바르지 않으면 비록 명령하여도 따르지 않는다."

  : 子曰, 其身正, 不令而行. 其身不正, 雖令不從. 「자로」

- 계강자가 도둑을 걱정하여 공자께 물었다. 공자께서 대답하셨다. "당신이 진정 탐욕을 부리지 않으신다면, 비록 상을 준다고 하더라도 도둑질하지 않을 것입니다."

  : 季康子患盜, 問於孔子. 孔子對曰, 苟子之不欲, 雖賞之不竊. 「안연」

- 계강자가 정치에 대해 공자께 물었다. "만일 무도한 자를 죽여, 도道를 이룬다면 어떻습니까?"

  공자께서 대답하셨다. "당신은 정치를 하면서 어찌 사람을 죽이려 하십니까? 당신이 선해지기를 원하면 백성이 선해집니다. 군자의 덕은 바람이고, 소인의 덕은 풀입니다. 풀 위로 바람이 불면 풀은 눕습니다."

: 季康子問政於孔子曰, 如殺無道, 以就有道. 何如. 孔子對曰, 子爲政, 焉用殺. 子欲善, 而民善矣. 君子之德風, 小人之德草. 草上之風必偃. 「안연」

번지가 곡식 농사에 대해 배울 것을 청했다. 공자께서 말씀하셨다. "나는 늙은 농부만 못하다."

채소 농사에 대해 배울 것을 청하자 말씀하셨다. "나는 늙은 채소 농사꾼만 못하다."

번지가 물러갔다. 공자께서 말씀하셨다. "소인이로구나, 번수는. 윗사람이 예를 좋아하면 백성들 중에 감히 공경하지 않는 사람이 없고, 윗사람이 의를 좋아하면 백성들 중에 감히 복종하지 않는 사람이 없으며, 윗사람이 신의를 좋아하면 백성들 중에 감히 정성을 다하지 않는 사람이 없다. 이렇게 되면 사방의 백성들이 자식을 등에 업고 이른다. 농사짓는 것을 어디에 쓰겠는가?"

: 樊遲請學稼. 子曰, 吾不如老農. 請學爲圃. 曰, 吾不如老圃. 樊遲出. 子曰, 小人哉, 樊須也. 上好禮, 則民莫敢不敬. 上好義, 則民莫敢不服. 上好信, 則民莫敢不用情. 夫如是, 則四方之民襁負其子而至矣. 焉用稼. 「자로」

군자의 덕은 바람이고 소인의 덕은 풀이라, 풀 위로 바람이 불면 풀은 눕는 법이다. 윗사람이 먼저 보이면 백성은 따라오기 마련이다.

그러니 윗사람이 먼저 올바른 사람이 되어야 한다. 그렇게 하려면 어진 인재가 제자리에 앉아야 한다.

- 중궁이 계씨季氏의 가재宰가 되어 정치에 대해 물었다. 공자께서 말씀하셨다. "먼저 관원들에게 솔선수범하고, 사소한 잘못은 용서하며, 어진 인재를 등용해야 한다."
"어진 인재를 어떻게 알아내어 등용합니까?"
"우선 네가 아는 자를 등용해라. 그러면 네가 모르는 사람들을 남들이 그냥 내버려두겠느냐?"
: 仲弓爲季氏宰, 問政. 子曰, 先有司, 赦小過, 擧賢才. 曰, 焉知賢才而擧之. 曰, 擧爾所知. 爾所不知, 人其舍諸. 「자로」

- 자유가 무성武城의 읍재가 됐다. 공자께서 말씀하셨다. "너는 그곳에서 사람을 얻었느냐?"
"담대멸명이란 자가 있사온데, 길을 가되 지름길로 다니지 않고, 공적인 일이 아니면 저의 집에 오지 않습니다."
: 子游爲武城宰. 子曰, 女得人焉爾乎. 曰, 有澹臺滅明者. 行不由徑, 非公事, 未嘗至於偃之室也. 「옹야」

정치에서 가장 중요한 것 중 하나는 어진 인재를 찾아내 제자리에 앉히는 것이다. 더군다나 덕으로 백성을 이끌어가기 위해서는 무엇보다 먼저 윗사람이 덕을 갖춰야 한다. 덕치는 인재등용과 불가분의 관계다.

■ 번지가 인仁에 대해 물었다. 공자께서 말씀하셨다. "사람을 사랑하는 것이다."
아는 것知에 대해 물었다. 공자께서 말씀하셨다. "사람을 아는 것이다."
번지가 깨닫지 못했다. 공자께서 말씀하셨다. "곧은 사람을 발탁하여 굽은 사람 위에 놓으면 능히 굽은 사람을 곧게 만들 수 있을 것이다."
번지가 물러 나오다 자하를 보고 말했다. "아까 내가 선생님을 뵙게 되어 아는 것에 대해 물었더니, 선생님께서 말씀하시길 '곧은 사람을 발탁하여 굽은 사람 위에 놓으면 능히 굽은 사람을 곧게 만들 수 있을 것이다.'라고 하셨는데, 무슨 뜻이오?"
자하가 말했다. "의미심장하구나! 말씀이. 순임금이 천하를 다스릴 때 뭇사람 중에서 고요를 발탁하니 어질지 않은 자들이 멀어졌소. 탕임금이 천하를 다스릴 때 뭇사람 중에서 이윤을 발탁하니 어질지 않은 자들이 멀어졌소."
: 樊遲問仁. 子曰, 愛人. 問知. 子曰, 知人. 樊遲未達. 子曰, 擧直錯諸枉, 能使枉者直. 樊遲退, 見子夏曰, 鄕也, 吾見於夫子而問知. 子曰, 擧直錯諸枉, 能使枉者直. 何謂也. 子夏曰, 富哉言乎. 舜有天下, 選於衆, 擧皐

陶, 不仁者遠矣. 湯有天下, 選於衆, 擧伊尹, 不仁者遠矣.「안연」

곧은 사람을 발탁하여 굽은 사람 위에 놓으면 능히 굽은 사람을 다 곧게 만들 수 있다. 마찬가지로 어진 사람을 발탁하여 백성 위에 놓아 백성을 다스리게 하면 능히 모든 백성을 다 어질게 만들어, 마치 어질지 못한 사람들이 다 떠나가 없어진 것처럼 되게 할 수 있다. 그래서 인재를 알아보는 눈이 중요한 것이다.

- 공자께서 말씀하셨다. "가르침에 차별은 없다."

  : 子曰, 有教無類.「위령공」

정치의 목적이 백성을 교화하는 데 있다면, 당연히 백성을 가르쳐야 한다. 가르침에 차별을 두면서 백성을 교화할 수는 없다.

- 공자께서 위衛에 가실 때 염유가 마차를 몰았다. 공자께서 말씀하셨다. "사람이 많구나."

  염유가 말했다. "이미 사람이 많다면 그 다음에는 무엇을 하여야 합니까?"

  "부유하게 하여야 한다."

  "이미 부유하다면 그다음에는 또 무엇을 하여야 합니까?"

  "가르쳐야 한다."

: 子適衛, 冉有僕. 子曰, 庶矣哉. 冉有曰, 旣庶矣, 又何加焉. 曰, 富之. 曰, 旣富矣, 又何加焉. 曰, 敎之.「자로」

백성을 교화하는 데도 순서가 있으니 먼저 백성이 충분히 먹고 살 수 있게 한 후에 가르치는 것이다先富後敎.

■ "일정한 생업이 없으면서도 한결같은 마음이 있는 것은 오직 선비만이 그럴 수 있습니다. 백성들은 일정한 생업이 없으면 한결같은 마음도 없습니다. 만일 한결같은 마음이 없게 되면 방탕하고, 편벽되며, 사악하고, 사치한 일 등 하지 못하는 것이 없게 됩니다. 그렇게 되어 죄에 빠지게 된 이후에 그에게 형벌을 가한다면, 이것은 백성들을 그물질하여 잡는 것입니다."

: 無恆産而有恆心者, 惟士爲能. 若民, 則無恆産, 因無恆心. 苟無恆心, 放辟邪侈, 無不爲已. 及陷於罪, 然後從而刑之, 是罔民也.『맹자』「양혜왕상」

맹자는 더 분명히 말하고 있다. 무항산 무항심無恒產 無恒心이라고. 백성이 우선 먹고 살 수 있게 하고 난 후에 비로소 교화가 있는 것이다. 먹고 살 길이 없는 데서는 교화고 뭐고 없다.

■ 애공이 유약에게 물었다. "흉년이 들어 쓸 것이 모자라는데 어떻

게 해야 합니까?"

유약이 대답하여 말했다. "어찌 철법을 쓰지 않으십니까?"

"10분의 2도 오히려 부족할 판인데 철법을 써서 어찌하겠습니까?"

"백성이 풍족하다면 임금께서 누구와 더불어 부족하겠으며, 백성이 부족하다면 임금께서 누구와 더불어 풍족하겠습니까?"

: 哀公問於有若曰, 年饑, 用不足, 如之何. 有若對曰, 盍徹乎. 曰, 二, 吾猶不足, 如之何其徹也. 對曰, 百姓足, 君孰與不足. 百姓不足, 君孰與足. 「안연」

유약의 말이지만, 공문孔門의 정치사상의 핵심을 짚고 있다. 정치의 근본은 백성에게 있는 것이다. 백성이 있어야 나라가 있고, 임금도 있는 것이다. 백성이 없으면 나라도 없고, 임금도 없다. 정치는 백성을 근본으로 할 뿐이다民本政治.

정치가 배우고 익힌 도를 실행하여 천하의 모든 사람이 사람다운 도리를 행하며 살 수 있게 만드는 것이라면, 정치의 근본은 천하의 모든 사람, 즉 백성에게 있다. 내가 사람이라면 백성들도 나와 똑같은 사람이다. 내가 사람으로서 완전한 사람이 되기를 원한다면, 백성들도 모두 완전한 사람이 될 권리가 있다. 따라서 백성들 모두가 완전한 사람이 될 수 있게 하는 것, 즉 대동의 세상을 만드는 것이 공자가 생각하는 정치의 최종적인 목표이다. 도를 배우고 익히는 것은, 나 혼자만이 아니라, 천하의 모든 사람들과 함께 도와 일치한 사람, 즉 완전한 사람이 되기 위한 것일 때만이 완전한 의미를 가질 수 있다.

공자의 정치노선은 진보일까 보수일까?

공자에게 공부學가 도를 배우고 익히기 위한 것이었다면, 정치는 도를 현실에 구현하기 위한 것이었다. 공자는 도를 현실에 구현하는 것天下有道을 자신의 사명으로 생각했기 때문에, 13년간 온갖 고초를 겪으면서 그 기회를 찾아 천하를 주유하였다. 공자가 생각하는 도가 실현된 사회는 "늙은 사람은 편안하게 해주고, 벗은 믿도록 해주며, 어린아이는 품어주는老者安之, 朋友信之, 少者懷之.「공야장」", 천하위공天下爲公의 대동大同 세상이었다. 그러나 그 대동의 세상은 궁극의 이상향일 뿐, 현실의 세계는 아니었다. 그리고 그 대동의 세상으로 향하는 과정에도 많은 갈림길이 있다. 공자가 현실에서 취한 정치적 입장은 어떤 것이었을까? 오늘날 식으로 말하자면 진보나 보수 중에서 어느 쪽이었을까?

공자의 정치노선과 관련하여 가장 많이 언급되는 것이 복례復禮라는 말이다. 어떤 이들은 공자의 정치노선을 복례노선復禮路線이라고까지 단언하여 말한다. 중국의 학자들, 특히 문화대혁명 시절 비림비공批林批孔(린뱌오林彪와 공자 비판)운동이 한창일 때의 중국학자들(대표적인 사람이 조기빈趙紀彬)의 글을 보면, 공구孔丘의 예는 주나라의 예周禮로, 그의 복례는 노예주 계급(군자)의 정치적 입장을 반영한 것이며, 군자와 소인 간의 계급투쟁에서 생산력의 발전(역사의 진보)을 대표한 새로운 봉건적 지주 계급(소인)의 출현으로 위기에 빠진 노예제 사회를 구원하여 서주西周 노예사회의 번영을 회복하기 위한 반동적 정치 주장이라고 하고 있다. 그들에 의하면 공자는 과거인 서주西周 시대로 돌아가자고 주장하는, 의심의 여지없는 보수 반동으로 홍위병紅衛兵들의 생각에 그 죄가 화형에 처하고도 남음이 있는 악질 수구세력이었다. 그래서 많은 홍위병들이 공묘孔廟가 있는 취푸曲阜로 몰려가 현판을 불태우고, 비석을 때려 부수었다. 유교의 고리타분한 이미지와도 맞아떨어지는 이 주장은 지금도 많은 사람들의 지지를 받고 있는데 과연 쾌도난마식으로 그렇게 공자를 수구보수라고 재단할 수 있을까?

문제가 되는 복례라는 말은 논어에서 딱 한 번 「안연」편에 나온다. 그 전문은 다음과 같다.

■ 안연이 인仁에 대해 물었다. 공자께서 말씀하셨다. "나를 극복하고 예를 실천하는 것이 인을 행하는 것이다. 하루 동안 나를 극복하고 예를 실천하면 천하가 인이라 부른다. 인을 행하는 것이 나로부터 비롯되지, 남으로부터 비롯되겠는가?"

안연이 말했다. "청컨대 그 조목을 묻습니다."

공자께서 말씀하셨다. "예가 아니면 보지를 말고, 예가 아니면 듣지를 말며, 예가 아니면 말하지 말고, 예가 아니면 움직이지 마라."

안연이 말했다. "제가 비록 영민하지는 못하나 그 말씀을 삼가 받들겠습니다."

: 顔淵問仁. 子曰, 克己復禮爲仁. 一日克己復禮, 天下歸仁焉. 爲仁由己, 而由人乎哉. 顔淵曰, 請問其目. 子曰, 非禮勿視, 非禮勿聽, 非禮勿言, 非禮勿動. 顔淵曰, 回雖不敏, 請事斯語矣.

문제는 공자와 안연과의 이 문답에서는 어떠한 정치적 의미도 찾아보기 어렵다는 것이다. 복례復禮는 위인爲仁과 관련되어 언급될 뿐이다. 물론 인간의 모든 행위가 정치적 행위라는 관점에서 볼 때 위의 글을 정치적으로 해석 못 할 것도 없다. 그러나 그것은 지나친 비약이다. 그렇게 보면 공자의 정치노선을 복례노선이라고 규정한 것 자체에 의문이 제기된다. 그리고 군자와 소인을 노예소유주 계급과 신흥 봉건지주계급으로 규정하는 주장도 문헌적 증거가 없어 동의하기 어렵다. 그렇다면 조기빈의 주장은 전적으로 틀린 것일까?

꼭 그렇지만은 않다.

■ 공자께서 말씀하셨다. "심하구나, 내가 쇠약해진 것이! 오래되었구나, 내가 꿈에서 다시 주공을 뵙지 못한 것이!"

: 子曰, 甚矣, 吾衰也. 久矣, 吾不復夢見周公. 「술이」

여기서 공자는 주공周公에 대한 깊은 흠모의 정을 나타내고 있다. 공자는 어째서 주공을 흠모한 것일까? 그 대답은 다음에서 찾을 수 있다.

■ 공자께서 말씀하셨다. "주는 하夏, 은殷 두 왕조를 거울삼았으니 그 문물제도가 찬란히 빛나는구나. 나는 주를 따르겠다."

: 子曰, 周監於二代, 郁郁乎文哉. 吾從周. 「팔일」

공자는 주나라의 문물제도가 하, 은 2대를 본받아 잘 닦여 있기 때문에 자기는 주나라를 따르겠다고 하고 있다. 주공은 주나라의 문물제도를 완비했다고 전해지는 사람이다. 공자는 자기의 정치적 이상향을 주나라에서 찾았다. 그랬기 때문에 주나라의 문물제도를 완비했다고 전해지는 주공을 흠모한 것이다. 그렇다면 공자의 정치노선은 주나라 문물제도의 실현, 즉 주례周禮의 실현인데, 주례는 이미 주나라 초기에 완정完整되었기 때문에 새로이 창조하는 것이 아니라, 주례로의 복귀, 즉 복례復禮가 되는 것이다. 이것은 자신은 새로운 것을 창작하는 것이 아니라 그저 옛것을 전수할 뿐이라는 「술이」편의 공자의 말에서도 간접적으로 확인할 수 있다子曰, 述而不作, 信而好古. 竊比於我老彭. 공자의 이런 정치노선復禮은 미래 지향이 아니라 과거로의 회귀라는 점에서 반동적이고 보수적이라는 비판을 피할 수 없다. 따라서 조기빈의 주장은 어느 정도 사실에 부합된다고 볼 수 있다.

사실 공자가 정치적으로 보수라는 것을 보여주는 자료들은 논어 안에서 쉽게 찾아볼 수 있다.

- 공자께서 계씨에 대해 말씀하셨다. "팔일八佾의 춤을 마당에서 추니, 이것을 차마 한다면 무엇인들 차마 하지 못하겠는가?"

  : 孔子謂季氏, 八佾舞於庭, 是可忍也, 孰不可忍也. 「팔일」

- 세 집안에서 옹雍의 노래를 부르며 제물을 거두었다. 공자께서 말씀하셨다. "'제사를 돕는 제후와 천자의 단아한 모습'을 어찌 세 집 묘당에서 찾을 수 있겠는가?"

  : 三家者以雍徹. 子曰, 相維辟公, 天子穆穆, 奚取於三家之堂. 「팔일」

- 공자께서 말씀하셨다. "관중의 그릇이 작구나!"

어떤 사람이 말했다. "관중은 검소했습니까?"

공자께서 말씀하셨다. "관씨는 창고가 셋이나 되었고, 자기 집 관원들에게 업무를 겸임시키지 않았으니, 어찌 검소하다고 할 수 있겠습니까?"

"그러면 관중이 예를 알고 있었나요?"

"한 나라의 임금이 되어야만 담장을 세워 문을 가리는데, 관씨도 담장을 세워 문을 가렸고, 한 나라의 임금이어야만 다른 나라 임금과 우호를 다지기 위한 연회에 쓰기 위해 반점反坫을 두는데, 관씨도 역시 반점을 두었소. 관씨가 예를 안다면 누가 예를 알지 못하겠습니까?"

: 子曰, 管仲之器小哉. 或曰, 管仲儉乎. 曰, 管氏有三歸, 官事不攝, 焉得儉. 然則管仲知禮乎. 曰, 邦君樹塞門, 管氏亦樹塞門. 邦君, 爲兩君之好有反坫, 管氏亦有反坫. 管氏而知禮, 孰不知禮. 「팔일」

제일 처음 문장은 노나라의 실권자인 계씨가 천자의 예를 참례僭禮한 것을, 가운데 것은 노나라를 삼분하고 있던 삼환三桓, 즉 계씨, 숙손叔孫씨, 맹손孟孫씨가 천자의 예를 참례한 것을, 마지막 것은 관중管仲이 제후의 예를 참례한 것을 비판한 글이다. 참례는 기존 신분질서에 대한 중대한 도전이다. 공자는 삼환을 비롯한 신진세력들이나 관중 같은 권력자가 기존 신분질서(주례)에 도전하는 것을 용납하지 않았다. 이는 공자가 기존 신분질서를 유지하고자 하는 입장에서 있었기 때문이라고밖에 볼 수 없다. 그것은 정치적으로 분명하고도 명백한 보수이다.

공자가 정치적으로 보수임을 보여주는 대목은 이외에도 많다.

- 공자께서 말씀하셨다. "그 지위에 있지 않고서는 그 정사를 도모하지 않는다."

  : 子曰, 不在其位, 不謀其政.「태백」

이런 말은 물론 국민이 주권자인 현대 민주주의 사회에서는 절대 용납될 수 없는 말이지만, 당시 사회에서도 기득권자들의 입에서나 나올 수 있는 말이다. 공자의 보수성을 보여준다.

- 제나라 경공이 공자에게 정치에 대해 물었다. 공자께서 대답하셨다. "임금은 임금답게, 신하는 신하답게, 아비는 아비답게, 자식은 자식답게 하는 것입니다."

  경공이 말하길 "좋은 말씀이오. 진실로 임금이 임금답지 못하고, 신하가 신하답지 못하며, 아비가 아비답지 못하고, 자식이 자식답지 못하다면, 비록 곡식이 있다 한들 내가 그것을 먹을 수 있겠습니까?"

  : 齊景公問政於孔子. 孔子對曰, 君君, 臣臣, 父父, 子子. 公曰, 善哉. 信如君不君, 臣不臣, 父不父, 子不子, 雖有粟, 吾得而食諸.「안연」

군군신신부부자자君君臣臣父父子子는 사람에 따라 해석이 조금씩 다르긴 하지만, 자기 본분을 지키라는 면에서는 보수에 가까운 말이다.

- 공자께서 말씀하셨다. "오직 여자와 소인만은 기르기 어렵다. 가까이하면 불손하고 멀리하면 원망한다."

  : 子曰, 唯女子與小人爲難養也. 近之則不孫, 遠之則怨. 「양화」

여기서 소인이 무엇을 의미하는지는 불분명하다. 만일 신분이 낮은 사람을 의미한다면 신분이 낮은 사람과 여자를 천시하는 발언으로 도저히 묵과할 수 없는 보수적인 발언이다.

그 밖에도 『논어』 안에 보이는 예에 대한 많은 언급들도 그의 정치색이 보수에 가까움을 보여준다. 왜냐하면 예라는 것은 본질적으로 구분을 해 차별을 가하는 것이고, 그 차별이라는 것은 결국 기존 체제의 질서에 바탕하고 있기 때문이다.

그렇다면 공자가 보수라고 단언할 수 있을까? 하지만 『논어』에는 거꾸로 공자가 진보에 가까웠다는 것을 보여주는 대목도 또한 많다.

- 공자께서 말씀하셨다. "성性은 서로 가까우나, 익히는 것에 의해 서로 멀어진다."

  : 子曰, 性相近也, 習相遠也. 「양화」

성性은 태어날 때 갖고 태어나는 본성이다. 본성이 다 비슷하다는 것은 사람의 능력이 신분에 의해 차이나는 것은 아니라는 말이다. 이러한 인식이 있었기 때문에 공자는 가르치는 데 차별을 두지 않았으며子曰, 有教無類.「위령공」, 누구든 자신을 스승으로 대하는 작은 예의만 나타낸다면 가르침을 베풀지 않은 적이 없었다子曰, 自行束脩以上, 吾未嘗無誨焉.「술이」. 이것은 별것 아닌 일로 보이지만 사실 신분제도에 대한 중대한 도전이었다. 조선 시대에 상놈의 자식이 양반의 자식과 함께 배우는 모습을 생각해 보면 금방 이해할 수 있는 일이다. 가르침에 있어 신분을 무시했다는 점에서 볼 때 공자는 분명 진보였다.

▒ 공자께서 말씀하셨다. "오직 가장 지혜로운 자와 가장 어리석은 자만이 변하지 않는다."

: 子曰, 唯上知與下愚不移.「양화」

공자는 태어날 때부터 모든 것을 알고 있는 성인上知과 도저히 어떻게 할 수 없는 지극히 어리석은 사람下愚만 빼고는 누구나 배움을 통하여 완전한 인간이 될 수 있다고 보았다. 즉 사람은 누구나 다 같다는 말로, 신분제의 근간을 흔드는 말이다.

▒ 공자께서 중궁에 대해 말씀하셨다. "얼룩소의 새끼라 하더라도 색깔이 붉고 뿔이 가지런하다면, 비록 (사람들이) 쓰지 않으려고

해도, 산천의 신들이 내버려 두겠느냐?"

: 子謂仲弓曰, 犂牛之子騂且角, 雖欲勿用, 山川其舍諸.「옹야」

그렇기에 모든 사람에게 기회가 열려 있어야 하며, 출신이 비천하다는 이유 하나 때문에(얼룩소의 새끼라는 말은 아비의 신분이 비천하다는 말이다) 훌륭한 인재가 버림받는 일은 없어야 했다. 신분 사회에서 벼슬은 신분에 의해 결정되었다. 그런데 공자는 출신이 비천하다고 벼슬길에 못나가는 일은 없어야 한다고 하고 있다. 이는 진보를 넘어 혁명적이라 할 정도로 매우 급진적인 주장이다.

■ 공자께서 말씀하셨다. "옹雍은 임금이 될 만하도다."

중궁이 자상백자子桑伯子에 대해 물었다. 공자께서 말씀하셨다. "괜찮다. 소탈하다."

중궁이 말했다. "평소에 몸가짐을 공경히 하면서 행동은 소탈하게 하여, 그로써 백성에게 임한다면 괜찮지 않겠습니까? 그러나 평소 몸가짐도 소탈하면서 행동이 소탈하다면, 지나치게 소탈한 것 아닙니까?"

공자께서 말씀하셨다. "옹의 말이 옳다."

: 子曰, 雍也可使南面. 仲弓問子桑伯子. 子曰, 可也, 簡. 仲弓曰, 居敬而行簡, 以臨其民, 不亦可乎. 居簡而行簡, 無乃大簡乎. 子曰, 雍之言然.「옹야」

남면南面은 임금이 신하를 대면할 때 북쪽에 앉아 남쪽을 향해 바라보는 것을 일컫는 말로, 남면한다는 말은 임금이 된다는 말이다. 옹은 앞에서 얼룩소의 새끼라고 한 중궁이다. 공자는 급기야는 출신이 비천한 자신의 제자 중궁이 임금이 될 자격이 있다고까지 말하고 있다. 조선시대에 누가 이런 말을 했다면 대역죄로 삼족이 주살誅殺되었을 것이다. 그런데 이 말이 다름 아닌 조선의 국교인 유교의 창시자라는 공자의 입에서 나왔다. "왕후장상의 씨가 따로 있느냐?"며 노비들의 반란을 주도한 고려 말의 만적萬積(?-1198)이나, "아담이 경작하고 이브가 길쌈을 할 때 누가 귀족이고 누가 평민이었냐?"며 와트 타일러Wat Tyler(?-1381)의 난을 사상적으로 지도한 중세 영국의 신부 존 볼John Ball과 공자가 무엇이 다를까? 만적이나 존 볼은 반란을 몸소 주도하였는데 반해 공자는 입으로만 그런 말을 한 것이 다를까? 이쯤 되면 진보를 넘어 혁명적이라 아니할 수 없다.

■ 계로가 귀신을 섬기는 것에 대해 물었다. 공자께서 말씀하셨다.
"사람도 섬기지 못하면서 어찌 귀신을 섬길 수 있겠느냐?"
"감히 죽음에 대해 묻겠습니다."
"삶에 대해서도 알지 못하는데 어찌 죽음에 대해 알겠느냐?"
: 季路問事鬼神. 子曰, 未能事人, 焉能事鬼. 敢問死. 曰, 未知生, 焉知死. 「선진」

「옹야」편에는 "인간의 도리에 힘쓰고 귀신을 공경하되 멀리하면 '안다知'고 할 수 있다子曰, 務民之義, 敬鬼神而遠之, 可謂知矣."는 말도 있다. 이들 기록은 공자가 귀신이나 사후 세계 같은 주술적이고 초월적인 것을 멀리하고, 인간 세계에 주된 관심을 쏟았음을 보여주고 있다. 이는 주술적, 초월적인 세계관으로부터의 인간 해방을 의미하며, 서양의 중세 르네상스와 비슷한 맥락의 인식이다. 공자의 도는 신과 같은 초월적 존재로부터 해방된 인간이 인간 세상의 주인임을 자각하고 자신의 삶을 주체적으로 꾸려가기 위해 마땅히 가야 할 길에 다름 아니다. 초월적 존재로부터의 인간 해방과 인간 이성에 대한 깊은 신뢰는 근대 이후 진보 진영 전체가 공유하는 중요한 특징이다.

▪ 계씨가 장차 전유顓臾를 정벌하려고 했다. 염유冉有와 계로가 공자를 뵙게 되어 말했다. "계씨가 장차 전유에 대해 일을 벌이려 합니다."

공자께서 말씀하셨다. "구求야, 잘못이 네게 있는 것 아니냐? 전유는 옛날에 선왕께서 동몽東蒙산의 제주祭主로 삼으신 나라로, 그 땅은 우리나라 안에 있다. 우리나라 사직社稷의 신하이다. 어찌하여 정벌하려 하느냐?"

염유가 말했다. "그분께서 바라는 것입니다. 우리 두 신하는 모두 바라지 않습니다."

공자께서 말씀하셨다. "구야, 주임周任이 말하길 '힘을 펼쳐 벼슬

자리에 나아가되, 할 수 없으면 그만 둔다'고 했다. 위험한데도 잡아주지 않고 넘어지는데도 부축하지 않는다면, 그런 신하를 어디에다 쓰겠는가? 또 네 말도 잘못됐다. 호랑이나 외뿔소가 우리에서 뛰쳐나오고, 거북 껍질龜甲이나 보옥寶玉이 궤 속에서 깨진다면, 그것은 누구의 잘못이겠느냐?"

염유가 말했다. "지금 전유는 성곽도 견고한데다, 비費 땅에 가까이 있습니다. 지금 취하지 않는다면, 후세에 반드시 자손들의 근심거리가 될 것입니다."

공자께서 말씀하셨다. "구야, 군자는 자기가 원한다고 말하지 않고, 억지로 꾸며대어 말하는 것을 미워한다. 내가 듣건대 '나라를 가졌거나, 가문이 있는 자는 가난한 것을 걱정하지 않고 고르지 못한 것을 걱정하며, 백성의 숫자가 적은 것을 걱정하지 않고 평안하지 않은 것을 걱정한다'고 했다. 대개 고르면 가난함이 없고, 화합하면 백성의 숫자가 적은 것도 없으며, 평안하면 기우는 일도 없다. 이런 까닭에 먼 데 사람들이 복종하지 않으면 학문과 덕을 닦아 그들을 오게 만들고, 이미 왔으면 평안하게 하여야 한다. 지금 유와 구는 그분을 돕고 있으면서, 먼 데 사람이 복종하지 않는데도 오게 하지 못하고 있으며, 나라가 갈라지고 무너지고 흩어지고 쪼개져도 능히 지키지도 못하면서, 나라 안에서 창과 방패를 움직일 것을 꾀하고 있다. 나는 계손씨의 근심이 전유에게 있지 않고, 울타리 안에 있을까 염려된다."

: 季氏將伐顓臾. 冉有季路見於孔子曰, 季氏將有事於顓臾. 孔子曰, 求, 無乃爾是過與. 夫顓臾, 昔者先王以爲東蒙主, 且在邦域之中矣. 是社稷之臣也. 何以伐爲. 冉有曰, 夫子欲之, 吾二臣者皆不欲也. 孔子曰, 求, 周任有言曰, 陳力就列, 不能者止. 危而不持, 顚而不扶, 則將焉用彼相矣. 且爾言過矣. 虎兕出於柙, 龜玉毁於櫝中, 是誰之過與. 冉有曰, 今夫顓臾, 固而近於費. 今不取 後世必爲子孫憂. 孔子曰, 求, 君子疾夫舍曰欲之, 而必爲之辭. 丘也聞, 有國有家者, 不患寡而患不均, 不患貧而患不安. 蓋均無貧, 和無寡, 安無傾. 夫如是, 故遠人不服, 則修文德以來之. 旣來之, 則安之. 今由與求也, 相夫子; 遠人不服, 而不能來也. 邦分崩離析, 而不能守也. 而謀動干戈於邦內. 吾恐季孫之憂, 不在顓臾, 而在蕭墻之內也. 「계씨」

"丘也聞, 有國有家者, 不患寡而患不均, 不患貧而患不安. 蓋均無貧, 和無寡, 安無傾."은 유월兪樾(1821-1906)에 의하면 전해지는 과정에 오류가 생겼다고 한다. 원래 불환빈이환불균不患貧而患不均 불환과이환불안不患寡而患不安이어야 하는데, 빈貧과 과寡가 서로 바뀌었다는 것이다. 아무튼 나라나 집안의 근심은 가난하고貧 적은寡 데 있는 것이 아니라 고르지 못하고不均 평안하지 못한不安 데 있다는 공자의 말은 오늘날의 세계에 갖다 놓아도 전혀 어색하지 않다. 오늘날 진보와 보수의 경제 정책을 한마디로 요약한다면 결국 성장우선이냐 분배우선이냐의 문제이다. 분배가 우선이라는 면에서 볼 때 공자는 누가 뭐라고 하더라도 진보이다.

종합적으로 살펴볼 때 공자는 진보라고 하면 진보라고도 할 수 있고, 보수라고 하면 보수라고도 할 수 있는, 그런 사람처럼 보인다. 즉 진보와 보수 양면이 함께 있는 것이다. 그것은 사실 대부분의 사람이 마찬가지일 것이다. 정치적으로는 급진적인 사람이 가정적으로나 문화적으로는 보수적일 수 있으며, 그 반대의 경우도 있을 수 있다. 또 정치면 정치, 경제면 경제 한 방면 안에서도 진보와 보수 양쪽이 뒤섞여 있을 수도 있다. 그것이 사람이기 때문이다. 원래 사람이 있고나서 진보와 보수가 생겼지, 진보와 보수가 있고나서 사람이 생긴 것은 아니지 않았겠는가? 공자는 과거를 동경했고 예를 강조했다는 측면에서 볼 때는 보수적이었지만, 교육의 평등과 주술이나 종교로부터 인간해방을 부르짖었다는 면에서 볼 때는 진보적인 사람이었다. 그렇다면 공자는 진보적인 면도 있고, 보수적인 면도 있는 사람이라는 결론 같지 않은 결론으로 이 논의를 끝내야 할까?

- 자공이 물었다. "한마디 말로 평생 동안에 행할 만한 것이 있습니까?"

  공자께서 말씀하셨다. "아마 서恕일 것이다. 내가 원하지 않는 것을 남에게 베풀지 마라."

  : 子貢問曰, 有一言而可以終身行之者乎. 子曰, 其恕乎. 己所不欲, 勿施於人. 「위령공」

공자께서 말씀하셨다. "증삼아! 나의 도는 하나로 관통해 있느니라."

증자가 말했다. "그렇습니다."

공자께서 나가시자, 문인들이 물었다. "무슨 말입니까?"

증자가 말했다. "선생님의 도는 충서忠恕일 뿐입니다."

: 子曰, 參乎, 吾道一以貫之. 曾子曰, 唯. 子出. 門人問曰, 何謂也. 曾子曰, 夫子之道, 忠恕而已矣. 「이인」

■ 자공이 말했다. "만일 널리 백성에게 은혜를 베풀고 능히 뭇사람을 구제한다면 어떻습니까? 인仁이라고 할 수 있겠습니까?"

공자께서 말씀하셨다. "어찌 인仁에 그치겠느냐. 꼭 말한다면 성聖일 것이니, 요순조차도 아마 어렵게 여기셨을 것이다. 무릇 어진 자는 자기가 서고 싶으면 남도 서게 해 주며, 자기가 두루 통하고 싶으면 남도 두루 통하게 한다. 능히 가까운 것에서 비유를 취하는 것이 인仁의 방법이라 말할 수 있을 것이다."

: 子貢曰, 如有博施於民而能濟衆, 何如. 可謂仁乎. 子曰, 何事於仁, 必也聖乎. 堯舜其猶病諸. 夫仁者, 己欲立而立人, 己欲達而達人. 能近取譬, 可謂仁之方也已. 「옹야」

"자기가 서고 싶으면 남도 서게 해 주며, 자기가 두루 통하고 싶으면 남도 두루 통하게 하는"것은 비록 "내가 원하지 않는 것을 남에게 베풀지 마라"와 긍정과 부정, 적극과 소극이라는 차이는 있지만 넓은 의미에서 모두 서恕다. 서는 『논어』 전체를 관통하는 핵심 개념이다. 서를 요즘 말로 하면 다름 아닌 입장을 바꿔서 생각하는 것이다. 입장을 바꿔서 생각하려면 기본적으로 사람이 모두 대등하다는 것이 전제되어야 한다. 서로 대등하니까 입장을 바꿔 생각할 수 있는 것이지 대등하지 않다면 입장을 바꾸어 생각하는 것 자체가 성립하지 않는다. 사람과 개가 어떻게 서로 입장을 바꿔 생각할 수 있겠는가? 서는 사람이 모두 평등하다는 것을 전제로 한다. 서가 공자의 가르침 전체를 관통하는 핵심 개념이라면, 인간의 평등을 핵심으로 했다는 점에서 공자는 기본적으로 진보주의자라 아니할 수 없다.

물론 이에 대한 반론도 적지 않다. 그들 주장의 핵심 요점은 공자의 서가 사람 전체를 대상으로 하는 것이 아니라, 인人과 민民 중에서 인만을 대상으로 했다는 것이다. 그들에 의하면 인은 군자로 대표되는 당시 지배 계급, 즉 노예 소유주 계급이고, 민은 당시 피지배 계급을 의미한다. 따라서 공자의 서는 인, 즉 지배계급에게만 해당하고, 피지배계급에게는 해당하지 않는다는 것이다. 즉 평등한 것은 지배계급 내에서의 일이고, 지배계급과 피지배계급 사이에서는 그런 평등이 존재하지 않는다는 주장이다. 이들의 주장에 의하면 공자는 계급 차별이 골수에 박힌 철저한 보수주의자일 뿐이다.

이들의 주장처럼 공자가 인과 민을 그렇게 나누어 생각했는지 『논어』 안에서는 확인하기 어렵다. 또 다른 문헌을 통해서도 인과 민이 과연 그렇게 구분되어 쓰였는지도 분명치 않다. 그러나 「위령공」편에 공자가 장님인 악사 면冕을 만날 때 친절히 자리를 안내하고, 또 자리에 앉은 사람들을 하나하나 소개하자, 자장이 장님을 만날 때의 도道냐고 묻자 공자가 악사를 도와주는 방법이라고 대답하는 장면師冕見. 及階. 子曰,階也. 及席. 子曰,席也. 皆坐. 子告之曰,某在斯,某在斯. 師冕出. 子張問曰,與師言之道與. 子曰,然. 固相師之道也이나, 「향당」편에 공자가 장님을 보면 비록 자주 본 사이라도 반드시 용모를 바로 했다는 장면見冕者與瞽者,雖褻必以貌이 있는 것으로 미루어 볼 때 그들의 주장은 설득력을 잃는다. 왜냐하면 옛날 신분의 차별만큼 차별이 심한 것이 장애인에 대한 차별이었기 때문이다. 공자가 장애인조차 차별하지 않고 도道로 대했는데, 서를 행함에 인과 민을 나누어 차별했다는 것은 정녕 받아들이기 어렵다(인과 민이 과연 그렇게 구분되는 뜻으로 사용되었는지는 별개로 치더라도). 공자의 도 앞에서 인간은 누구나 평등한 존재일 뿐이다. 그리고 그런 의미에서 공자는 진정한 진보주의자임에 틀림없다.

나아갈 때와 물러날 때

공자가 제나라를 떠날 때 일은 쌀을 건져 가지고 떠났다. 노나라를 떠나면서는 '천천히 가라'고 하였으니, 이것은 부모의 나라를 떠날 때의 도리다. 빨리 떠나야 하면 빨리 떠났고, 오래 있어야 하면 오래 있었다. 은둔해야 하면 은둔했고, 벼슬을 해야 하면 벼슬했다. 이것이 공자다.

: 孔子之去齊, 接淅而行. 去魯曰, 遲遲吾行也. 去父母國之道也. 可以速而速, 可以久而久, 可以處而處, 可以仕而仕. 孔子也. 『맹자』「만장하」

공자는 떠나야 하면 떠났고, 머물러야 하면 머물렀다. 어떤 고정

된 원칙에 얽매이지 않고 오직 상황에 맞춰 한 것이다. 이런 공자를 가리켜 맹자는 '성인 중의 때를 아는 사람聖之時者「만장하」'라고 불렀다. 공자는 도대체 처신을 어떻게 했기에 이렇게 불렸을까?

- 공자께서 말씀하셨다. "부모를 섬길 때는 드러내지 않고 은근하게 간해야 한다. 부모가 따르지 않을 뜻임을 보이더라도 더욱 공경하여 거스르지 말아야 하고, 수고롭더라도 원망하지 말아야 한다."

  : 子曰, 事父母幾諫. 見志不從, 又敬不違, 勞而不怨.「이인」

기간幾諫은 미간微諫으로, 드러내지 않고 은근하게 간언을 하는 것이다. 부모에게 드릴 말이 있을 때는 부모의 기분이 상하지 않도록 은근하게 말을 해야 한다. 『예기』「단궁檀弓상」에서는 "부모를 섬길 때는 숨기는 일은 있어도 안색을 범하는 일은 있어서는 안 된다事親有隱而無犯."고 하고 있다. 즉 어떤 경우에도 부모의 기분을 상하게 하지 말라는 말이다. 그렇게 간언을 드리는데도 부모가 따르려 하지 않는다면 어떻게 해야 될까? 그럴수록 더욱 공경해야 하며, 수고롭더라도 부모를 원망하지 말고 계속 간언을 드려야 한다. 어떤 경우라도 그만두어서는 안 된다. 왜냐하면 부모와 자식과의 관계는 하늘이 내려준 관계天屬, 즉 선천적인 관계이기 때문이다. 부모에 대한 자식의 효는 절대적인 것이다.

■ 자공이 벗에 대해 물었다. 공자께서 말씀하셨다. "충고하여 잘 이끌어라. 할 수 없으면 그만두어 스스로 욕되게 하지 마라."

: 子貢問友. 子曰, 忠告而善道之. 不可則止, 無自辱焉.「안연」

그런데 벗에 대해서는 할 수 없으면 그만두라고 하고 있다. 말을 듣지 않으면 관계를 끊으라는 말이다. 부모와의 관계와 벗과의 관계가 어떻게 다르기 때문에 이렇게 다르게 처신하는 것일까?

■ 자유가 말했다. "임금을 섬김에 너무 자주 간언하면 욕을 보게 되고, 벗을 사귐에 너무 자주 충고하면 소원해진다."

: 子游曰, 事君數, 斯辱矣. 朋友數, 斯疏矣.「이인」

數는 여기서는 자주한다는 뜻의 삭으로 읽는다. 임금에게 너무 자주 간언하면 욕을 보게 된다는 말은 뒤집어 말하면 몇 번 간언하여 듣지 않으면 그만두라는 말이다. 앞에서 언급한 벗이 충고를 듣지 않을 때는 관계를 끊으라는 말과 같은 맥락이다. 벗에게는 그렇게 할 수 있다손 치더라도, 임금에게까지? 부모와 임금, 벗이 어떻게 다르기 때문에 이렇게 처신에 차이가 날까?

주희의 『논어집주』에 인용된 범조우范祖禹(1041-1098)의 설명에 의하면 임금과 신하, 벗은 의義로 맺어진 관계이므로 경우가 똑같다君臣朋友, 皆以義合, 故其事同也. 의로 맺어졌다는 것은 후천적 관계라는 것이다.

혈연으로 맺어진 선천적 관계天屬는 관계의 쌍방이 자기의 의무를 다하든 다하지 않든 간에 관계없이 무조건 끝까지 자기 할 바를 다해야 한다. 부모와 자식 관계는 부모가 부모 노릇을 제대로 못한다고 하여도 부모는 부모이기 때문에 자식은 부모에게 끝까지 효를 다해야 하는 것이다. 오륜五倫 중에 부자관계와 형제관계가 여기에 해당한다.

그러나 의로 맺어진 후천적 관계人屬는 쌍방 간에 서로 지켜야 할 의무를 수행할 때만이 그 관계가 성립한다. 그것이 의義다. 임금은 신하를 예로 대하고, 신하의 바른 말을 귀담아 들어야 할 의무가 있으며, 신하는 임금에게 신명을 바쳐 충성을 다해야 할 의무가 있다. 그런데 임금이 신하를 예로 대하지 않는다든가, 또는 신하의 바른 말을 건성으로 흘려버린다면, 임금과 신하의 관계는 깨어지며, 따라서 신하가 임금에게 충성을 다해야 할 의무도 사라진다. 벗도 또한 마찬가지다. 오륜 중에 군신관계와, 붕우관계, 부부관계가 여기에 해당한다. 범조우의 말은 그런 뜻이다.

『논어』「헌문」편에서 공자는 임금을 섬기는 것에 관해 묻는 자로에게 "속이지 마라. 그러나 안색은 범犯해라子路問事君. 子曰, 勿欺也, 而犯之."라고 하였다. 『예기』「단궁상」에서도 "임금을 섬길 때는 안색을 범하는 일은 있어도 속이는 일은 있어서는 안 된다事君有犯而無隱."고 하였다. 부모와 임금, 벗은 그렇게 다르다.

물론 이것은 자유의 말이다. 그러면 공자의 생각은?

■ 공자께서 공야장에 대해 말씀하시길 "사위를 삼을 만하다. 비록 감옥에 있었으나 그의 죄가 아니었다"라고 하시며, 자신의 딸을 그에게 출가시켰다.

공자께서 남용에 대해 말씀하시길 "나라에 도가 있으면 버려지지 않을 것이요, 나라에 도가 없더라도 형벌은 면할 것이다"라고 하시며, 형의 딸을 그에게 출가시켰다.

: 子謂公冶長, 可妻也. 雖在縲絏之中, 非其罪也. 以其子妻之. 子謂南容, 邦有道不廢, 邦無道免於刑戮. 以其兄之子妻之.「공야장」

나라에 도가 있다는 말은 임금이 어질고 현명하다는 말이고, 도가 없다는 말은 임금이 무도하다는 말이다. 나라에 도가 있을 때, 즉 어질고 현명한 임금이 다스릴 때 버려지지 않는다는 것은 그만큼 유능하다는 뜻이다. 나라에 도가 없을 때, 즉 무도한 임금이 다스릴 때라도 형벌은 면한다는 말은, 무도한 임금이 다스리는 어지러운 세상에서도 처신을 조심하여 자기 몸을 보존할 수 있다는 뜻이다. 남용이 능력이 있으면서도 능히 처신을 조심하여 자기 몸을 보존할 줄 알아 조카사위를 삼은 것이다.

그런데 나라에 도가 없을 때 형벌을 면한다는 말을 뒤집어 생각하면 나라에 도가 없을 때는 처신을 조심하여 자기 몸을 보존하는 것이 최선이라는 말이 된다. 앞에 인용한 자유의 생각과 공자의 생각이 기본적으로 일치하고 있다.

공자께서 말씀하셨다. "나라에 도가 있으면 당당하게 말하고 당당하게 행동하라. 나라에 도가 없으면 당당하게 행동하되 말은 공손하게 하라."

: 子曰, 邦有道, 危言危行. 邦無道, 危行言孫.「헌문」

여기서도 마찬가지다. 어질고 현명한 임금이 다스릴 때는 말과 행동을 당당하게 하지만, 무도한 임금이 다스릴 때는 공연히 말 때문에 쓸데없는 화를 당하지 않도록 조심하라고 하고 있다. 자유의 생각은 기본적으로 스승인 공자로부터 유래한 것임을 알 수 있다.

그런데 공자는 은나라 말 폭군 주紂에게 간언을 올리다, "내가 듣기로 성인의 심장에는 구멍이 일곱 개나 있다고 한다."라는 소리를 들으면서 배를 갈려 죽은 비간比干을 은나라의 세 명의 어진 사람 가운데 하나로 칭하고 있다微子去之, 箕子爲之奴, 比干諫而死. 孔子曰, 殷有三仁焉.「미자」. 즉 폭군의 학정을 목숨으로 간언한 사람을 어진 사람이라고 칭하고 있으면서, 정작 본인은 그런 임금이 다스릴 때는 조심하여 자기 한 몸 보존하는 것이 최선이라고 가르치고 있는 것이다. 이 모순은 어찌된 일일까?

공자 본인은 이에 대해 어떤 해명도 하고 있지 않지만,『맹자』「만장하」에서 이에 대한 해명을 찾을 수 있다.

제선왕齊宣王이 경卿에 대해 물었다.

맹자가 말했다. "왕께서는 어떤 경에 대해 물으시는 겁니까?"

왕이 말했다. "경이 같지 않나요?"

"같지 않습니다. 귀척貴戚의 경이 있고, 이성異姓의 경이 있습니다."

왕이 말했다. "청컨대 귀척의 경에 대해 묻고자 합니다."

"임금이 큰 잘못이 있으면 간언을 드립니다. 반복했는데도 듣지 않으면 임금을 바꿉니다."

왕이 벌겋게 얼굴색이 변했다.

"왕께서는 이상하게 생각하지 마십시오. 왕께서 신에게 묻기에, 신이 감히 바른대로 대답하지 않을 수 없었던 것입니다."

왕의 얼굴색이 안정된 후에 이성의 경에 대해 물었다.

"임금이 잘못이 있으면 간언을 드립니다. 반복했는데도 듣지 않으면 떠납니다."

: 齊宣王問卿. 孟子曰, 王何卿之問也. 王曰, 卿不同乎. 曰, 不同. 有貴戚之卿, 有異姓之卿. 王曰, 請問貴戚之卿. 曰, 君有大過則諫. 反覆之而不聽, 則易位. 王勃然變乎色. 曰, 王勿異也. 王問臣, 臣不敢不以正對. 王色定, 然後請問異姓之卿. 曰, 君有過則諫, 反覆之而不聽, 則去.

귀척의 경이란 임금과 같은 핏줄인 경이다. 같은 핏줄은 같은 운명공동체이기 때문에 무도한 임금 때문에 나라가 망하는 것을 그냥 보고만 있을 수가 없다. 따라서 벼슬을 버리고 떠나지 못하고 끝까지 적극적으로 대처할 수밖에 없는 것이다. 반복해서 간언을 올리는데도 안 듣는다면 끝내는 임금을 갈아치운다는 것은 그런 이야기다. 그러나 핏줄이 다른 이성의 경이라면 임금과 운명을 같이할 이유가 없다. 임금이 나의 말을 들어주는 동안은 서로 간의 계약이 유효하지만, 들어주지 않으면 이미 그 계약은 깨진 계약으로서 더 이상 거기에 머무를 이유가 없다. 그래서 나라를 버리고 다른 나라로 향하는 것이다. 그런데 비간은 폭군 주의 아저씨뻘 되는 당내 친척諸父이다. 귀척의 경인 셈이다. 따라서 끝까지 간언을 하다가 죽든지, 아니면 임금을 갈아치우든지 하는 수밖에 없었던 것이다. 공자가 비간을 어진 사람이라고 칭한 것과 무도한 임금 밑에서는 조심하여 자기 한 몸 보존하는 것이 최선이라는 생각은 전혀 모순되지 않는다.

- 원헌이 부끄러움에 대해 물었다. 공자께서 말씀하셨다. "나라에 도가 있으면 봉록을 받는다. 나라에 도가 없는데 봉록을 받는 것이 부끄러운 일이다."

  : 憲問恥. 子曰, 邦有道, 穀. 邦無道, 穀, 恥也. 「헌문」

봉록을 받는다는 것은 벼슬길에 나아간다는 것이다. 공자는 나라에 도가 있으면 군자는 마땅히 벼슬길에 나아가야 한다고 생각했다. 그런데 군자는 왜 벼슬길에 나아가야만 할까? 아무리 나라에 도가 있다 하더라도 자칫하면 욕을 당할 수도 있고, 심하면 목숨까지 잃을 수도 있는데…….

■ 자로가 군자에 대해 물었다. 공자께서 말씀하셨다. "경敬으로 자기를 닦는 것이다."
"그와 같을 뿐입니까?"
"자기를 닦음으로써 남을 평안케 해야 한다."
"그와 같을 뿐입니까?"
"자기를 닦음으로써 백성을 평안케 해야 한다. 자기를 닦음으로써 백성을 평안케 하는 것은 요임금과 순임금도 오히려 근심하셨을 것이다."
: 子路問君子. 子曰, 修己以敬. 曰, 如斯而已乎. 曰, 修己以安人. 曰, 如斯而已乎. 曰, 修己以安百姓. 修己以安百姓, 堯舜其猶病諸.「헌문」

군자가 자기를 닦는 것修己은 자기를 이루기成己 위해서이나, 결코 자신만을 이루는 데서 끝나지는 않는다. 내가 소중하면 남도 소중하기 때문에, 내가 나를 이루려고 한다면, 남도 자신을 이루려고 한다는 것을 알고 남도 이루게 해 주어야 하기 때문이다恕. 따라서 자기를 닦음으로써 만백성을 평안케 해 주어야 하는 것이다. 『대학』에서 말하는 수신修身, 제가齊家, 치국治國, 평천하平天下는 모두 하나의 사물의 다른 측면일 뿐이다. 수신은 결코 수신, 그 자체로 끝나서는 안 되고, 제가, 치국, 평천하로 나아가야 하며, 제가, 치국, 평천하는 결국 수신으로부터 비롯된다. 따라서 학업이 어느 수준에 오른 군자는 반드시 벼슬길에 나아가, 백성을 평안케 하는 일에 종사해야 하는 것이다. 도를 배우고 익히는 것修身과 도를 실천하는 것爲政은 결코 다른 두 가지 일이 아니라, 하나의 일일 뿐이다.

■ 자공이 말했다. "여기에 좋은 옥이 있다면 궤 속에 넣어 감추겠습니까? 아니면 좋은 장사치를 찾아 팔겠습니까?"
공자께서 말씀하셨다. "팔아야지, 팔아야지. 나는 장사치를 기다리고 있다."
: 子貢曰, 有美玉於斯. 韞匵而藏諸, 求善賈而沽諸. 子曰, 沽之哉, 沽之哉. 我待賈者也.「자한」

다만 벼슬길에 나아간다고 하여 수단과 방법을 가리지 않아도 된다는 뜻은 아니다. 벼슬을 하는 데도 도가 있다. 그것은 마치 장사치가 옥을 팔 때 아무에게나 팔지 않고, 옥을 알아보고 제값을 쳐주는 사람에게 파는 것과 같은 이치다. 군자는 자기를 알아보고 제값을 쳐주는 사람, 즉 예로 정당한 대우를 보장해 주는 사람 아래에서만 벼슬을 한다. 즉 백성을 평안케 할 수 있는, 즉 도를 행할 수 있는 위치를 보장해 주는 임금에게만 출사하는 것이다.

■ 공자께서 안연에게 말씀하셨다. "써주면 행하고, 써주지 않으면

간직한다. 오직 너와 나만이 그렇다."

자로가 말했다. "선생님께서 삼군을 거느리신다면 누구와 함께하시겠습니까?"

공자께서 말씀하셨다. "맨주먹으로 호랑이에게 달려들고, 강을 걸어서 건너다 죽게 되어도 후회하지 않는 자와는 함께하지 않는다. 꼭 한다면, 일에 임하여 두려워하고, 계교를 잘 생각하여 성사시킬 수 있는 그런 사람이어야 한다."

: 子謂顔淵曰, 用之則行, 舍之則藏. 惟我與爾有是夫. 子路曰, 子行三軍, 則誰與. 子曰, 暴虎馮河, 死而無悔者, 吾不與也. 必也臨事而懼, 好謀而成者也. 「술이」

써주면 행한다고 할 때의 행하는 것은 도道다. 군자는 백성을 평안케 하기 위해, 다시 말해 도를 행하기 위해 벼슬길에 나아가는 것이다. 따라서 도를 행할 수 있는 조건이 보장될 때만 벼슬길에 나아간다. 그렇지 못하면 홀로 도를 가슴속에 간직한 채 초야에 묻혀 살 뿐이다. 군자는 어떤 경우에도 벼슬을 구걸하지 않는다. 벼슬은 그 자체가 목적이 아니라, 도를 행하기 위한 수단이기 때문이다.

공자가 안연과 자신만이 능히 그럴 수 있다고 하자 자로가 은연중 샘이 났던 모양이다. 그래서 따져 든다. 그래도 군사 문제만은 자기가 적임자가 아니겠냐고. 그러자 공자가 그에게 핀잔을 준다. 자신은 무모한 자와는 일을 함께 하지 않는다고.

아무튼 벼슬은 도를 행하기 위한 수단일 뿐이다. 맹자는 「진심상」에서 이렇게 말하고 있다. "옛사람들은 뜻을 얻으면 백성에게 은택을 베풀었고, 뜻을 얻지 못하면 자신의 몸을 닦아 세상에 보였습니다. 곤궁하면 자신의 몸을 선하게 하였고, 영달하면 천하를 두루 선하게 하였습니다古之人, 得志, 澤加於民. 不得志, 脩身見於世. 窮則獨善其身, 達則兼善天下." 벼슬을 하는 것은 백성에게 은택을 베풀기 위한 것이고, 천하를 두루 선하게 하기 위한 것이다. 즉 도를 행하기 위해서이다. 그렇게 할 수 없으면 초야에 몸을 묻어 자신을 닦고 선하게 할 뿐이다. 즉 도나 닦을 뿐이다.

▪ 계자연季子然이 물었다. "중유仲由와 염구冉求는 대신大臣이라고 할 수 있겠습니까?"

공자께서 말씀하셨다. "나는 당신이 다른 것을 묻는다고 여겼더니, 바로 유와 구에 대한 질문이군요. 대신은 도로써 임금을 섬기고 그것이 가능하지 않으면 물러납니다. 지금 유와 구는 그저 자리나 차지하는 신하라고 할 수 있습니다."

"그러면 시키는 대로 따를 사람들입니까?"

공자께서 말씀하셨다. "아비와 임금을 죽이는 일이라면 역시 따르지 않을 것입니다."

: 季子然問, 仲由, 冉求, 可謂大臣與. 子曰, 吾以子爲異之問, 曾由與求之問. 所謂大臣者, 以道事君, 不可則止. 今由與求也, 可謂具臣矣. 曰,

然則從之者與. 子曰, 弑父與君, 亦不從也.「선진」

계자연이 공자의 제자 중유와 염구를 신하로 두게 되어 그들에 대해 물었다. 훌륭한 신하大臣라고 할 수 있겠냐고. 그러자 공자가 대답한다. 그들은 훌륭한 신하라고 할 수 없고 그저 자리나 채우고 있는 신하라고. 계자연이 도리에 어긋난 짓을 하고 있는데도 그것을 신하로서 막지 못한 것에 대한 통렬한 비판이다. 그러자 계자연이 다시 묻는다. 그러면 내가 시키는 대로 따라 하기는 하겠냐고. 그에 대한 공자의 대답은 냉정하다. 아무리 그들이 부족하다 하더라도 아비와 임금을 죽이는 그런 짓은 하지 않을 것이니, 혹시라도 그런 생각은 꿈속에서라도 하지 말라고.

임금은 도로 섬기는 것이다. 즉 도를 행하기 위해서 임금을 섬기는 것이다. 그렇게 할 수 없다면 그만둘 뿐이다. 도로써 임금을 섬길 수 없는데도 계속 벼슬길에 머무는 것은 녹봉을 탐내는 것으로 아무 일도 못하면서 그저 자리나 차지하고 있는 것이다. 그것은 자칫 하다가는 욕을 당하기 십상이고, 심하면 형벌까지 받을 수도 있다.

▪ 공자께서 말씀하셨다. "학문을 독실하게 믿고 좋아하며, 도를 죽음으로 지키고 닦는다. 위태로운 나라에는 들어가지 아니하며, 어지러운 나라에는 머물지 않는다. 천하에 도가 있으면 드러내고, 도가 없으면 감춘다. 나라에 도가 있는데 빈천한 것은 부끄러

운 일이며, 나라에 도가 없는데 부귀한 것은 수치스러운 일이다."
: 子曰, 篤信好學, 守死善道. 危邦不入, 亂邦不居. 天下有道則見, 無道則隱. 邦有道, 貧且賤焉, 恥也. 邦無道, 富且貴焉, 恥也. 「태백」

나라에 도가 있는데 빈천하다는 것은 능력이 없다는 것이고, 나라에 도가 없는데도 부귀하다는 것은 자리와 녹봉만 탐낸다는 것이다. 따라서 부끄러운 것이다. 어지러운 나라, 위태로운 나라에서는 도를 행할 수 없다. 따라서 그런 나라에는 들어가 벼슬할 생각을 아예 가져서도 안 되며, 그런 나라에 있다면 빨리 벗어나야 한다. 무도한 임금 밑에서는 자기 한 몸 보존하는 것도 쉽지 않기 때문이다. 일찍이 공자도 위령공衛靈公이 진陣을 치는 법에 대해 묻자 위령공이 전쟁을 일으키려고 한다고 생각하여 그 이튿날 위나라를 떠난 바 있다衛靈公問陳於孔子. 孔子對曰, 俎豆之事, 則嘗聞之矣. 軍旅之事 ,未之學也. 明日遂行. 「위령공」. 나라가 위태롭기 때문이다.

그런데 나라가 선택의 대상이 아니면 어떻게 될까? 공자의 시대인 춘추春秋 시대는 열국이 난립하였기 때문에 나라가 마음에 들지 않으면, 그 나라를 버리고 다른 나라로 가면 그뿐이었다. 하지만 진秦나라 이후 하나의 나라로 통일된 상황에서는 그럴 형편이 되지 못하는데, 그때는 어떻게 해야 할까? 만일 그런 상황하에서 무도한 임금을 만났다면 벼슬을 버리고 초야에 은거해 내 몸 하나 성하게 하는 것獨善其身이 최선일 것이다.

벼슬은 도를 행하기 위한 것이지 단순히 벼슬, 그 자체를 위한 것이 아니다. 공자가 13년간 천하를 주유한 것은 자기의 도를 실행할 수 있는 그런 나라, 즉 자기를 받아줄 만한 유도有道한 임금을 찾기 위함이었다. 그러나 천하 어디에도 자기를 받아줄 만한 유도한 임금이 없자, 즉 도를 행할 만한 여건이 조성되지 않자, 고향인 노나라로 다시 돌아와 정치와 손을 끊고 제자들을 가르치며 일생을 마친 것이다.

이처럼 공자의 처신은 부모와 임금, 벗 등 대상에 따라, 그리고 세상이 유도하냐 무도하냐 등의 때(상황)에 따라 각기 다르다. 겉으로 보기에는 원칙이 없이 그때그때 상황에 따라 임기응변식으로 처신한 것 같지만, 공자 자신에게는 분명한 원칙이 있었다. 그러기에 공자를 가리켜 맹자가 '성인 중의 때를 아는 사람聖之時者'이라고 한 것이다.

2부

공자의 일생과 제자들

제5장

공자의 일생

孔子思想

공자에 관한 자료는?

공자孔子(BC551–BC479)는 어떤 사람이고, 그의 삶은 어떠했을까? 인류의 사대 스승이라 일컬어지고, 특히 중국과 한국을 비롯한 유교 문화권에서는 거의 신처럼 받들어졌던 공자이지만, 오늘날 우리가 그의 삶을 복원하려고 할 때 의지할 수 있는 자료는 얼마 되지 않는다. 2,500여 년이라는 긴 시간적 장벽이 있기 때문이다.

가장 먼저 생각해 볼 수 있는 자료는 공자의 언행이 기록되어 있는 『논어論語』이다. 『논어』는 공자의 2–3대 제자들이 각자 기억하고 있는 공자의 언행을 서로 논찬論纂하여 편집한 책이다. 공자에 대한 기록 중 시간상으로 공자와 가장 가깝다. 따라서 『논어』는 우리가 공자에 대해 알려고 할 때 가장 기본이 되는 일차 자료이다. 지금 우리가 알고 있는 공자는 사실상 이 『논어』라는 책을 통해 형상화된 공자라고 해도 과언은 아니다.

그러나 이 『논어』라는 책은 공자의 삶을 복원하는 기본 자료가 되기에는, 결정적이라고도 할 수 있는, 몇 가지 약점이 있다. 우선 『논어』는 공자의 삶, 즉 구체적 행적에 대해서는 거의 기록하고 있지 않다. 『논어』에 실려 있는 것은 거의 대부분 공자 자신의 말이나, 또는 다른 사람과의 대화들뿐이다. 따라서 그가 어떻게 살았고, 또 어떤 일을 했는가에 대해서는 알 수 있는 것이 거의 없다.

두 번째로 『논어』는 신약성서의 복음서들과는 달리, 공자의 말이나 남과의 대화를 기록할 때, 거의 대부분의 경우 배경 설명이 누락되어 있다. 따라서 『논어』에 나와 있는 한 마디, 한 마디가 언제 어떻게 해서 나오게 되었는지 지금 와서는 알아낼 방법이 전혀 없다. 『논어』에 실려 있는 한 마디, 한 마디의 말은 그 시간적, 공간적 배경을 알 수 없기 때문에, 구체적인 현장으로부터 떨어져 그저 허공 속을 맴돌 뿐이다.

마지막으로 『논어』의 각 편과 장은 논리적으로도 시간적으로도 서로 아무런 연관성이 없다. 『논어』에 실린 한 마디, 한 마디가 모두 따로따로 놀고 있다고 해도 될 정도이다. 그러니 앞뒤 맥락을 통해 시간적, 논리적 연결을 찾기도 불가능하다.

이상으로부터의 결론은 결국 『논어』를 통해서는 공자의 삶을 복원하는 것이 상당히 어렵다는 이야기다.

『논어』 다음으로 거론되는 자료는 『사기史記』 「공자세가孔子世家」이다. 사마천司馬遷(BC145?~BC86?)이 쓴 「공자세가」는 공자에 대한 최초의 본격적인 전기이다. 사마천이 중국 역사학의 아버지로 칭송받아 온 만큼, 또 『논어』가 공자의 삶에 대해서는 거의 기록하고 있지 않았던 만큼 공자에 대한 전기로서 「공자세가」가 갖는 위치는 절대적이었다. 사마천은 자못 객관적이고 덤덤한 자세로 공자의 삶을 기록하고 있다.

그러나 오늘날 「공자세가」의 내용을 있는 그대로 받아들이기에는 무리가 있다. 우선 사마천은 공자를 각종 인물들의 전기인 열전列傳에서 서술하지 않고 제후들에 대한 기록인 세가에서 기술하고 있다. 이는 공자가 고작해야 대부大夫의 지위에 머물러 있었음을 비추어 볼 때 이미 공자에 대한 사마천 나름의 평가가 전제되어 있는 것이다. 또 유교儒敎와 더불어 중국 삼교三敎의 하나를 구성하고 있는 도교道敎의 선구자인 노자老子나 장자莊子, 그리고 맹자가 당시 천하의 말이 양주楊朱(맹자보다 약간 앞서 살았던 사상가로 극단적인 이기주의를 주장하여, 자신의 털 한 가닥만 뽑으면 천하가 이로워진다고 해도 하지 않았다고 한다) 아니면 그에게로 돌아가고 있다(천하의 모든 사람들이 그들의 주장을 신봉하였다는 말)고 개탄한(『맹자』 「등문공하」) 묵자墨子가 열전에서 많아야 한두 쪽, 짧게는 한두 줄밖에 서술되고 있지 않음과 비교할 때 「공자세가」의 기록은 수십 쪽에 이를 만큼 방대하여 누가 보더라도 균형의 추가 지나치게 공자 쪽으로 기울었다 아니할 수 없다.

또한 내용에 있어서도, 어느 날 매 한 마리가 화살을 맞고 진陳나라의 궁정 마당에 떨어져 죽었는데, 그 화살촉을 보고는 멀리 만주에 있는 숙신肅愼 지방에서 날아왔다고 밝혔다는 대목이나(만주에서 화살을 맞은 매가 발해를 건너 허난河南성 동북부까지 날아와 죽었다는 이야기다), 오吳나라가 월越나라를 공격해 그 수도인 회계會稽에서 수레에 가득 찰 만큼 큰 해골을 얻었는데, 그 해골의 주인이 우禹임금에게 죽임을 당한 방풍씨防風氏임을 밝혔다는 대목은 오늘날 누구도 받아들일 수 없는 내용이다. 이런 내용은 공자가 인仁과 지智를 겸비한 성인이라는 것을 암시하기 위한 것이라고밖에 달리 해석할 수 없다(『맹자』 「공손추상」에서 자공은 공자가 인과 지를 겸비했기 때문에 성인이라고 말하고 있다).

이런 문제점이 있음에도 불구하고 『사기』 「공자세가」는 공자의 일생을 살피는 데 있어 가장 기본적이면서 거의 유일한 자료이다. 기술의 객관성이나, 신빙성 등은 우리가 넘어야 할 산이기는 하나, 「공자세가」를 대체할 수 있는 자료는 아직 없다. 혹 우연한 고고학적 발굴로 또 어떤 자료가 등장할지 모르나, 현재로서는 「공자세가」에 기초해 역사적 상상과 비판을 통해 공자의 일생을 살피는 것 이외에 다른 대안은 없다. 오늘날 우리가 공자의 일생을 논한다는 것은 사실상 「공자세가」에 기록된 내용을 얼마만큼 받아들이느냐의 문제라 해도 과언이 아니다.

공자에 대한 기록은 『맹자孟子』를 비롯하여, 『순자荀子』, 『예기禮記』와 같은 유가儒家의 다른 저술 속에도 많이 등장한다. 그러나 그것들은 모두 단편적인 기록이라는 데서 일정한 한계가 있다. 즉 부차적인 자료일 뿐이다. 또한 공자로부터 시간적으로 멀어지면서 내용의 신빙성도 의심스러운 부분이 많다. 뿐만 아니라 몇몇 단편들의 경우 후세의 의도적인 조작 가능성 또한 제기되고 있다. 자신들의 주장을 관철하기 위하여 공자를 사칭한 것이다. 따라서 비판적으로 검토할 필요가 있다.

이밖에도 『장자莊子』나 『묵자墨子』 등 제자백가 중 다른 유파의 저술 속에서도 공자에 대한 기록을 찾을 수 있다. 그러나 이들 자료는 모두 단편적일뿐더러, 기본적으로 공자를 시조로 하는 유가儒家와 대립하는 입장에서 쓴 만큼 공자를 희화화하고 폄훼하는 분위기가 강해 신뢰성에서 결정적 하자가 있다. 특히 『장자』 같은 경우는 기본적으로 우화寓話이기 때문에 그대로 사실로 받아들일 수는 없는 자료이다. 이들 자료들은 그들의 입장을 이해하는 데 도움이 되는 자료이지, 공자를 알게 해 주는 자료는 아니다.

또 하나 참고해야 할 자료는 공자가 썼다고 전해지는 『춘추』의 해설서인 『춘추공양전春秋公羊傳』, 『춘추곡량전春秋穀梁傳』, 『춘추좌전春秋左傳』, 다시 말해 춘추삼전春秋三傳이다. 특히 『춘추좌전』은 『춘추』를 당시의 역사적 사실을 바탕으로 해설하였기 때문에 공자의 행적을 단편적이나마 확인할 수 있다. 그러나 워낙 단편적이어서 그리 큰 도움은 되지 않는다.

마지막으로 하나 언급해야 할 자료는 소위 공자의 집안에서 대대로 전해졌다는 『공자가어孔子家語』란 책이다. 제목만으로는 「공자세가」를 능가하는 자료일 것처럼 생각되나, 이 책은 고래로부터 진위 여부가 쟁점이 되어 왔고, 지금은 대부분 왕숙王肅(195-256)의 위작으로 보고 있다. 물론 위작이라 해도 왕숙이 자기 마음대로 쓴 것은 아니고 여러 문헌들에 흩어져 있는 공자에 관한 기록들을 취합해 쓴 것이라 그저 배격만은 할 수 없다. 그러나 이미 위작인 이상 보조적인 의미 이상의 것은 기대할 수 없을 것이다.

공자의 출생과 가족관계

공자는 노魯나라 창평향昌平鄉 추읍陬邑(지금의 산둥山東성 취푸曲阜시 동남쪽)에서 태어났다. 그의 선조는 송宋나라 사람 공방숙孔防叔이다. 방숙은 백하伯夏를 낳고, 백하는 숙량흘叔梁紇을 낳았는데, 숙량흘은 안顔씨와 야합野合하여 공자를 낳았다. 이구尼丘에서 기도를 하여 공자를 얻었는데, 노나라 양공襄公 22년(BC551)에 공자가 태어났다. 태어났을 때 머리 중간 부분이 움푹 파여 있었기 때문에 구丘라고 이름 지었으며, 자字는 중니仲尼이고, 성은 공孔씨이다.

'이상은 공자의 출생에 대한 「공자세가」의 기록이다.

공자의 출생지에 대해서는 별다른 이견이 없다. 지금의 취푸시 동남 지방으로, 궐리闕里라고도 불렸으며, 지금은 공자의 사당인 공묘孔廟와 역대 공자 집안의 계승자들이 거처하던 공부孔府가 자리 잡고 있다.

공자의 선조가 송나라 출신이라는 데도 큰 이견은 없다. 사마천은 공자의 임종을 서술하면서, 공자가 죽기 7일 전 두 기둥 사이에 놓여 사람들의 제사를 받는 꿈을 꾸었는데, 이는 은殷나라 사람들의 풍속으로 자신의 조상은 원래 은나라 사람이었다는 공자의 말을 기록하고 있다. 송나라는 주周나라 무왕武王이 은나라의 제사를 잇게 하기 위하여 세운 나라이다. 사마천은 공자가 송나라 출신의 후예라는 것을 다시 한 번 확인하고 있는 셈이다.

또 『공자가어』는 공자의 선조 불보하弗父何가 송나라 임금의 자리를 여공厲公 방사方祀에게 양보한 후 대대로 송나라의 경卿의 지위를 세습하였는데, 공보가孔父嘉 때에 이르러 공公으로부터 갈라져 나온 지 5대가 되어, 따로 성姓을 취해 공孔씨가 되었고, 이후 공방숙 때에 이르러 화華씨의 박해를 피해 노나라로 도망했다고 상세히 기록하고 있는데, 어디까지 믿어야 할지는 모르겠다.

공자는 어느 계급 출신일까? 사마천은 출생을 서술한 대목에서는 별다른 언급을 하고 있지 않으나, 공자의 나이 17세 때 맹희자孟釐子가 자신의 후계자인 의자懿子에게 공자에 대해 한 말을 통해 공자의 선조가 송나라의 공족公族 출신이었으나, 송나라에서 멸문을 당했음을 밝히고 있다.

『공자가어』는 또 공자의 어머니라 전해지는 안징재顔徵在의 아버지의 말을 인용하여 공자의 아버지 숙량흘의 부조父祖가 사士의 신분이었다고 하고 있다. 두 책 모두 공자가 몰락한 귀족 출신으로 사士의 신분이었음을 말하고 있는데, 이는 『논어』 「자한」편에 보이는 "나는 어릴 때에 빈천하였다吾少也賤"는 기록과도 일치하는 것처럼 보인다. 공자는 몰락했다고는 하나 사士의 신분이었기 때문에 예를 배울 수 있었고, 글도 공부할 수 있었을 것이다.

공자의 아버지라고 전해지는 숙량흘은 어떤 사람이었을까? 「공자세가」에는 숙량흘이 안씨와 야합하여 공자를 낳았다는 것과 공자를 낳고 얼마 안 되어 죽어 노나라 동부에 있는 방산防山에 묻혔다는 이야기밖에 기록되어 있지 않다. 『논어』에는 공자의 아버지에 대한 일언반구의 언급도 없다. 다만 『춘추좌전春秋左傳』 양공 10년 조에 제후들의 군사가 핍양偪陽성에 갇혔을 때 추郰지방 사람 흘紇이 성문을 들어 올려 군사들을 나오게 했다는 기록이 있다. 대부분 이 흘이라는 추지방 사람이 공자의 아버지 숙량흘일 것이라고 추측하고 있는 데 증거는 없다. 요컨대 공자의 아버지라는 숙량흘에 대해서는 전해진 바가 없다는 말이다. 더 엄밀하게 따지자면 공자의 아버지가 숙량흘이라는 것도 명확한 증거가 없는, 그저 전해오는 이야기일 뿐이다.

공자의 어머니는? 「공자세가」는 공자의 어머니를 그저 안顔씨라고 성만 밝혔다. 공자의 어머니 이름이 안징재라는 것은 『예기禮記』 「단궁檀弓하」에 부모의 두 자 이름을 휘諱하는 방법을 설명하면서 처음 보인다. 물론 『공자가어』에서는 안징재가 안보顔父의 세 딸 중 막내라고 더 상세히 설명하고 있지만, 모두 확인할 수 없는 이야기일 뿐이다. 옛 기록에 왕의 어머니라고 하여도 그 이름이 전해지는 경우는 드물다.

그런데 사마천은 왜 공자 부모의 결합을 야합野合이라고 기술했을까? 야합이라고 기술한 이상 그것이 정상적인 결합이 아닌 것은 분명하다. 그러면 도대체 무엇을 가지고 야합이라고 한 것일까?

사마정司馬貞(679-732)의 『사기색은史記索隱』은 『공자가어』를 인용하여 "숙량흘이 노나라 시施씨에게 장가를 들어 딸만 아홉을 낳았기 때문에, 첩을 얻어 아들을 낳아 맹피孟皮라고 이름 지었는데, 다리를 못 써서, 안징재에게 결혼을 청했다."고 하면서, 야합이라고 한 것은 숙량흘은 나이가 많았고 안징재는 젊었기 때문에 그렇게 부른 것이라고 설명하고 있다. 즉 예에 맞지 않았다는 말이다. 장수절張守節은 『사기정의史記正義』에서 당시 숙량흘의 나이가 남자로서의 능력이 사라진 64세八八六十四陽道絶를 넘었기 때문에 야합이라고 했다고 부연하고 있는데, 장수절의 말은 증거도 없을뿐더러 쓸데없는 말일 뿐이다.

다만 숙량흘과 안징재의 나이가 많이 차이나 야합이라고 표현했다는 주장은 일반적으로 널리 받아들여지는 주장인데, 뒷받침할 수 있는 증거는 없다. 「공자세가」에 숙량흘이 공자가 어렸을 때 죽었다는 기록이 있지만, 그것만 갖고는 숙량흘이 안징재와 결혼할 때 나이가 많았다고 일방적으로 단정할 수는 없다. 또한 옛날에 나이 들어 젊은 후처를 맞이하는 경우도 비일비재했기 때문에 그것만 갖고 야합이라고 표현했다고 하기에는 무언가 석연치 않다.

사마천은 무언가 드러내기 곤란한 사정이 있어서 야합이라고 두루뭉술하게 넘어간 것은 아닐까? 그랬기에 공자가 어렸을 때 자기 아버지 무덤의 위치를 몰라 의심하였지만 어머니가 가르쳐 주려 하지 않았던 것 아닐까? 공자를 열전이 아닌 세가에 편찬해 넣을 정도로 공자에 호의적인 사마천이었기 때문에 그가 사정을 드러낼 수 없었다면 무언가 상당히 곤란한 사정이 있었을 것이다. 다만 지금으로서는 그것이 무엇인지 알아낼 방도는 없다.

공자의 아버지는 언제 죽었고, 어머니는 언제 죽었을까? 「공자세가」에는 명확한 언급은 없이, 공자가 어렸을 때 아버지가 죽어 방산에 묻었지만, 공자는 그 정확한 위치를 알지 못했고, 어머니도 가르쳐 주지 않았다. 다만 어머니가 죽자 추지방 사람 만보輓父의 어머니가 알려주어 비로소 방산에 합장할 수 있었다는 기록만 있을 뿐이다. 『공자가어』에는 공자의 나이 세 살 때 아버지가 죽었다는 기록은 있으나, 어머니에 대해서는 기록이 없다. 다른 자료에도 이에 대한 기록은 보이지 않는다.

공자의 형제관계는 어땠을까? 「공자세가」에는 공자의 형제에 대한 기록은 없다. 다만 『논어』에 다음과 같은 기록이 있다.

- 공자께서 남용南容에 대해 말씀하시길, "나라에 도가 있으면 버려지지 않을 것이요, 나라에 도가 없더라도 형벌은 면할 것이다." 라고 하시며, 형의 딸을 그에게 출가시켰다.

  : 子謂南容, 邦有道不廢, 邦無道免於刑戮. 以其兄之子妻之. 「공야장」

- 남용이 백규白圭의 시를 되풀이해 외고 있음에 공자께서 형의 딸과 결혼시키셨다.

  : 南容三復白圭, 孔子以其兄之子妻之. 「선진」

이 두 글을 통해 우리는 공자에게 형이 한 사람 있었음을 알 수 있다. 이는 공자의 자를 통해서도 확인할 수 있다. 공자의 자는 중니仲尼인데, 仲이란 글자는 위에 형이 있음을 나타낸다. 『공자가어』는 공자의 형의 이름이 맹피이고, 다리를 못 썼으며, 공멸孔篾이라고 하는 아들이 한 명 있다고 전하고 있으나, 믿을 수 있는 이야기는 아니다.

공자의 부인은? 자식들은? 공자의 부인에 대해 「공자세가」는 한 마디도 전하고 있지 않다. 그것은 『논어』도 마찬가지다. 『공자가어』는 공자가 19살 때 송나라의 기관亓官씨를 아내로 맞이했다라고 하고 있는데, 확인할 길은 없다. 공자의 자식에 대해서 「공자세가」는 이鯉만을 기록하고 있다. 이는 『논어』에도 나오며, 자는 백어伯魚이다. 『공자가어』는 기관씨가 결혼한 지 일 년 만에 이를 낳았는데, 이를 낳았을 때 노나라 소공昭公이 잉어를 보내주어 잉어 이鯉라고 이름 지었다고 하고 있지만, 이는 터무니없는 이야기일 뿐이다. 공자는 몰락한 사의 아들로 신분이 보잘 것 없었는데, 그런 공자가 결혼해 아들을 낳았다고 임금이 몸소 잉어를 하사했다는 것은 믿기 어렵기 때문이다. 공자의 또 다른 자식으로는 『논어』에 다음과 같은 기록이 있다.

- 공자께서 공야장에 대해 말씀하시길, "사위를 삼을 만하다. 비록 감옥에 있었으나 그의 죄가 아니었다."라고 하시며, 자신의 딸을 그에게 출가시켰다.

  : 子謂公冶長, 可妻也. 雖在縲絏之中, 非其罪也. 以其子妻之. 「공야장」

이로써 딸이 한 명 더 있었음을 알 수 있다. 공자의 자식들에 대해서는 더 이상은 확인할 수 없다.

다음은 『논어』「선진」편의 기록이다.

- 안연이 죽었다. 안로가 공자의 수레로 덧널을 만들 것을 청했다. 공자께서 말씀하셨다. "재주가 있거나 없거나 각자 자기 자식이오. 이가 죽었을 때도 관은 있었으나 덧널은 없었소. 나는 걸어

다니면서까지 덧널을 만들지는 않았소. 내가 대부의 말석에라도 있는 이상 걸어 다닐 수는 없었기 때문이오."

: 顔淵死. 顔路請子之車以爲之椁. 子曰, 才不才, 亦各言其子也. 鯉也死, 有棺而無椁. 吾不徒行以爲之椁. 以吾從大夫之後, 不可徒行也.

공자의 아들 이가 공자보다 먼저 죽었음을 알 수 있다. 「공자세가」는 이가 나이 50에 공자보다 먼저 죽었다고 하고 있다. 공자의 나이 69살 때로 안연이 죽기 1년 전이다. 공자의 아들 이는 급伋을 낳았는데, 이 급의 자가 바로 자사子思로, 『중용中庸』을 지었다고 전해진다. 오늘날 공자의 무덤이 있는 공림에 가면 공자의 무덤 오른쪽에 아들인 이와 손자인 급의 무덤이 나란히 있는 것을 볼 수 있다.

성장과정:
공자는
누구로부터 배웠는가?

공자가 몰락한 사 집안의 자식으로서 아버지마저 일찍 죽었다면, 어렸을 때 그의 가정환경이 어려웠을 것은 불문가지다. 「공자세가」는 그가 가난하고 천하였다孔子貧且賤고 직접 기술하고 있고, 『논어』 「자한」편에는 자신이 재주가 많은 이유를 대면서 어려서 천했기 때문에 (먹고 사느라고) 여러 가지 하찮은 일에 능했다吾少也賤 故多能鄙事고 하는 대목이 보인다. 또 『맹자』 「만장하」에서는 공자가 가난 때문에 창고지기委吏나 짐승 기르는 일乘田 같은 하찮은 일을 한 적이 있다고 기록하고 있다. 이상의 여러 가지 기록으로 미루어 볼 때 그가 성장할 때 집안이 가난했음은 사실인 것 같다. 「공자세가」

는 그가 어머니 상喪 중에 있을 때 당시 노나라의 실권자인 계씨季氏가 사士에게 베푸는 잔치에 참석하러 갔다가 계씨의 가신이었던 양호陽虎에게 쫓겨나는 장면을 기술하고 있다. 사실여부는 확인할 수 없지만, 사실이라면 그가 얼마나 가난했는지를 알 수 있게 하는 대목이다.

- 태재가 자공에게 물었다. "선생님께서는 성인이신가? 어찌 그렇게 재주도 많으신가?"
  자공이 말했다. "진실로 하늘이 선생님을 성인으로 내리셔서 또한 재주도 많습니다."
  : 大宰問於子貢曰, 夫子聖者與. 何其多能也. 子貢曰, 固天縱之將聖, 又多能也. 『논어』「자한」

그러면 공자는 그런 환경 속에서 성인聖人으로 추앙받을 정도의 학식을 도대체 어디서 얻었을까? 가난한 집 자식이라고 하여 학식을 쌓지 말라는 법은 없지만, 그것은 계급적 차별이 법적으로 금지된 지금도 쉽지 않은 일인데, 그 옛날 철저한 신분 사회에서 몰락한 사士 집안의 홀어머니 밑에서 자란 공자가 도대체 어떻게 그 방대한 학식을 쌓을 수 있었을까? 「공자세가」에는 그에 관한 어떠한 언급도 없다. 다만 『논어』「자장子張」편에 다음과 같은 문답이 있어 그에 관한 실마리를 제공하고 있다.

■ 위衛의 공손조公孫朝가 자공에게 물었다. "중니께서는 어디에서 배우셨습니까?"

자공子貢이 말했다. "문왕文王과 무왕武王의 도道가 아직 땅에 떨어지지 않아 사람에게 있습니다. 현명한 자는 그 큰 것을 기억하고 있으며, 그렇지 못한 자는 그 작은 것을 기억하고 있습니다. 문왕과 무왕의 도가 없는 곳이 없습니다. 선생님께서 어디선들 배우지 않았겠으며, 또한 어찌 일정한 스승이 있겠습니까?"

: 衛公孫朝問於子貢曰 仲尼焉學. 子貢曰 文武之道未墜於地 在人. 賢者識其大者 不賢者識其小者. 莫不有文武之道焉. 夫子焉不學 而亦何常師之有.

자공의 이야기는 두 가지로 요약된다. 첫째는 공자에게는 스승이라 할 만한 특정 인사가 없다는 이야기고, 둘째는 공자의 방대한 학식은 공자 스스로 여러 사람을 찾아 얻은 것이라는 이야기다. 즉 스스로의 노력으로 얻은 것이라는 말이다. 이는 다음의 말에서도 간접적으로 증명된다.

■ 공자께서 말씀하셨다. "내가 일찍이 하루 종일 먹지도 않고, 밤새도록 자지도 않으며, 생각에 잠겨 봤으나, 아무런 이익이 없었다. 배우는 것만 못했다."

: 子曰, 吾嘗終日不食, 終夜不寢, 以思. 無益. 不如學也. 『논어』「위령공」

공자의 이야기는 공자가 일찍이 혼자 힘으로 깨우치려고 하루 종일 먹지도, 밤새도록 자지도 않고 생각에 잠겨본 적이 있었다는 이야기다. 앞의 말과 결합하여 생각해 보면, 그래도 안 돼 할 수 없이 이 사람, 저 사람 찾아다니며 배웠다는 말이 된다. 즉 누군가 항상 옆에 있으면서 공자를 이끌고 가르쳐 준 사람은 없다는 말이다.

공자의 방대한 학식은 스승의 인도도 없이 스스로의 노력으로 얻은 것이다. 그러기에 여러 가지가 뒤섞인雜駁 측면이 있었을 것이다. 그런 자신을 가리켜 공자는 군자는 많은 재능이 필요하지 않다고 하면서 자신은 세상에 쓰이지 못했기 때문에 여러 가지 기예를 익혔다고 하였고君子多乎哉, 不多也. 牢曰, 子云, 吾不試, 故藝. 『논어』「자한」, 어떤 사람들은 그런 공자를 가리켜 널리 공부했으나 무어라 이름을 이룬 것이 없다達巷黨人曰, 大哉孔子. 博學而無所成名. 『논어』「자한」 고 하였다.

「공자세가」에는 공자의 학업과 관련하여 또 하나 중요한 언급이 있다. 공자가 노자老子로부터 예禮를 배웠다는 것이다. 즉 공자의 예에 관한 학설이 노자로까지 연결된다는 이야기인데, 옛날부터 논란이 많았던 문제이다. 다음은 「공자세가」의 기록이다.

■ 노나라 사람 남궁경숙南宮敬叔이 노나라 임금에게 청했다. "공자와 함께 주周나라를 가려고 합니다." 노나라 임금이 그에게 수레 한 승乘과 말 두 마리, 하인 한 명을 갖춰주어 주나라에 가 예를 묻게 하였다. 이렇게 노자를 만났다고 한다. 작별하겠다고 하자

노자가 전송하며 말했다. "나는 부귀한 사람은 사람을 전송할 때 돈으로 하고, 어진 사람仁人은 말로써 한다고 들었소. 나는 부귀하지 못하니, 어진 사람의 이름을 빌려 말로 전송하겠소. 총명하고 깊이 관찰하는 사람은 죽기 쉬운데 남을 비판하기를 좋아하기 때문이요, 많이 알고 재주가 큰 사람은 몸이 위태로운데 남의 잘못을 드러내기 때문이오. 남의 자식이나 신하된 사람은 자신을 드러내지 말아야 하오." 공자가 주나라에서 노나라로 돌아오자 제자들이 더욱 늘었다.

사마천은 「공자세가」에서뿐만 아니라 「노자한비열전老子韓非列傳」에서도 공자가 예를 배우기 위해 주나라에 가 노자를 만났음을 거듭 밝히고 있다.

공자가 주나라에 가 노자에게 예를 물었다. 노자가 말했다. "당신이 말하는 것은, 그 사람과 뼈는 이미 다 썩어 없어졌고, 오직 그 말만 남아 있소. 그리고 군자는 때를 만나면 가마를 타지만, 때를 만나지 못하면 다북쑥처럼 굴러다니는 신세가 될 뿐이오. 나는 훌륭한 장사꾼은 물건을 깊숙이 숨겨 없는 것처럼 보이게 하고, 군자는 훌륭한 덕을 갖추고 있지만 겉모습은 어리숙하게 보인다고 들었소. 당신의 교만함과 많은 욕심, 위선과 지나친 야망은 당신에게 무익한 것이오. 내가 당신에게 할 말은 이것이오."

공자가 돌아가 제자들에게 말했다. "나는 새가 날 수 있다는 것도 알고, 물고기가 헤엄칠 수 있다는 것도 알며, 짐승들이 달릴 수 있다는 것도 안다. 달리는 것은 그물로, 헤엄치는 것은 낚시로, 나는 것은 주살로 잡을 수 있다. 그러나 용은 어떻게 구름을 타고 하늘을 오르는지 알지 못한다. 내가 오늘 노자를 만났는데, 마치 용과 같구나!"

이 두 이야기는 자세히 살펴보면 사실상 같은 이야기의 다른 전승일 뿐이다. 노자는 예에 대해서는 한마디도 언급하지 않으면서 공자에게 욕심을 버리고 자신을 드러내지 말라는 훈계를 한 것이다. 그러나 이 기록을 근거로 공자가 노자로부터 예를 배웠다고 하는 것이 정설로 받아들여져 『예기』, 『공자가어』 등도 이러한 입장을 취하고 있다. 이 이야기는 과연 사실일까?

우선 문제가 되는 것은 여기서 말하는 노자라는 인물이 과연 누구냐는 것이다. 사마천은 공자가 예를 배웠다는 노자가 지금 전해지는 『노자』라는 책의 저자로 알려진 그 노자라고 기록하고 있다. 사마천은 「노자한비열전」에서 노자를 초楚나라 고현苦縣 여향厲鄕 곡인리曲仁里 사람으로, 성은 이李, 이름은 이耳, 자는 담聃이며, 주나라의 장서를 관리하는 사史라고 소개하고 있다. 노자는 도道와 덕德을 닦았으나, 학문을 숨기고 자신을 드러내지 않는 데 힘을 쓰다가, 주나라가 쇠락해 가는 것을 보고 마침내 서쪽으로 떠나고자 하였다. 관문에 이르렀을 때 관령關令 윤희尹喜의 부탁으로 도道와 덕德의 뜻을 상편과 하편 합쳐 오천 여 자로 말하고는 떠났는데, 그 이후는 아무도 모른다는 게 사마천이 기록한 전부이다.

그런데 사마천 자신도 노자라는 인물에 대한 확신이 없었던 듯하다. 「노자한비열전」에 공자와 같은 시대 사람으로 책 열다섯 권을 지어 도가道家의 쓰임用을 말한 초나라 출신의 노래자老萊子에 대한 이야기를 혹왈或曰이라는 형식으로 부기했을 뿐 아니라, 공자가 죽은 지 129년 되던 해에 진秦나라 헌공獻公을 만난 주나라 태사太史 담儋이 노자가 아닌지 의심하는 사람들이 있다는 이야기도 병기하고 있기 때문이다. 사마천도 자신하지 못한 노자라는 사람이 지금 우리가 알고 있는 『노자』의 저자, 그 사람이 아니라면 문제는 간단하다. 공자가 예를 배웠다는 노자라는 사람은 공자가 이 사람, 저 사람을 만나 자신의 학문의 세계를 열어갈 때 만난 그 여러 사람들 중 하나일 뿐이며, 지금 그에 대해 전해지고 있는 것은 없다고 정리하면 될 뿐이다.

그런데 공자가 예를 배웠다는 노자가 지금 전해지는 『노자』라는 책의 저자 바로 그 사람이라면 문제는 훨씬 더 복잡해진다. 공자와 노자는 유가儒家와 도가道家라는 중국 전통 사상계의 양대 축의 시조로 추앙받는 사람인데, 둘이 스승과 제자 사이라니? 공자가 노자로부터 예를 배웠다는데 『논어』와 『노자』에 보이는 예에 관한 내용은 왜 그리 판이하게 다른가? 아니 다른 정도가 아니라 서로 정반대의 대척점에 서 있는가?

다음은 『노자』 38장에 실려 있는 내용이다.

- "그러므로 도道를 잃은 이후에 덕德이 있게 되고, 덕을 잃은 이후에 인仁이 있게 되며, 인을 잃은 이후에 의義가 있게 되고, 의를 잃은 이후에 예禮가 있게 된다. 대저 예라는 것은 성실함忠과 믿음信이 박약薄弱한 것이며, 혼란의 시초다."

  :故失道而後德 失德而後仁 失仁而後義 失義而後禮. 夫禮者 忠信之薄而亂之首.

다음은 『논어』에 기록되어 있는 내용들이다.

- 공자께서 말씀하셨다. "예와 겸양으로 나라를 다스릴 수 있다면 무슨 어려움이 있겠느냐? 예와 겸양으로 나라를 다스릴 수 없다면 예는 해서 무엇 하겠느냐?"

  : 子曰, 能以禮讓爲國乎, 何有. 不能以禮讓爲國, 如禮何. 「이인」

- 공자께서 말씀하셨다. "군자가 널리 글을 배우고 예로써 그것을 요약하고 단속한다면 도리에 어긋나지 않을 것이다."

  : 子曰, 君子博學於文, 約之以禮, 亦可以弗畔矣夫. 「옹야」

■ “(아버지께서-공자) 다른 날 또 홀로 서 계시기에 종종걸음으로 뜰을 지나가니 ‘예를 공부하였느냐?’라고 물으셨습니다. ‘아직 못 배웠습니다.’라고 대답하자, 말씀하시길 ‘예를 배우지 않으면 설 수가 없다.’고 하셨습니다. 나는 물러나 예를 공부했습니다.”

:他日, 又獨立. 鯉趨而過庭. 曰, 學禮乎. 對曰, 未也. 不學禮, 無以立. 鯉退而學禮. 「계씨」

■ 공자께서 말씀하셨다. “명命을 알지 못하면 군자가 될 수 없다. 예를 알지 못하면 설 수가 없다. 말을 알지 못하면 사람을 알아볼 수 없다.”

: 子曰 不知命 無以爲君子也. 不知禮 無以立也. 不知言 無以知人也. 「요왈」

『노자』에 보이는 예에 대한 생각과 『논어』에 보이는 예에 관한 생각은 서로 다른 정도가 아니라 정반대이다. 공자가 노자에게서 예에 관해 배웠다는데 서로 이렇게 다를 수가 있는지? 그리고 노자라는 사람은 예를 불필요한 정도가 아니라 아예 부정해야 할 대상으로 규정하고 있는데, 그런 사람한테 공자가 그 먼 길을 찾아가 예를 배웠다니? 정말 이해가 되지 않는 이야기다.

예로부터 말이 많았던 이 문제는 최근의 고고학적 발굴로 명쾌하게 정리되었다. 1993년 겨울 중국 후베이湖北성 징먼荊門시 사양沙洋

구 스팡四方향 궈디엔郭店촌에서 초楚나라 시대 고분이 발굴되어 다량의 죽간竹簡이 쏟아져 나왔는데, 그 중에 현행 『노자』의 내용의 일부로 보이는 죽간도 있었다. 그런데 문제는 현행 『노자』의 내용이 쓰여 있는 죽간이 모두 한 종류가 아니라 서로 다른 형태의 세 종류였다는 것이다. 세 종류 다 현행 『노자』 내용의 일부분씩을 담고 있었는데, 종류 별로 크기와 형태가 다르고, 또 서로 내용이 중첩되지 않은 것으로 미루어 볼 때, 서로 별개의 죽간으로 엮여 있었음이 분명했다. 그것은 다시 말해 이 세 종류의 죽간이 서로 별개로 전승되어 기록되었다는 것이고, 그것은 결국 이 죽간이 쓰였을 때라고 추정되는 전국戰國 중기 후반(대략 BC 4세기) 무렵에는 현재 우리가 보는 형태의 『노자』라는 책은 존재하지 않았고, 현재 우리가 보는 『노자』라는 책은 적어도 세 종류 이상의 전승이 합쳐져 성립한 것이라는 사실을 의미했다. 즉 현재 우리가 보는 『노자』라는 책의 저자는 한 사람이 아니라, 적어도 세 사람 이상이라는 이야기였다. 결국 사마천이 서술한 노자에 관한 이야기는 허구였고, 따라서 공자가 노자로부터 예를 배웠다는 이야기도 허구였던 셈이다.

장년: 공자는 노나라의 사구司寇를 지냈을까?

가난 속에서 일정한 스승도 없이 오직 혼자의 노력으로 그 깊고 방대한 학업을 쌓은 공자를 세상은 얼마나 알아주었을까? "써주면 행하고, 써주지 않으면 간직한다用之則行, 舍之則藏.『논어』「술이」" 고, 공자는 홀로만 선하기 위해獨善其身.『맹자』「진심상」 세상을 등지고 조수와 함께 생활하는 그런 사람은 아니었다鳥獸不可與同羣.『논어』「미자」. 그는 도를 배우기 위해 학업을 쌓았고, 학업을 쌓은 이후는 도道를 행하기 위해 적극 나섰다. 문제는 그를 써 줄 사람이 과연 있느냐였다.

「공자세가」와 『맹자』「만장하」에 의하면 공자는 젊어서 창고지기

委吏나 짐승을 기르는 목부乘田 같은 하찮은 일을 한 적이 있었다. 그러나 이는 맹자 말마따나 가난 때문에 먹고 살기 위해서 한 것이지, 도를 실행하기 위한 것은 아니었다. 공자 자신도 "회계만 맞으면 될 뿐"이며, "소와 양이 살찌고 잘 자라면 될 뿐"이라는 생각으로 그 일에 임했을 뿐이었다.(『맹자』 「만장하」)

사마천에 의하면 공자가 본격적으로 도를 실행하기 위해 벼슬길에 나서기 시작한 것은 노나라 정공定公 때부터였다. 「공자세가」에 실린 내용을 연대순으로 정리하면 다음과 같다.

- 정공 9년(BC501): 정공이 공자를 중도中都(지금의 산둥성 원상汶上현 서북지방)의 재宰(지금의 읍장 또는 시장)로 삼았다. 1년이 되자 사방에서 공자를 본받으려고 하였다.
- 정공 10년(BC500): 제나라와 노나라가 협곡夾谷(지금의 산둥성 우라이蕪萊현의 쟈구샤夾谷峽)에서 회맹會盟을 맺을 때 정공을 수행하였다. 노나라는 공자의 활약으로, 제나라에게 빼앗긴 운鄆(지금의 산둥성 이수이沂水현 북쪽지방), 문양汶陽(지금의 산둥성 타이안泰安시 서남지방), 구음龜陰(지금의 산둥성 쓰수이泗水현 동북지방)의 땅을 되찾을 수 있었다.
- 정공 13년(BC497): 정공에게 "신하는 무기를 비축해서는 안 되고, 대부는 100치雉의 성을 쌓아서는 안됩니다."고 건의하여, 자로를 계씨의 가신으로 삼아 삼도三都를 허물려 하였다. 먼저 숙손씨叔

孫氏의 후郈(지금의 산둥성 둥핑東平현 동남지방)를 허물었고, 이어 공산불뉴公山不狃 등의 저항을 격퇴하며 계씨季氏의 비費(지금의 산둥성 페이費현 서남지방)까지 허물었으나, 맹손씨孟孫氏의 성成(지금의 산둥성 닝양寧陽현 북쪽지방)을 허무는 데는 실패했다.

■ 정공 14년(BC496): 56세의 나이로 노나라의 대사구大司寇가 되어 재상의 일을 대행하게 되자 공자의 얼굴에 기쁜 기색이 돌았다. 제자가 물었다. "제가 듣기에, 군자는 화禍가 닥쳐도 두려워하지 않고, 복福이 이르러도 기뻐하지 않는다고 하였습니다."
공자가 말했다. "그런 말이 있기는 하다. 그러나 '높은 지위에 있으면서 아랫사람에게 자신을 낮추는 데 즐거움이 있다.'라고도 하지 않았느냐?"
얼마 후 노나라의 정사를 어지럽힌 대부 소정묘少正卯를 주살誅殺했다. 공자가 정치를 맡은 지 3개월이 지나자, 양과 돼지를 파는 사람들이 가격을 속이지 않았고, 남녀가 길을 갈 때 따로 다녔으며, 길에 떨어진 것을 줍지 않았고, 사방에서 찾아온 손님들이 관리를 찾지 않아도 모두 대접하여 돌려보냈다. 이웃나라인 제나라가 이 소식을 듣고 자기 나라에 손해가 될까 두려워하였다. 그래서 훼방을 놓으려고, 미녀 80명을 뽑아, 아름다운 옷을 입히고, 강락무康樂舞를 익히게 하여, 잘 꾸민 말 120필과 함께 노나라 임금에게 보냈다. 미녀와 말들을 노나라 도성 남쪽 고문高門 밖에 늘어놓았는데, 당시 실권자인 계환자季桓子가 몰래 가서 살펴보고는 마음에 들어, 노나라 임금과 함께 지방을 순회한다는 핑계를 대고서는, 가서 하루 종일 구경하며 정사를 게을리 하였다. 자로가 말하였다. "선생님께서 떠나실 때가 되었습니다." 공자가 말했다. "노나라에서 곧 교제郊祭를 지낼 텐데, 그때 만일 제사에 쓴 고기膰를 대부에게 나누어준다면 내가 아직 머무를 수 있을 것이다." 계환자가 마침내 제나라의 미녀들을 받아들이고는 사흘 동안 정사를 돌보지 않았으며, 또 제사에 쓴 고기도 대부에게 나누어 주지 않았다. 공자는 마침내 노나라를 떠났다.

정공 9년(BC501) 중도의 재가 되어 본격적으로 자신의 경륜을 실천에 옮기기 시작한 이후부터 정공 14년 대사구가 되어 재상의 일을 대행했을 때까지가 아마 공자의 일생 중 가장 득의得意의 세월이었을 것이다. 정공 14년(BC496) 노나라를 떠난 공자가 다시 노나라로 돌아온 것은 13년 후인 애공哀公 11년(BC484)으로, 그 기간 동안 공자는 자신을 받아줄 임금을 찾아 정처 없이 천하를 방황해야 했고, 몇 차례 목숨의 위협까지 받았으며, 상가 집 개喪家之狗와 같다는 소리까지 들어야 했다. 그리고 고향인 노나라에 돌아오고 나서는 세상에 대한 뜻을 접고 제자를 양성하는 데만 전념하였다.

그런데 공자의 일생 중 사실상 가장 득의得意의 세월이었을 이 기간 동안에 관한 「공자세가」의 기술에 대해서는 예로부터 몇 가지 의

문이 제기되어 왔다. 하나하나 살펴보기로 하자.

공자가 중도의 재가 되었다는 기록은 춘추삼전春秋三傳(춘추의 주석서인 공양전公羊傳, 곡량전穀梁傳, 좌전左傳)에도 보이지 않고, 전국시대의 제자백가서인 『묵자』, 『장자』, 『순자荀子』에도 실려 있지 않으며, 『논어』에도 한 마디도 언급되어 있지 않다. 오직 『예기』 「단궁檀弓」편과 『공자가어』에만 보인다.

그런데 『공자가어』는 예부터 위작 논란에 쌓여 있는 책이니 그것으로 증거를 삼을 수는 없다. 문제는 『예기』의 기록 또한 신빙성이 떨어진다는 것이다. 『예기』에 실려 있는 공자에 관한 이야기는 대부분 자신들의 학설을 세우기 위해 후대의 학자들이 공자를 가탁해 쓴 이야기들이다. 그 이야기들은 예를 말하기 위한 것이지, 공자의 삶이나, 사상을 말하기 위한 것이 아니다. 따라서 『예기』에 실려 있다는 사실 하나만으로 그런 사실이 있다 없다 판단하기는 어렵다. 결국 공자가 중도의 재가 되었다는 「공자세가」의 기술에 대한 분명한 증거는 없다는 이야기다.

그러나 『논어』 「옹야」편에 계씨가 민자건閔子騫을 비費의 재로 삼으려 했고季氏使閔子騫爲費宰, 자유子游가 무성武城의 재가 되었다子游爲武城宰는 기록이 있고, 「선진」편에 자로子路가 자고子羔를 비의 재로 삼았다子路使子羔爲費宰는 기록, 「자로」편에 자하子夏가 거보莒父의 재가 되었다子夏爲莒父宰는 기록이 있는 것으로 미루어 볼 때, 공자가 51세 때 중도의 재가 되었다고 해도 크게 의심할 일은 아닐 것으로 생각된다.

협곡의 회맹에 관해서는 춘추삼전과 『공자가어』에만 기록이 보인다. 『논어』를 비롯한 다른 책에서는 언급되어 있지 않으나, 『춘추』 경문經文에도 협곡의 회맹이 기록되어 있는 것으로 미루어 협곡의 회맹은 사실일 것으로 추정된다. 문제는 그 회맹과 공자와의 관계인데, 『춘추공양전』은 공자에 관해 언급하고 있지 않으나, 『춘추좌전』과 『춘추곡량전』은 공자가 그 회맹에서 주도적인 역할을 수행한 것으로 기록하고 있다.

그런데 「공자세가」와 『춘추곡량전』에 기록되어 있는 내용에 한 가지 의문점이 있다. 「공자세가」와 『춘추곡량전』은 공자가 회맹의 자리에서 음란한 공연을 한 광대와 난쟁이를 "필부로서 제후를 현혹시킨 자는 마땅히 처형해야 한다."고 주장하며 그들을 처형했다고 기록하고 있다(『춘추좌전』에는 그 내용이 없다). 아마 공자의 단호함을 보여주려는 의도에서 그렇게 기록하였을 것이라고 추정되지만, 사실이라면 이것은 잘못되어도 한참 잘못된 처사이다. 회맹의 자리에서 공연한 광대와 난쟁이들은 자기들이 멋대로 나와 공연한 것이 아니라, 제나라 임금과 신하들이 시켜 공연한 것일 뿐인데 그들이 무슨 죄가 있다고 그들을 처형한단 말인가? 처형해야 할 대상은 그것을 기획하고 지시한 사람이지 시키는 대로 따라 할 수밖에 없는 광대들이 아니다. 공자가 그들을 처형했다면 이는 공평함을 잃은 처사로, 공자의 평소 지론과도 어긋나는 것이며, 또 그의 일생에서 두고두고 지울 수 없는 오점으로 기록될 사건이다.

결국 협곡의 회맹에서 공자가 수행한 역할에 대해서는 아직 무엇이라고 확인할 수 있는 내용은 없다고 해야 할 것이다.

공자가 삼도를 허물려고 한 일은 춘추삼전과 『공자가어』에만 기록되어 있다. 물론 『논어』에는 한 마디의 언급도 없다. 그런데 춘추삼전에는 이 일이 정공 13년이 아닌 12년의 일로 기록되어 있어, 「공자세가」와 차이를 보이고 있다.

또 사마천은 공자가 정공에게 "신하는 무기를 저장해서는 안 되며, 대부는 100치雉의 성을 가져서는 안 됩니다."라고 하며 삼도를 허물 것을 진언한 후, 그럴 목적으로 자신의 제자인 중유仲由를 계씨季氏의 재宰로 삼아 그 일을 진행하려 한 것으로 기술하고 있는데定公十三年夏, 孔子言於定公曰, 臣無藏甲, 大夫無百雉之城. 使仲由爲季氏宰, 將墮三都, 『춘추』의 경문經文에는 계씨와 숙손씨가 스스로 진행한 일로 기록되어 있으며, 『춘추좌전』에는 공자가 정공에게 진언했다는 내용은 보이지 않고, 다만 자로가 계씨의 재가 되어 삼도를 허물려 했다仲由爲季氏宰, 將墮三都라고만 기록되어 있다.

『춘추』 경문에도 삼도를 허물려고 한 일이 기록되어 있는 것으로 미루어 볼 때 이 일이 일어난 것은 사실일 것으로 생각되나, 「공자세가」처럼 이것을 공자가 정공에게 진언하여 진행한 것으로 보기에는 무리가 있다. 왜냐하면 당시 노나라의 실권은 삼도의 주인인 계씨, 숙손씨, 맹손씨가 쥐고 있었고, 정공은 실로 허수아비에 불과했기 때문이다. 또 계씨나 숙손씨가 후와 비의 성을 허문 것은 정공의 군주권을 강화하기 위해서가 아니라, 당시 자기들의 권력을 위협하고 있던 양호陽虎나 공산불뉴公山不狃와 같은 배신陪臣들의 발호를 막기 위해서였던 것으로 보는 것이 당시 상황과도 맞을 것이다. 다시 말해 공자와는 무관한 내용으로 보아야 할 것이다.

공자가 노나라의 사구를 맡아 재상의 일을 대행했다는 이야기는 공자의 일생 중 가장 논란이 많은 대목이다. 공자가 노나라의 사구를 맡았다는 기록은 춘추삼전 중에서는 오직 『춘추좌전』에만 보이며, 그 밖에는 『묵자』, 『순자』, 『예기』, 『맹자』 등에 기록되어 있다. 물론 『공자가어』에는 「공자세가」보다 훨씬 많은 내용이 기록되어 있다. 그런데 『공자가어』를 제외할 경우, 이들 기록의 내용은 참으로 기괴하기 짝이 없다. 하나하나 살펴보자.

우선 『춘추좌전』에는 정공 원년 7월 계사癸巳일에 소공昭公을 안장했다는 경문經文의 기록을 해설하면서, 소공을 묘도墓道의 남쪽에 안장했는데, 공자가 사구가 되어 도랑을 파 모든 묘를 합쳤다는 기록이 유일하다孔子之爲司寇也, 溝而合諸墓. 내용인즉, 소공이 계씨를 타도하려다 실패하여 다른 나라로 망명한 후 결국 노나라로 돌아오지 못하고 망명지에서 죽자, 당시 실권자였던 계평자季平子가 그를 노나라 임금들의 묘역에 함께 묻지 않고 묘도 남쪽에 따로 묻은 것을, 공자가 사구가 되어 소공의 무덤까지 둘러싸도록 도랑을 파, 소공의 묘를 다른 임금들의 묘와 한 구역으로 만들었다는 이야기다. 이 이야기 자체도 기묘한 것이지만, 공자가 사구가 되어 한 일 중 역사에 기록할 만한 것이 고작 도랑 하나 파 임금들의 무덤을 하나로 합친 것뿐이란 말인지? 정녕 의문이 든다.

『묵자』에도 공자가 노나라의 사구를 했다는 기록은 「비유非儒하」에 단 한 번 보이는데, 그 내용은 더욱더 기묘하다. 다음은 그 전문이다.

- 공구孔丘가 노나라의 사구가 되었는데, 노나라 공실을 버리고 계손씨季孫氏를 받들었다. 계손씨는 노나라의 재상을 지내다가 도망을 가게 되었는데, 읍민邑民들과 관문關門의 통과 문제로 다툼이 생겼다. 그러자 공자가 관문의 기둥을 들어 올려 계손씨를 도망치게 하였다.

  : 孔丘爲魯司寇, 舍公家而於季孫. 季孫相魯君而走, 季孫與邑人爭門關. 決植. 「비유하」

우선 공자를 공구라고 표현한 것이나, 공실을 버리고 계손씨(계씨)를 받들었다고 한 것 등에서 공자에 대한 악의가 느껴진다. 그리고 공자가 관문의 기둥을 들어 올려 계씨를 도망가게 했다는 이야기는 『춘추좌전』 양공 10년에 기록된 공자의 아버지라 전해지는 추郰지방 사람 흘紇이 성문을 들어 올려 군사들을 나오게 했다는 이야기의 패러디가 아닐까 생각된다.

「비유」편의 표현 양식이 『묵자』의 다른 편들과 크게 차이가 나는 것으로 미루어 볼 때(『묵자』의 많은 편들이 "묵자가 말하였다子墨子言曰"로 시작하는 데 반해, 「비유」편은 "유자가 말하였다儒者曰"로 시작한다), 아마 기록한 자가 공자가 사구를 하였다는 전승을 주워듣고는 이것을 이용해 지어낸 말일 것으로 추측된다.

『예기』에는 「단궁상」편에 "옛날에 공자께서 노나라의 사구 벼슬을 잃고 장차 형荊지방으로 가려고 할 때, 먼저 자하를 보냈는데도, 또 거듭 염유를 보냈다. 이로써 공자께서 속히 가난해지려고 하지 않았다는 것을 알았다昔者夫子失魯司寇 將之荊 蓋先之以子夏 又申之以冉有 以斯知不欲速貧也."는 기술 하나뿐이다. 이 기술은 벼슬을 잃었을 때의 처신을 놓고 증자와 유자가 다투다가 나온 이야기로, 공자가 사구를 했느냐 여부를 가리는 데 큰 도움이 되기는 어렵다.

뿐만 아니라 사마천이 공자의 제자들에 대해 쓴 『사기』 「중니제자열전仲尼弟子列傳」에 의하면 자하는 공자보다 44살 어리다고 하는데, 이를 믿는다면 공자가 자신의 망명지를 알아보는 중차대한 일을 고작 나이 12살짜리 소년에게 맡겼다는 말이 된다. 상식적으로 납득이 가지 않는 이야기다.

『순자』에는 모두 세 군데 나온다. 「유효儒效」편에 공자가 노나라의 사구가 되자 사람들이 양에 물을 먹여 무게를 늘려 팔지 않게 되었고, 소와 말을 팔던 사람들이 가격을 속이지 않게 되었다는 등의 이야기가 실려 있고, 「유좌宥坐」편에 소정묘를 주살한 이야기와 어느 부자의 소송사건을 다룬 이야기가 실려 있는데, 이 이야기들은 크게 볼 때 「공자세가」의 내용과 별 차이가 없다.

『맹자』에는 「고자告子하」편에 공자가 노나라의 사구가 되었으나 쓰이지 않자, 제사에 쓴 고기燔肉를 나누어 주지 않은 것을 핑계 삼아 노나라를 떠났다는 이야기 하나만 실려 있다孔子爲魯司寇, 不用. 從而祭, 燔肉不至, 不稅冕而行. 공자의 문도임을 자처한 맹자가 그토록 공자에 대한 이야기를 많이 인용하면서, 공자가 사구 시절에 행한 치적에 대해서는 일언반구도 언급하지 않고, 다만 쫓겨나듯 떠난 이 이야기만 싣고 있는 것은 이해가 안 되는 일이다.

『논어』에는 공자가 사구를 했다는 기록은 전혀 보이지 않고, 다만 「미자微子」편에 제나라에서 여자 악사들을 보내오자 계환자季桓子가 그들을 받아들이고서는 3일 동안 조회를 열지 않아 공자가 떠났다는 기록만 보인다齊人歸女樂. 季桓子受之, 三日不朝. 孔子行. 이 이야기만 갖고는 공자가 사구를 했는지 여부를 판단할 수 없다.

그런데 만일 공자가 사구를 한 것이 사실이라면, 『논어』가 비록 공자의 2-3대 제자들 손에 논찬되었고, 공자의 행적보다는 그의 말에 중점을 두어 편집되었다고는 하나, 그래도 공자의 일생 중 가장 득의의 세월이었을 이 시기의 공자의 행적에 대해 한 마디도 언급하지 않고 있는 것은 정말 이해가 안 되는 일이다. 『논어』에서 공자는 덕으로 이끄는 정치, 어진 사람이 다스리는 정치를 주장했는데, 그것을 증명할 가장 좋은 증거는 바로 그가 사구 시절에 노나라를 다스렸더니, 노나라가 실제로 이렇게 변했다는 역사적 사실일 것이기 때문이다. 그런데 그에 대해서는 한 마디도 언급하지 않고 있다니……. 이는 비유하자면 성경의 4복음서의 저자들이 복음서를 쓰면서 예수의 부활 사건을 빼 놓고 쓰는 것과 다름없는 일이다. 스승에 대한 이야기를 쓰면서 스승의 업적 중 가장 빛나는 것을 빼고 쓴다는 것은 정말 상식적으로 납득이 가지 않는 이야기다.

「공자세가」에서 기술하고 있는 내용에도 중대한 의문이 드는 사안이 있다. 「공자세가」에서는 공자가 사구가 되어 재상의 일을 대행한 지 얼마 안 되어 노나라의 정사를 문란케 한 대부 소정묘를 주살誅殺했다고 되어 있는데, 이 사실은 『순자』 「유좌」편과 『공자가어』 「시주始誅」편에도 상세히 기록되어 있다. 그런데 당시 노나라의 정권은 계씨, 숙손씨, 맹손씨의 삼환三桓, 그 중에서도 특히 계씨 손에 있었다. 그럼에도 불구하고 공자가 소정묘를 주살할 수 있었다면, 이는 공자에게 상당한 권력이 허용되어 있었다는 이야기이거나, 아니면 공자가 정치를 함에 상당히 단호하였다는 것을 보여준다. 그런데 공자가 사구직을 떠날 때의 모습은 무기력하고, 우유부단하기 짝이 없다. 대부인 소정묘는 죽일 수 있었으면서, 왜 제나라에서 온 여악은 물리치지 못했고, 왜 제사 때 쓴 고기를 나누어주도록 조치를 취하지 못했는지? 대중으로부터 추앙받는 대부를 죽일 수 있는 사람이 무희 몇 명 내치지 못하고, 제사 때 쓴 고기도 나누어 주지 못한다고? 사구직을 떠날 때의 공자와 소정묘를 죽일 때의 공자는 전혀 다른 사람으로밖에 생각되지 않는다.

사마천이 공자가 사구를 할 때 행한 것으로 기록하고 있는 내용은 사실상 소정묘를 죽인 것과 공자의 감화를 받아 사람들이 후덕해졌다는 것, 이 두 가지 이야기뿐이다. 그런데 상인들이 물건 값을 속이지 않았다느니, 길에 떨어진 물건을 줍지 않았다느니 하는 이야기는 있으나마나 한 이야기일 뿐이다. 그런 이야기는 공자 대신에 그 자리에 요임금이나, 순임금을 갖다 놓아도 성립하는 그저 그런 이야기에 불과하다. 그렇게 보면 공자가 사구가 되어 한 일은 사마천이 기술하고 있는 바에 의하면 소정묘를 죽인 것 하나밖에 없는 셈이 된다(제나라 여악 이야기는 사구직을 떠날 때의 초라한 이야기일 뿐이다). 대성인의 득의의 행적에 대한 기술치고는 실제 내용이 너무 빈약하기 짝이 없다.

결론적으로 말해 공자가 사구 벼슬을 했다는 「공자세가」의 기록은 허구일 가능성이 높다. 사마천이 기술한 내용 자체에도 모순이 있는데다, 무엇보다 결정적인 것은 『논어』에 그에 관한 기록이 일언반구도 없다는 것이다. 다만 공자가 고금에 없는 높은 학덕을 쌓았다는 사실이 공자에 관한 많은 전승을 낳았고, 그 중 하나가 공자가 그 높은 학덕에도 불구하고 벼슬 한 번 제대로 하지 못했다는 바로 그 역사적 사실에 기초하여 역설적으로 공자가 노나라의 사구 벼슬을 하며 이러니저러니 했다는 전승으로 발전하였고, 바로 그것이 맹자, 순자 등을 거쳐 사마천에게까지 전해지게 된 것이 아닐까 추측할 뿐이다.

13년간의 주유: 왜 반란군에 가담하려 했을까?

공자가 사구를 한 적이 없다면 공자가 노나라를 떠난 것은 어떠한 이유에서였을까? 문헌상의 증거는 없지만, 공자가 13년의 주유 생활 대부분을 자신을 받아 줄 군주를 찾아 헤매고 다녔다는 사실로 미루어 볼 때, 자신을 받아주지 않는 노나라에 대한 실망감과 혹시라도 천하 어딘가에 자신을 받아 줄 군주가 있을 것이라는 기대감 때문은 아니었을까? 어찌되었든 정공 14년(BC496) 공자는 고국인 노나라를 떠나 이웃에 있는 위衛나라로 향한다. 그리고서 공자가 고국 노나라로 돌아간 것은 그로부터 13년 후인 애공 11년(BC484), 그의 나이 68세 때였다. 그리고 5년 후 공자는 결국 세상에서 한 번도 제대로 쓰임을 받지 못한 채 세상을 떠나고 말았다.

「공자세가」에 의하면 이 13년 동안 공자가 방문한 나라는 지금의 허난河南성 일대인 위, 조曹, 송宋, 정鄭, 진陳, 채蔡, 초楚였는데, 위나라에 가장 많이 머물렀다. 위나라는 영공靈公 시절과 그의 손자로 뒤를 이은 출공出公 시절 양 대에 걸쳐 들렀지만, 누구도 공자를 등용하지는 않았다.

위나라에서 등용되지 못하자, 공자는 한때 서쪽으로 황하黃河를 건너 진晋나라로 가 조간자趙簡子를 만나보려고도 생각하였다. 그러나 조간자가 진나라의 어진 대부인 두명독竇鳴犢과 순화舜華를 살해하였다는 소식을 접하고는 "자기와 같은 무리가 상하는 것이 싫어君子諱傷其類也", "이 강을 건너지 못하는 것이 운명이구나丘之不濟此命也夫"하며 조간자를 만날 것을 포기하였다.

또 채나라에 있을 때, 초나라 소왕昭王의 부름을 받고 초나라에 갔으나, 초나라의 재상 자서子西의 방해로 뜻을 이룰 수 없었다. 당시 중원 각지의 제후국 어디에서도 공자를 등용하려 하지 않았다.

50대 후반의 나이에 시작된 이 정처 없는 방랑 생활이 공자에게 결코 편안했을 리는 없었다. 공자가 정나라에 갔을 때 제자들과 서로 길이 어긋나 홀로 성곽 동문에 서 있었는데, 그를 본 정나라 사람은 다음과 같이 그를 묘사했다. "동문에 어떤 사람이 있는데, 이마는 요堯임금을 닮았고, 목은 고요皐陶를 닮았으며, 어깨는 자산子産을 닮았지만, 그 허리 이하는 우禹임금보다 3촌寸이 짧으며, 축 처진 모습이 마치 상갓집 개喪家之狗와 같았습니다." 이 소리를 듣고 공자 자신도 껄껄 웃으며 자인했지만(「공자세가」), 정말 이 시기 공자의 모습은 초상을 치르느라 정신없어 누구도 챙겨주지 않는 상갓집 개와 같았을 것이다.

또 이 힘든 시기 동안 공자는 험한 꼴도 많이 당했다. 공자가 진나라에 가려고 광匡(지금의 허난성 창위안長垣현)을 지날 때였다. 제자 안각顔刻이 말을 몰았는데, 말채찍을 들어 가리키며 말하길, "전에 제가 여기에 들어올 때 저 무너진 틈 사이로 들어왔습니다."라고 하였다. 광 사람들이 이 소리를 듣고는 노나라의 양호陽虎라고 여겼다. 양호는 일찍이 광 사람들에게 난폭한 짓을 자행한 바 있었다. 광 사람들이 이에 공자 일행을 가로막았는데, 마침 공자의 모습이 양호와 비슷했기 때문에, 5일 동안이나 막혀 있었다. 공자는 사자를 위나라의 대부 영무자甯武子에게 보내 신하가 되게 한 연후에 떠날 수 있었다. 「공자세가」의 기록이다.

『논어』「자한子罕」편에는 다음과 같이 기록되어 있다.

■ 공자께서 광에서 두려운 일을 당하시자 말씀하셨다. "문왕께서 이미 돌아가시고 난 후, 이 도가 여기에 있지 아니한가? 하늘이 이 도를 없애려 했다면, 나중에 죽을 사람이 어찌 이 도에 관여할 수 있었겠는가? 하늘이 이 도를 없애려 하지 않는다면, 광 땅의 사람들이 나를 어찌하겠는가?"

: 子畏於匡. 曰, 文王旣沒, 文不在茲乎. 天之將喪斯文也, 後死者不得與於斯文也. 天之未喪斯文也, 匡人其如予何.

다음은 「선진」편의 기록이다.

■ 공자께서 광에서 두려운 일을 당하셨을 때 안연이 뒤에 처졌다. 공자께서 말씀하셨다. "나는 네가 죽은 줄로 알았다."
"선생님이 계신데 제가 어찌 감히 죽을 수 있겠습니까?"
: 子畏於匡. 顏淵後. 子曰, 吾以女爲死矣. 曰, 子在, 回何敢死.

이상으로 미루어보아, 자세한 사정은 확인할 수 없다 하더라도, 공자가 광에서 험한 일을 당한 것만은 사실이라 할 수 있겠다. 공자가 광에서 어려운 일을 당한 것에 대해서는 『순자』 「부賦」편과 「요문堯問」편에도 간략하게 "공자가 광에서 곤경을 겪었다孔子拘匡."고 언급되어 있다.

공자는 노정공이 죽고 난 다음 조나라를 떠나 송나라에 갔는데, 거기서도 또 험한 일을 당했다. 송나라의 사마환퇴司馬桓魋가 공자를 죽이려고, 공자가 큰 나무 아래에서 제자들에게 예를 강습하고 있는데, 그 나무를 뽑아버린 것이다. 이에 공자는 그곳을 떠날 수밖에 없었다. 이상은 「공자세가」의 기록이지만, 그대로 받아들이기는 어렵다. 공자와 제자들이 모두 그 아래 쭉 모여 있는데, 그런 상황에서 공자를 죽이려고 나무를 뽑아버린다? 상식적으로 이해가 가지 않는 이야기다. 그러나 『논어』 「술이」편에 "공자께서 말씀하셨다. '하늘이 나에게 덕을 내리셨는데 환퇴가 나를 어찌하겠는가?'子曰, 天生德於予, 桓魋其如予何."하는 말이 있는 것으로 볼 때, 환퇴가 공자를 해치려고 했던 것만은 틀림없는 사실인 것 같다.

「공자세가」는 공자가 포蒲(匡의 인근 지역으로 지금의 허난성 창위안현)를 지날 때 겪은 곤경도 기록하고 있다. 공자의 앞길을 포 지역 사람들이 가로막았다. 공자의 제자 중에 자신의 수레 5대를 가지고 공자를 따르고 있던 공량유公良孺라는 사람이 있었는데, 사람이 어진데다 용력勇力이 있었다. 그가 공자를 모시고 죽기를 각오하고 싸우자, 포 사람들이 공자가 위나라에 가지 않겠다고 약속만 한다면 놓아주겠다고 하였다. 공자가 약속하자 그들이 공자를 동문으로 내보내주었다. 그런데 공자는 끝내 위나라로 갔다. 자공이 말했다. "약속을 어길 수 있습니까?" 공자가 말했다. "강요된 약속은 신神도 듣지 않는다." 사마천 특유의 생생한 필체로 묘사된 이 이야기는 불행히도 춘추삼전이나 『논어』, 『맹자』 등 다른 문헌에는 전해오지 않는다. 오직 『공자가어』에만 전해지는데, 따라서 그 진위 여부도 파악하기 어렵다. 어떤 사람들은 포와 광이 지척의 사이인 것을 근거로 원래 하나의 사실이 두 개로 나뉘어 전해진 것이 아닌가 추측하기도 한다.

공자가 채나라로 옮긴 지 3년이 되던 해에 오吳나라가 진陳나라를 공격하였다. 초나라는 진나라를 구하기 위하여 군대를 성보城父에

출동시켰다. 초나라는 공자가 진나라와 채나라 사이陳蔡之間에 머물고 있다는 말을 듣고 사람을 보내 공자를 초빙하였다. 이에 공자가 인사를 하러 가려 하자, 진나라와 채나라의 대부들이 공자가 초나라 같은 대국에서 등용될 경우 자기들의 신상에 위험이 올 것이라고 판단하여, 사람들을 풀어 공자 일행을 들판에서 포위하였다. 공자 일행은 초나라로 가지도 못하고, 식량마저 떨어졌다. 따르는 자들도 병이 나서 아무도 일어나지 못했다. 그런데도 공자는 가르치고 낭송하고 거문고를 타고 노래를 부르는 등 조금도 위축됨이 없었다. 자로가 화가 나 공자를 뵙고 말했다. "군자도 또한 궁할 때가 있습니까?" 공자가 말했다. "군자도 원래 궁할 때가 있는 법이다. 소인은 궁하게 되면 못하는 짓이 없다." 이상은 그 유명한 진채지액陳蔡之厄에 대한 「공자세가」의 기술이다.

『논어』에는 「위령공」편에 다음과 같이 되어 있다.

■ "진나라에 계실 때 양식이 떨어졌다. 따르는 자들도 병이 나서 아무도 일어나지 못했다. 자로가 화가 나 공자를 뵙고 말했다. '군자도 또한 궁할 때가 있습니까?' 공자가 말했다. '군자도 원래 궁할 때가 있는 법이다. 소인은 궁하게 되면 못하는 짓이 없다.'

: 在陳絶糧. 從者病, 莫能興. 子路慍見曰, 君子亦有窮乎. 子曰, 君子固窮. 小人窮斯濫矣.

진나라와 채나라 사이가 진나라라고만 되어 있고, 또 자세한 배경 설명만 없을 뿐 「공자세가」의 내용과 별 차이가 없다. 또 『논어』 「선진」편에 "진나라와 채나라에서 나를 따랐던 자들이 모두 문에 이르지 못했다子曰, 從我於陳蔡者 皆不及門也."는 말이 있고, 『맹자』 「진심하」편에 "군자(공자)가 진나라와 채나라 사이에서 횡액을 당하신 것은 상하와 교제가 없었기 때문이다孟子曰, 君子之戹於陳蔡之閒, 無上下之交也."라는 말이 있는 것으로 볼 때 공자가 진나라와 채나라 사이에서 아주 심각한 곤경에 처했었다는 말은 사실일 것으로 추정된다. 진채지액에 대해서는 춘추삼전이나 『예기』, 『묵자』 등에는 기록이 보이지 않고, 『순자』 「유좌」편에 기록이 보인다.

「공자세가」는 계속하여 "코뿔소도 아닌 것이 호랑이도 아닌 것이 광야를 헤매고 있다匪兕匪虎 率彼曠野."는 시 구절을 인용하면서 공자가 제자들에게 "우리의 도가 잘못되었단 말이냐? 우리는 여기서 어떻게 해야 하느냐?"고 제자들에게 질문하는 대목이 계속된다. 그 질문에 자로는 "우리가 어질지 못해서, 지혜롭지 못해서 그렇겠지요." 라는 뜻으로 대답하였고, 자공은 "선생님의 도가 너무 커서 아무도 받아들이지 못하니, 조금 낮춰 보지 않겠습니까?"의 뜻으로 대답하였으며, 안연은 "선생님의 도가 너무 커서 받아들여지지 않으나, 그게 무슨 상관이 있겠습니까? 도를 닦지 않는 것은 우리의 수치이지만, 도를 잘 닦았는데도 쓰지 않는 것은 나라를 가진 자들의 수치입니다. 군자는 받아들여지지 않은 연후에 더욱 드러나는 것입니다."

라고 대답하였다. 그리고 이에 대해 공자는 자로에게는 어질었는데도 굶어 죽은 백이숙제伯夷叔弟와 지혜로웠는데도 배를 갈려 죽은 비간比干을 예로 들어 그렇지 않음을 밝히고 있고, 자공에게는 군자가 아무리 도를 잘 닦았다고 하더라도 꼭 세상에 수용되는 것은 아니라고 하면서 뜻을 더 원대히 가질 것을 요구하고 있고, 안연에게는 웃으면서 안연이 돈을 많이 벌게 되면 자신이 그의 집사宰가 되겠다고 대답하고 있다. 공자와 안연이 세상에 초연했음을 의도적으로 보여주는 자못 장황한 이 문답은 『논어』, 『맹자』 등 어디에도 보이지 않고, 다만 『공자가어』에 이 비슷한 내용이 조금 더 장황하게 기록되어 있을 뿐이다. 『순자』 「유좌」편에는 비슷한 내용으로 자로와의 문답이 소개되어 있다. 당시 상황이 목숨과 관계될 정도로 긴박한 상황이었음을 고려할 때, 이 문답은 현실과 동떨어진 자못 한가한 부질없는 소리라, 그대로 받아들이기에는 무리가 있다.

어쨌든 공자는 초나라 소왕昭王의 도움으로 이 곤경에서 벗어날 수 있었다. 소왕은 공자를 만나 서사書社의 땅 700리를 봉하려고 했으나, 재상 자서가 공자에게 근거지를 제공하는 것은 초나라에 결코 이득이 되지 않는다고 말리는 바람에 결국 위나라로 돌아갈 수밖에 없었다. 이때 공자의 나이 63세로, 노나라 애공 6년이었다고 「공자세가」는 기록하고 있다.

자신을 등용할 제후를 찾아 천하를 방랑하고 있는 공자에게 뜻밖의 초청이 들어온 적이 있었다. 중모中牟(지금의 허베이河北성 싱타이邢台

와 한단邯鄲 사이)의 재宰로 있던 필힐佛肹이 반란을 일으키고는 공자를 초빙한 것이다. 다음은 「공자세가」의 기술이다.

> 필힐이 중모의 재로 있었는데, 조간자가 범范씨와 중항中行씨를 공격하고는 중모를 정벌하자, 필힐이 반란을 일으키고, 사람을 시켜 공자를 불렀다. 공자는 가려고 하였다. 자로가 말했다. "전에 저는 선생님으로부터 이런 말을 들었습니다. '군자는 자신이 몸소 좋지 않은 일을 하는 자에게 들어가지 않는다.'고. 지금 필힐이 중모에서 반란을 일으켰는데 선생님께서 가시려고 하는 것은 어째서입니까?" 공자가 말했다. "그런 말을 한 적이 있다. 하지만 갈아도 얇어지지 않는다면 단단하다고 할 수 있지 않겠느냐? 검은 물감을 들여도 검어지지 않는다면 희다고 할 수 있지 않겠느냐? 내가 어찌 쓰디 쓴 박이란 말이냐? 매달려만 있고 사람들에게 따먹히지도 못하는."

중모라는 곳의 재로 있던 필힐이라는 자가 조간자에게 반란을 일으키고는 공자에게 도와달라고 초청했는데, 뜻밖에도 공자가 그 초청에 응하려고 한 모양이다. 2500여 년 동안 동아시아에서 충효의 상징으로 받들어졌던 공자가 반란군의 초청에 응하려고 했다? 이 무슨 이야기인가? 이 이야기가 사실일까? 만일 사실이라면 이 이야기를 어찌 해석해야 할까?

문제는 「공자세가」 안에 이러한 기술이 또 하나 있다는 것이다. 다시 「공자세가」의 기록으로 정공 9년의 일이다.

> 공산불뉴公山不狃가 비費에서 계씨에게 반란을 일으키고는 사람을 시켜 공자를 불렀다. 공자는 도를 따른 지 오래되었으나, 시험해 볼 데가 없어 답답해했다. 아무도 그를 써주지 않자, 말했다. "주나라의 문왕文王과 무왕武王은 풍豊(문왕 때의 수도로 지금의 산시陝西성 펑허灃河 서쪽)과 호鎬(무왕 때의 수도로 지금의 산시성 창안長安현 웨이취韋曲향 서북쪽)에서 일어나 왕이 되었는데, 지금 비가 비록 작다고 하지만, 대략 비슷하지 않겠는가!" 그러면서 가려고 하였다. 자로가 이해가 되지 않아 공자를 말렸다. 공자가 말했다. "나를 부르는 자가 어찌 그냥 불렀겠는가? 만일 나를 쓴다면 아마 동방의 주나라가 될 것이다." 그러나 끝내 가지 않았다.

공자가 반란군의 초청에 응하려고 했다? 그것도 한 번도 아니고 두 번이나? 재미있는 것은 이 두 이야기가 다 『논어』에 나온다는 것이다. 『논어』 「양화」편에는 이 두 이야기가 따로 장을 달리하여 나오는데, 그 내용은 「공자세가」와 대동소이하다. 『논어』에는 공산불뉴가 공산불요公山弗擾로 되어 있지만, 내용으로 봤을 때 같은 이야기임은 명백하다.

『맹자』나 『순자』, 『예기』 등에는 일언반구도 없다. 다만 『묵자』 「비유하」에 "공자의 무리와 제자들이 모두 공자를 본떠, 자공과 자로는 위나라에서 공회孔悝를 도와 난을 일으켰고, 양호는 제나라에서 난을 일으켰으며, 필힐은 중모에서 반란을 일으켰고, 칠조개漆雕開는 사형을 당했으니, 이보다 심함이 없다."는 표현이 있는데, 그 내용상 필힐이 공자의 무리로 중모에서 반란을 일으켰다는 이야기인 듯하나, 공자와의 관련성이 구체적으로 어떤 것인지는 밝히고 있지 않다. 또 『춘추좌전』 정공 8년에 공산불뉴가 양호를 따라 삼환三桓을 제거하려고 반란을 일으켰다가 실패했다는 기록이 있으나, 공자에 대해서는 전혀 언급하고 있지 않다. 또 애공 5년에 조간자가 중모를 포위했다는 기록도 있으나, 중모의 재가 필힐이라는 이야기도, 또 필힐이 공자를 불렀다는 이야기도 없다. 그러니 필힐과 공산불뉴의 반란에 공자가 동참하려 했다는 이야기는 오직 「공자세가」와 『논어』에만 나오는 셈이다.

그렇다면 이 두 이야기는 사실일까? 거짓일까? 결론적으로 말한다면 사실로 보아야 할 것이다. 『논어』를 논찬했다고 전해지는 공자의 2-3대 제자들은 더 말할 것도 없고, 사마천 또한 공자에 대해 대단한 호의를 가진 사람이었다. 공자에 대해 지극히 호의적이었기 때문에, 이들이 한 번도 벼슬다운 벼슬을 한 적이 없는 공자를 위하여 공자가 사구를 했다는 이야기를 일부러 만들어 끼어 넣을 수는 있을지 몰라도, 공자에 대해 악의적인 이야기를 일부러 만들어 끼어 넣을 리는 절대로 없다. 이 두 이야기가 「공자세가」나 『사기』에 실린 것은 그것이 사실이기 때문이며, 또 그것이 공자에 대해 무엇인가를 말해주고 있기 때문에 빼고 싶어도 뺄 수가 없었던 것으로 보아야 할 것이다.

그렇다면 공자는 과연 공산불뉴나 필힐의 초청에 갔을까, 가지 않았을까? 공산불뉴에 대해서는 「공자세가」에 가지 않았다고 명기되어 있으니, 공자가 가지 않은 것이 분명하다. 그러나 필힐에 대해서는 「공자세가」나 『논어』에 갔는지 안 갔는지 더 이상 언급이 없다. 따라서 확인할 수는 없겠지만, 상식적으로 판단한다면 가지 않았다고 생각하는 것이 옳을 것이다. 왜냐하면 만일 공자가 필힐의 초청에 응했다면, 그것으로 인해 그의 삶이 오늘날 우리에게 전해지는 그런 삶이 되지 못했을 것이 분명하기 때문이다. 또 훗날 제자백가 중 유가에 적대하는 많은 유파에서 이것을 붙들고 늘어지지 않았을 리가 없기 때문이다.

그러면 공자가 반란군의 초청에 응하려고 했다는 이 사실을 어떻게 이해해야 할까? 주희의 『논어집주』에 실린 정자程子의 해설은 다음과 같다. "성인은 천하에 훌륭한 일을 할 수 없는 사람이 없고, 또한 잘못을 고칠 수 없는 사람이 없다고 생각했다. 그래서 가려고 한 것이다. 그러나 끝내 가지 않은 것은 그가 반드시 고치지 못할 것임을 알았기 때문이다程子曰, 聖人以天下無不可有爲之人, 亦無不可改過之人, 故欲往. 然而終不往者, 知其必不能改故也." 즉 그들을 개과천선시켜 함께 무언가 좋은 일을 할 수 있지 않을까 생각해서 가려고 생각했으나, 다시 잘 생각해 본 결과 그들이 끝내 개과천선하지 못할 것이라고 판단되어 가지 않았다는 것이다. 공자를 절대 무오류의 성인으로 규정하는 성리학의 개척자다운 말이다. 그러나 이 말은 심각한 논리적 모순이 있다. 공자가 그렇게 앞날까지 내다보는 절대 무오류의 인간이라면, 왜 되지도 않을 것을 미리 내다보지 못하고, 이 나라 저 나라 자기를 써 줄 임금을 찾아 헤매고 다녔는가 말이다. 고치지 못할 사람이라 만나지 않았다면, 당연히 기대할 것이 없는 사람도 만나지 말았어야 한다. 주희나 정자나 공자를 너무 절대시한 나머지 말도 안 되는 해석을 내놓은 것이다. 그만큼 이 문제는 후대의 유학자들을 곤혹케 한 문제였던 셈이다.

일본의 역사학자 오쿠라 요시히코小倉芳彦같은 사람은 여기서 반란을 일으켰다는 의미로 사용된 반畔이란 글자에서 해결의 실마리를 찾으려 한다. 그에 의하면 여기서 사용된 반畔이라는 글자는 전국시대 이후의 군신君臣 관계에서 보이는 것과 같은 비난받아 마땅한 반역叛逆이라는 의미의 반叛이란 글자와는 의미가 다르다고 한다. 여기서의 畔은 서로 독립적인 도시국가 간 혹은 독립성이 강한 주군과 가신을 연결하는, 서로 다른 씨족 간의 맹약盟約 관계를 파기하고 분리되는 의미라 한다. 즉 후일에 보이는 역적逆賊이라는 개념, 혹은 충신불사이군忠臣不事二君이라는 개념과는 다른 의미라는 것이다. 그래서 공자가 초청에 응하려고 했다는 것이다. 『논어』에 "임금을 섬김에 너무 자주 간언하면 욕을 보게 되고, 벗을 사귐에 너무 자주 충고하면 소원해진다子曰, 事君數斯辱矣. 朋友數 斯疏矣. 「이인」." "나라에 도가 있으면 봉록을 받는다. 나라에 도가 없는데도 봉록을 받는 것이 부끄러운 일이다子曰, 邦有道穀. 邦無道穀恥也. 「헌문」." "위태로운 나라에는 들어가지 아니하며, 어지러운 나라에는 머물지 않는다危邦不入, 亂邦不居. 「태백」." 등의 표현이 있는 것으로 미루어볼 때, 공자가 생각하는 충忠의 개념이 훗날 중국이나 우리 역사에서 보이는 그것과는 크게 달랐음을 알 수 있다. 그렇게 본다면 공자의 행위가 그렇게 비난받을 일도 아니고, 당시로는 있을 수 있는 일이었을 것이다.

무엇보다도 크게 공자로 하여금 반란군의 초청에 응하도록 마음을 움직인 것은 자신의 도를 실현해보고 싶은 간절한 바람이었을 것이다. 자신의 도를 그렇게도 실현해 보고 싶었기 때문에 당시로서는 적지 않은 나이인 50대 중반의 나이에 고국을 떠나 낯선 이국異國을 돌아다닌 그였다. 그리고 자신을 부른다고 하면 진채지액陳蔡之厄과 같은 어려운 난관도 극복해가며 찾아가려고 했던 그였다. 그렇기 때문에 반란군의 진영이라 할지라도 찾아가려고 했던 것은 아닌지. 그러나 제자들의 만류 같은 무언가 복잡한 사정이 그의 발목을 잡아 끝내 가지 못하게 했을 것이다. 그 사정은 지금으로서는 영영 알 길이 없다.

상갓집 개 취급도 당하고, 몇 차례나 목숨을 잃을 위험까지 겪으며, 자신을 써 줄 사람을 찾아 비록 반란군의 진영이라도 찾아가려고 했지만, 그 넓은 세상에서 공자를 받아 줄 곳은 없었다. 그러는 사이에 나이는 점점 들어 어느덧 고래희古來稀라는 70을 바라보는 나이가 되었다. 이제는 설사 써 준다고 하여도 몸이 허락하지 않는 형편이 되고 만 것이다. 자신의 도를 실현해 보고 싶다는 평생의 그 간절한 바람도 이제 점점 빛이 바래만 갔다. 공자는 고향으로 돌아갈 결심을 한다.

다음은 『논어』 「공야장」편에 나오는 말이다.

> 공자께서 진陳나라에 계실 때 말씀하셨다. "돌아가자, 돌아가! 우리의 젊은 무리들이 뜻은 높으나 일은 소략疏略하고, 문장이 화려하고 글은 조리 있지만, 마름질할 줄을 모르는구나."
>
> : 子在陳曰, 歸與, 歸與. 吾黨之小子狂簡, 斐然成章, 不知所以裁之.

「공자세가」에는 이 비슷한 말이 두 번 나온다. 모두 진나라에 있을 때로, 첫 번째는 진나라에 있은 지 3년 만에 진나라를 떠나면서 한 말로 기록되어 있고, 두 번째는 다시 진나라로 돌아와 있던 중 계강자季康子의 초청을 받아 노나라로 돌아가는 제자 염구冉求를 전송하면서 한 말로 기록되어 있다. 또한 『맹자』 「진심하」에도 이 비슷한 말이 실려 있다. 이것으로 미루어 보아 공자는 진나라에 있을 때부터 노나라로 돌아갈 생각이 들었던 것 같다. 그러나 고향으로 돌아가는 것도 쉽지 않았다. 거기에는 아마 노나라를 떠날 때의 사정 같은 것도 작용했으리라.

고향으로 돌아가야겠다는 말을 한 지도 몇 년이 지난 노나라 애공 11년(BC484), 공자가 위나라에 머물고 있을 때였다. 위나라의 대부 공문자孔文子가 태숙질太叔疾을 공격하려고 그 계책을 공자에게 물었다. 공자는 모른다고 대답하고 물러나, 수레를 준비하라고 명하고서 길을 떠나며 말했다. "새가 나무를 선택할 수 있지, 나무가 어찌 새를 선택할 수 있겠느냐?" 이때 염구의 충고를 들은 계강자가 폐백을 갖추고 나와 공자를 맞이했다. 공자는 마침내 노나라로 돌아올 수 있었다. 노나라를 떠난 지 13년 만인 공자의 나이 68세 때였다. (「공자세가」는 14년만이라고 기록하고 있으나, 그것은 계산착오다.) 중년에 나가 노년이 되어 돌아온 것이다.

귀국, 그리고 임종

공자는 도를 실현해보겠다는 평생의 꿈을 접고 고향으로 돌아온 이후에도 정치와 완전히 담을 쌓고 산 것은 아니었다. 노나라의 젊은 군주인 애공哀公이 정치에 관해 물어오면 공자는 성실히 응했다.

- 애공이 정치에 관해 물었다. 공자가 대답했다. "정치의 요체는 신하를 잘 고르는 데 있습니다."

  : 魯哀公問政. 對曰, 政在選臣. 「공자세가」

- 애공이 물었다. "어떻게 하면 백성이 복종하겠습니까?"
  공자가 대답했다. "곧은 사람을 들어 굽은 사람 위에 놓으면 백성이 복종하지만, 굽은 사람을 들어 곧은 사람 위에 놓는다면 백성이 복종하지 않습니다."
  : 哀公問曰, 何爲則民服. 孔子對曰, 擧直錯諸枉則民服. 擧枉錯諸直則民不服. 『논어』 「위정」

뿐만 아니라 당시 실권자인 계강자季康子가 물어와도 성실히 답해 주었다.

- 계강자가 도둑을 걱정했다. 공자가 말했다. "당신이 진정 탐욕을 부리지 않는다면 비록 상을 준다고 해도 도둑질하지 않을 것입니다."
  : 康子患盜. 孔子曰, 苟子之不欲, 雖賞之不竊. 「공자세가」

- 계강자가 정치에 관해 공자에게 물었다. 공자가 대답했다. "정치란 올바르게 하는 것입니다. 당신이 솔선해 올바르게 하신다면, 누가 감히 올바르게 하지 않겠습니까?"
  : 季康子問政於孔子. 孔子對曰, 政者正也. 子帥以正, 孰敢不正. 『논어』 「안연」

그리고 나라의 어른國老으로서 꼭 해야 할 일이 있으면 주저하지 않고 나서기도 했다.

■ 진성자陳成子가 제 간공簡公을 시해했다. 공자가 목욕재계하고 조정에 나아가 애공에게 말했다. "진항陳恒이 임금을 시해했습니다. 청컨대 그를 토벌하십시오."
애공이 말했다. "저 세 사람에게 말해보시오."
공자가 말했다. "내가 대부의 말석이라도 차지하고 있기 때문에 감히 고하지 않을 수 없었는데, 임금께서는 '저 세 사람에게 말해 보시오'라고 하는구나."
세 사람에게 가서 고했으나 받아들여지지 않았다. 공자가 말했다. "내가 대부의 말석이라도 차지하고 있기 때문에 감히 고하지 않을 수 없었다."
: 陳成子弑簡公. 孔子沐浴而朝, 告於哀公曰, 陳恒弑其君. 請討之. 公曰, 告夫三子. 孔子曰, 以吾從大夫之後, 不敢不告也. 君曰, 告夫三子者. 之三子告. 不可. 孔子曰, 以吾從大夫之後, 不敢不告也. 『논어』「헌문」

그러나 이런 것들은 어쩌다 한 번 있는 일이었다. 사마천의 표현대로 노나라는 끝내 공자를 쓸 수 없었고, 공자 또한 벼슬을 구하지 않았다. 벼슬도 구하지 않았으니 말년의 공자가 할 수 있는 것은 공부하고 제자들을 가르치는 것뿐이었다. 『논어』「학이」편에는 그런 말년의 공자의 삶을 이야기한 것처럼 보이는 대목이 하나 있다.

> 공자가 말했다. "배우고 제때에 수시로 익히면 또한 기쁘지 아니한가? 벗이 먼 곳에서 찾아오면 또한 즐겁지 아니한가? 남이 알아주지 않는다 하더라도 노여워하지 않는다면 또한 군자답지 아니한가?"
>
> : 子曰, 學而時習之, 不亦說乎. 有朋自遠方來, 不亦樂乎. 人不知而不慍, 不亦君子乎.

공부하고 벗과 어울리는 삶. 제자 또한 넓은 의미의 벗이니, 제자를 가르치는 것, 또한 벗과 어울리는 것이리라. 여기까지는 마음만 먹으면 어렵지 않게 할 수 있는 것이다. 그러나 나를 알아주지 않는 이 세상에 대해 노여워하지 않는 것, 이것만은 아무리 공자라 하더라고 쉽지 않은 일이었다.

> 공자가 말했다. "아무도 나를 알아주지 않는구나."
> 자공이 말했다. "어찌하여 그렇게 아무도 나를 알아주지 않는다고 말씀하십니까?"
> 공자가 말했다. "하늘을 원망하지도 않고, 사람을 탓하지도 않는다. 아래로 배워 위로 통달했으니, 나를 알아주는 것은 아마 하늘이리라."

: 子曰, 莫我知也夫. 子貢曰, 何爲其莫知子也. 子曰, 不怨天, 不尤人. 下學而上達. 知我者其天乎. 『논어』「헌문」

아무도 알아주지 않는 세상, 그래도 저 하늘만은 나를 알아주겠지 하며 스스로를 달래면서, 그가 얼마 남지 않은 여생에 심혈을 기울인 것은 공부였다.

- 공자께서 광에서 두려운 일을 당하시자 말씀하셨다. "문왕께서 이미 돌아가시고 난 후, 이 도가 여기에 있지 아니한가? 하늘이 이 도를 없애려 했다면, 나중에 죽을 사람이 어찌 이 도에 관여할 수 있었겠는가? 하늘이 이 도를 없애려 하지 않는다면 광의 사람들이 나를 어찌하겠는가?"

  : 子畏於匡. 曰, 文王旣沒, 文不在茲乎. 天之將喪斯文也, 後死者不得與於斯文也. 天之未喪斯文也, 匡人其如予何. 『논어』「자한」

그는 문왕으로부터 자신에게까지 전해져 온 이 도斯文를 후세에 전하는 것을 자신의 남은 과제라고 여겼다. 그리하여 제자들을 가르치는 한편 이 도를 후대에 전할 수 있는 문헌으로 정리하려고 노력하였다. 「공자세가」에 의하면 공자의 시대에 주왕실이 쇠미해져 예악禮樂이 붕괴하고, 『시詩』와 『서書』가 흩어지자, 공자가 3대의 예를 추적하여 『서전書傳』의 차례를 정해, 위로는 요순의 시대로부터 아래로는 진목공秦繆公에 이르기까지 그 사적들을 순서대로 편집했다고 한다.

사마천에 의하면 『예기』 또한 공자로부터 비롯된 것이라 한다. 또한 음악과 시에도 깊은 관심을 보여 아雅와 송頌의 자리를 잡아주었고, 옛날 3,000여 편에 달했던 시들을 중복된 것은 빼고, 예의禮義에 적용할 수 있는 것들을 취하여 305편으로 정리하였다. 그리하여 이때부터 예악이 조술祖述되고, 왕도王道가 구비되었으며, 육예六藝가 완성되었다고 한다.

또 만년에 역易을 좋아하여 죽간竹簡을 꿴 가죽 끈이 세 번이나 끊어질 정도로 열심히 읽었고韋編三絶, 단彖, 계繫, 상象, 설괘說卦, 문언文言을 정리하였다. 그리고 죽은 후 이름이 전해지지 않을 것을 걱정하여 자신을 후대에 보일 목적으로 위로는 은공隱公에서 아래로는 애공 14년까지 열두 공公들의 역사를 기록하여 『춘추』를 지었는데, 춘추의 의義가 행해지면 천하의 난신적자亂臣賊子들이 두려워하게 될 것이라고 했다.

이상 「공자세가」의 기록을 어디까지 받아들일 수 있을까? 사마천에 의하면 『오경五經』은 모두 공자로부터 비롯된 것이나 다름없다. 다시 말하면 유교의 주요 경전은 모두 그 비조인 공자로부터 나왔다는 이야기다. 그런데 과연 그럴까?

우선 『서』의 경우 『논어』 「위정」편에 "공자께서 말씀하셨다. 서에 말하길 '효도하라, 오직 효도하고 형제간에 우애 있어라. 그러면 정사에 베푸는 것이 있으리라.'고 했으니子曰, 書云, 孝乎. 惟孝. 友于兄弟. 施於有政"라는 표현이 보이고, 「술이」편에 "공자께서 기휘하지 않고 원문 그대로 바르게 읽으신 것은 시와 서를 읽으실 때와 예를 집행하실 때였다. 이때에는 모두 원문 그대로 바르게 읽으셨다子所雅言, 詩書執禮, 皆雅言也."는 표현, 또 「헌문」편에 "자장이 말했다. 서에 '고종께서 상중에 3년 동안 말을 하지 않으셨다'고 하는데 무슨 말입니까?子張曰. 書云, 高宗諒陰三年不言. 何謂也."라는 표현이 있는 것으로 미루어 공자가 『서』를 알고 있었음은 분명하다.

그러나 여기서 말하는 서가 오늘날 우리가 보는 『서경書經』, 즉 『상서尙書』를 말하는지, 아니면 단순한 역사적인 문건을 말하는 것인지는 불분명하다(원래 書는 왕의 敎書 같은 역사적 문건을 의미했다). 또 『논어』 안에는 공자가 『서』의 편찬이나 정리에 관여했음을 보여주는 대목이 전혀 없다. 뿐만 아니라 『맹자』에도 맹자가 『서』를 인용해 말하는 대목은 자주 보이나, 공자가 『서』의 편찬이나 정리에 관여했다는 이야기는 보이지 않는다. 춘추삼전이나 『묵자』, 『순자』도 마찬가지다. 따라서 지금 현재로서는 단지 「공자세가」의 기록에만 의지하여 공자가 『서』의 편찬이나 정리에 관여했다고 단정하기는 곤란하다 하겠다. 또 그 『서』라는 것이 오늘날 우리가 보는 그 『서경』인지 아닌지도 불분명하다.

공자가 전해오는 시 3,000편을 정리하여 305편으로 정리했다는

「공자세가」의 기록도 확실한 증거는 없다. 『논어』에는 공자가 시에 관해 언급한 대목이 많은데, 그 중 「위정」편에 "공자께서 말씀하셨다, '시 300편을 한마디 말로 나타낸다면 생각에 사특함이 없다는 것이다.'子曰, 詩三百, 一言以蔽之曰, 思無邪."고 언급한 대목과 「자로」편에 "공자께서 말씀하셨다. '시 300편을 외우고 있더라도, 정치를 맡아 제대로 처리하지 못하고, 사방에 사신으로 나아가 혼자 상대할 줄 모른다면, 비록 많이 외우고 있다 한들 어디에 쓰겠는가?'子曰, 誦詩三百, 授之以政, 不達. 使於四方, 不能專對. 雖多, 亦奚以爲."하고 언급한 대목이 이와 관련해 생각해 볼만한 여지를 준다.

즉 공자가 시를 300편으로 알고 있었다는 것이다. 현존 『시경』의 시는 305편으로 제목만 전하고 본문이 없는 것까지 포함한다면 311편이다. 그래서 대략 시 300편이라고 말한다. 다시 말해 공자 당시의 시와 오늘날 우리가 보는 『시경』이 일치할 가능성이 매우 높은 것이다.

공자 당시의 시와 오늘날의 『시경』이 같은 것이라면 이 사실은 무엇을 말하는 것일까? 대략 두 가지 가능성을 들 수 있다. 공자 이전에 이미 오늘날 우리가 보는 『시경』이 확립되어 있었던가, 아니면 공자가 어떤 방식으로든 『시경』의 편찬에 관여했다는 것이다.

그런데 공자는 평소 시를 굉장히 중요시했다. 그래서 「학이」편에서는 자공에게, 「팔일」편에서는 자하에게 "비로소 더불어 시를 말할 만하구나始可與言詩已矣."라고 말하고 있고, 「계씨」편에서는 자기

아들인 백어伯魚에게 시를 공부했냐고 묻고서는 "시를 공부하지 않으면 말을 할 수 없다不學詩無以言."고 말하고 있다. 그리고 「자한」편에서는 다음과 같이 기록되어 있다.

> 내가 위나라에서 돌아온 연후에 음악이 바로잡히고, 아雅와 송頌이 각각 제자리를 잡았다."
>
> : 子曰, 吾自衛反魯, 然後樂正, 雅頌各得其所.

고대 음악과 시는 분리되지 않고 항상 붙어 다녔다. 따라서 음악이 바로잡혔다는 것은 시가 바로잡혔다는 이야기도 될 수 있다. 또 아와 송은 각각 조정과 종묘에서 연주되던 노래로, 『시경』의 노래를 그 시체詩體에 따라 풍風, 아, 송의 세 가지로 분류할 때의 두 가지이다. 따라서 공자의 이 말은 공자가 13년간의 주유 생활을 끝내고 노나라로 돌아와 『시』의 노래들을 바로 잡았다는 이야기가 될 수 있다. 다시 말하면 공자가 주유를 마치고 노나라로 돌아와 시를 정리하여 300편으로 만들었다는 이야기로 해석할 수도 있다는 뜻이다. 이렇게 본다면 공자와 현존 『시경』은 밀접한 관련이 있을 가능성이 매우 크다.

공자로부터 『예기』가 전해졌다는 「공자세가」의 기록은, 사마천이 말하는 『예기』가 오늘날 우리가 보는 그 『예기』를 말한다면 그다지

신빙성이 없다. 오늘날 우리가 보는 『예기』는 『소대례기小戴禮記』라고도 하며, 한나라 때 대성戴聖(?-?)이 당시까지 전해오던 예에 관한 많은 기록들을 정리하여 편찬한 것이다. 물론 그 안의 단편들에 공자의 말이 많이 인용되어 있지만, 그 인용들이 사실인지는 의심스럽다. 예에 관한 자기의 주장을 합리화하기 위하여 공자의 말을 사칭했을 가능성이 상당히 높다. 물론 각 편들의 기록자, 편집자도 결코 공자 자신이 아니며 후대의 누군가이다. 따라서 공자와의 직접적 관련성은 없다. 만일 「공자세가」에서 말하는 『예기』가 오늘날 우리가 보는 그것이 아니라면 이야기는 다시 원점으로 돌아간다. 공자가 예에 관해 무언가를 기술했는데, 그것이 무슨 책인지, 어떤 내용인지 모른다는 이야기가 되니, 사실상 있으나마나 한 이야기가 되는 것이다. 그리고 『논어』에는 공자가 예에 관해 언급한 대목은 많지만, 공자가 예에 관해 어떤 저술을 남겼다는 기록은 보이지 않는다.

공자가 단, 계, 상 등 『주역周易』의 십익十翼을 썼다는 사마천의 주장 또한 논란이 많은 대목이다. 공자가 십익을 썼다고 주장하는 사람들이 「공자세가」 외에 증거로 드는 것은 『논어』 「자한」편에 나오는 "나에게 몇 년이 더 주어져 오십이 될 때까지 공부할 수 있다면 또한 큰 잘못은 없게 되리라子曰, 加我數年, 五十以學, 易可以無大過矣."는 구절이다. 그들은 이 구절을 "加我數年, 五十以學易, 可以無大過矣."로 끊어 읽어 "나에게 몇 년이 더 주어져 오십이 될 때까지 역을 공부할 수 있다면 큰 잘못은 없게 되리라."로 해석하면서 공자가 역을 공부했다고 주장한다. 그러나 이것은 잘못된 해석이다. 『논어』나 『맹자』에는 역과 관련된 어떠한 이야기도 보이지 않는다. 공자가 가죽끈이 세 번 끊어질 정도로 열심히 읽었다면, 『논어』나 『맹자』에 역에 대한 이야기가 자주 등장해야 한다. 그런데 한 군데도 보이지 않는다는 것은 뒤집어 생각하면 공자와 역이 아무 관련 없다는 이야기에 다름 아니다. 춘추삼전이나 『묵자』, 『순자』, 『예기』 등에도 공자가 역의 십익을 썼다는 이야기는 보이지 않는다. 공자가 『주역』의 십익을 썼다는 이야기는 가공의 이야기에 불과하다.

마지막으로 공자가 『춘추』를 썼다는 사마천의 이야기는 믿을 수 있는 것일까? 『논어』에는 공자가 춘추를 썼다는 기술뿐만 아니라, 아예 춘추라는 말 자체도 보이지 않는다. 『예기』나 『묵자』, 『순자』에는 역사, 또는 역사책이라는 의미로 춘추라는 말이 사용되는 예는 있으나, 공자가 춘추를 썼다고 하는 기술은 존재하지 않는다. 춘추삼전 중 공자가 춘추를 썼음을 분명히 밝히고 있는 것은 『춘추공양전』뿐이다. 문제는 『맹자』다. 다음은 『맹자』 「등문공滕文公하」의 기술이다.

> 세상이 쇠퇴하고 도가 희미해지자, 사악한 학설과 난폭한 행동이 다시 일어나, 신하가 임금을 죽이는 일이 일어나고, 자식이 부모를 죽이는 일이 일어났다. 공자께서 이를 두려워하여 춘추를 지으셨다. 춘추는 천자의 일이다. 그런 까닭에 공자가 말하길 "나

를 알게 해 주는 것도 아마 오직 춘추뿐일 것이요, 나를 죄주는 것도 아마 오직 춘추뿐일 것이다."라고 했다.

: 世衰道微, 邪說暴行有作. 臣弑其君者有之, 子弑其父者有之. 孔子懼, 作春秋. 春秋天子之事也. 是故孔子曰, 知我者其惟春秋乎. 罪我者其惟春秋乎.

『맹자』도 「공자세가」와 마찬가지로 공자가 『춘추』를 지었음을 명확히 하고 있다. 문제는 그 내용이다. 사마천은 공자가 후세에 자기를 보여줄 목적으로 『춘추』를 지었다고 했고, 맹자는 사악한 학설과 난폭한 행동을 다스리기 위하여 춘추를 지었는데, 그것은 요와 순, 문왕과 무왕, 주공을 잇는 천자의 행동이라고 하였다. 공자가 자기를 알릴 목적으로 『춘추』를 썼다? 공자가 자신을 요순 이래 성왕의 대를 이은 사람이라고 생각하여 『춘추』를 썼다? 쉽게 납득이 가지 않는 이야기다. 명확한 증거는 없지만 개인적인 의견으로는 공자가 『춘추』를 썼다고 하는 사마천이나, 맹자의 주장은 받아들이기 어렵다고 생각한다.

68세의 나이에 고향으로 돌아와, 제자들을 가르치며 공부하는 사이에도 세월은 무심히 흘러갔다. 그러면서 인간이라면 누구나 부딪혀야 할 이별의 아픔이 하나둘 밀려오기 시작했다.

애공 12년, 즉 고향에 돌아온 그 다음해에 아들인 이鯉가 50세의 나이로 사망하였다. 군자는 자식을 멀리한다고君子之遠其子也. 『논어』「계씨」, 특별히 보살펴주지도 않은 자식이었다. 가는 길도 마찬가지여서 덧널도 없이 관 하나로만 장례를 치렀다鯉也死, 有棺而無椁. 『논어』「선진」. 그러나 그 마음이야 오죽했으랴. 그렇지만 『논어』에는 이의 죽음과 관련하여 더 이상의 이야기는 보이지 않는다.

애공 14년, 공자의 나이 71세 때 공자가 가장 사랑했던 제자 안연이 죽었다.

- 애공이 물었다. "제자들 중에 누가 배움을 좋아합니까?"
  공자께서 대답하셨다. "안회라는 자가 있어 배움을 좋아해 노여움을 옮기지 않았으며, 잘못을 되풀이하지 않았습니다. 불행히도 명이 짧아 일찍 죽어 지금은 없습니다. 이후로 배움을 좋아한다는 자를 듣지 못했습니다."
  : 哀公問, 弟子孰爲好學. 孔子對曰, 有顔回者好學. 不遷怒, 不貳過. 不幸短命死矣, 今也則亡. 未聞好學者也. 『논어』「옹야」

그런 안연의 죽음에 공자가 얼마나 상심했는지를 『논어』는 다음과 같이 기록하고 있다.

- 안연이 죽었다. 공자께서 말씀하셨다. "아아! 하늘이 나를 버리는구나! 하늘이 나를 버리는구나!"

: 顔淵死. 子曰, 噫. 天喪予. 天喪予. 「선진」

■ 안연이 죽었다. 공자께서 곡을 하시다가 목을 놓아 우셨다. 따라간 사람이 말했다. "선생님께서 목을 놓아 우셨습니다."
공자께서 말씀하셨다. "목을 놓아 울었단 말이냐? 이 사람을 위하여 목을 놓아 울지 않으면 누구를 위하여 한단 말이냐?"
: 顔淵死. 子哭之慟. 從者曰, 子慟矣. 曰, 有慟乎. 非夫人之爲慟, 而誰爲. 「선진」

애공 15년, 위나라에서 일어난 공회孔悝의 난에 휘말려 공자의 제자 중 맏이 노릇을 했던 자로가 죽었다. 일찍이 공자는 이렇게 말한 바 있었다.

■ 내가 자로를 얻은 후로는 나쁜 말이 내 귀에 들리지 않았다."
: 自吾得由 惡言不聞於耳. 「중니제자열전」

이윽고 공자도 병이 들었다. 자공이 뵐 것을 청했다. 공자는 마침 지팡이를 짚고 문안을 거닐고 있었다. 공자가 말했다. "사야, 너는 왜 이렇게 늦게 왔느냐?" 그리고 눈물을 흘리며 말했다. "천하에 도가 없어진 지 오래 되었는데, 아무도 나를 받들지 않는구나. 장사를 치를 때 하나라 사람들은 유해를 동쪽 계단에 모셨고, 주나라 사람들은 서쪽 계단에 모셨으며, 은나라 사람들은 두 기둥 사이에 모셨다. 어제 밤에 나는 두 기둥 사이에서 제사를 받는 꿈을 꾸었다. 나는 원래 은나라 사람이다." 그리고 7일 만에 돌아가셨다. 이때 공자 나이 73세였는데, 노나라 애공 16년 4월 기축일己丑日이었다.

이상은 공자의 죽음에 관한 「공자세가」의 기술이다. 그런데 사마천은 공자의 죽음 전후를 기록하면서 애공 14년 대야大野에서 기린이 잡혀 죽은 사실을 기술하고 있다. 어째서일까? 사마천이 보기에 공자는 성인이었다. 그러기에 성인을 상징하는 기린이 나타난 것이다. 그런데 성인은 분명 성인인데 때를 잘못 만난 성인이었다. 그래서 기린이 잡혀 죽은 것이다. 성인은 성인인데 때를 잘못 만난 성인, 그 기구한 인생을 상징적으로 그렇게 나타낸 것이다. 기린이 잡혀 죽은 것을 보고 공자가 이렇게 말했다고 「공자세가」는 기록하고 있다. "나의 도가 끝났구나吾道窮矣." 사마천은 공자가 자신을 성인이라고 여겼다고 진술하고 있는 것이다. 과연 공자는 자신을 성인이라고 여겼을까? 그렇지는 않았을 것이다. 사마천의 상상력이 너무 앞서간 것이다.

공자가 죽자 노나라 애공이 뇌문誄文을 지었다. 그리고 노나라 도성 북쪽의 사수泗水가에 그를 매장하였다. 지금의 취푸시 북쪽의 공림孔林이 그곳이다. 제자들이 모두 3년간 상복을 입었다. 3년의 상이 끝나자 서로 이별을 고하고 헤어졌는데, 자공만이 홀로 무덤 옆에 움막을 짓고, 3년을 더 머물다가 떠났다. 후에 공자의 제자들과 노나라 사람들이 무덤 근처에 모여 살아 마을을 이루었는데 이름하여 공리孔里라고 하였다. 그리고 노나라에서는 대대로 새해를 맞을 때마다 공자의 무덤에 제사를 지냈으며, 많은 유생들이 이곳에 모여 예를 논하고 향음례鄕飮禮와 활쏘기를 행하였다.

한나라 고조 유방劉邦은 노나라를 지나면서 공자의 묘에 태뢰太牢로써 제사를 지냈다. 한나라 무제 때 동중서董仲舒의 건의를 받아들여 유교를 독존獨尊으로 받들면서 공자의 지위는 더욱 높아졌다. 한나라 평제平帝가 기원 1년에 포성선니공褒成宣尼公으로 봉한 것을 필두로, 당나라 현종玄宗 때 문선왕文宣王, 원나라 성종成宗 때는 대성지성문선왕大成至聖文宣王에까지 이르렀다. 현재 공자의 무덤 앞에 세워져 있는 비석에 새겨진 칭호가 바로 이것이다.

뿐만 아니라 그의 후손들에 대한 처우도 융성해져, 공씨 가문의 후계자는 대대로 연성공衍聖公이라는 칭호를 세습하였으며, 취푸에 설치된 연성공부라는 관아에서 기거하며 생활하였다. 지금의 공부孔府가 바로 그곳이다.

1911년의 신해辛亥혁명으로 전통 왕조가 무너지기 전까지 공자의 후손들은 이천 몇 백 년의 역사를 자랑하는, 세계에서 가장 오래된 귀족 가문의 후예들이었다. 공묘孔廟라 불리는 공자의 사당은 공자가 살던 옛집에서부터 시작하여 갈수록 규모와 화려함을 더해갔다. 공자를 모시는 대성전大成殿은 자금성의 태화전太和殿, 대묘岱廟의 천

황전天貺殿과 함께 중국 삼대 목조건축물로 불리는데, 황제를 뜻하는 구오九五의 건축 양식을 보이고 있다. 규모는 태화전보다 작으나, 용을 돋을새김 한 흰 대리석 기둥은 태화전의 밋밋한 붉은 나무 기둥보다 훨씬 화려하다.

도를 끝내 실현해 보지 못하고, 아무도 알아주지 않는 이 세상을 그저 체념과 달관으로 넘기며, 제자를 가르치고 공부나 하다가 세상을 떠난 공자가 사후 중국 역사상 그 누구도 얻지 못한 명예를 얻으며 불세출의 성인으로 화려하게 부활한 것이다.

제6장

공자의 제자들

꾸중만 들은(?) 재아宰我

공자는 제자백가諸子百家의 시조이면서 또한 중국 사학私學의 창시자이기도 하다. 공자는 자신의 학당에서 제자들을 모아 시서예악詩書禮樂을 가르쳤는데, 사마천은 『사기』「공자세가」에서 그 수가 총 3,000여 명에 달했다고 하였다. 그 중 몸에 육예六藝, 禮樂射御書數를 통달한 자만 72명이었다. 그러나 그 72명의 이름은 지금 다 전해지지 않으며, 우리가 오늘날 『논어』에서 그 이름을 확인할 수 있는 제자는 대략 30여 명 정도이다.

그런데 그 30여 명의 제자 중에서 『논어』에 유독 꾸중만 기록되어 있는 제자가 있다. 재아宰我라는 제자다. 재아는 이름은 재여宰予

이고 자는 자아子我이며 재아는 통칭인데, 『논어』에 모두 다섯 번 등장한다.

▪ 덕행德行에는 안연顔淵, 민자건閔子騫, 염백우冉伯牛, 중궁仲弓이요, 언어言語에는 재아, 자공子貢이고, 정사政事에는 염유冉有, 계로季路이며, 문학文學에는 자유子游, 자하子夏다."
: 德行顔淵閔子騫冉伯牛仲弓, 言語宰我子貢, 政事冉有季路, 文學子游子夏. 「선진」

덕행, 언어, 정사, 문학을 흔히들 공자의 문하에서 가르치는 네 가지 과목이란 뜻으로 공문사과孔門四科라고 하며, 여기에서 열거한 열 명을 공자의 문하에서 가장 뛰어난 사람들이란 뜻으로 공문십철孔門十哲이라고 한다. 재아는 당시 사람들이 보기에 공문십철에 들 정도로 뛰어났으며, 그 특기는 언어, 즉 말이었던 것 같다. 그런데 『논어』에 보이는 재아는 말재주는 뛰어났던 것 같은데, 공문십철에 들기에는 어딘가 부족해도 한참 부족해 보인다.

▪ 재아가 물었다. "어진 사람은 누가 우물에 사람이 빠졌다고 말하면 우물 속까지 따라 들어가야 합니까?"
공자께서 말씀하셨다. "어찌 그렇겠느냐? 군자는 우물가에는 갈 수 있지만, 우물 속에는 들어가지 않는다. 그럴 듯한 말에는 속을 수 있지만 터무니없는 말에는 속지 않는다."

: 宰我問曰, 仁者, 雖告之曰, 井有仁焉, 其從之也. 子曰, 何爲其然也. 君子可逝也, 不可陷也. 可欺也, 不可罔也. 「옹야」

인仁은 다산 정약용에 의하면 두 사람 간의 관계에서 그 본분을 다하는 것이다凡二人之間盡其本分者. 따라서 인을 행하기 위해서는 때에 따라서는 자기 것을(심할 경우는 자기 목숨도) 양보할 수 있어야 한다子曰, 志士仁人, 無求生以害仁, 有殺身以成仁. 「위령공」. 재아는 그것이 마음에 걸렸던 모양이다. 그래서 물었다. '어진 사람이라면 사람이 우물에 빠지면 따라 들어가 구해야 하지요? 그런데 그렇게 하면 자칫 자기 목숨이 위험할 수도 있는데…….' 극단적인 경우를 상정하여 공자로부터 부정적인 대답을 유도한 것이다. 그러자 공자가 대답한다. '왜 우물 속에 따라 들어가느냐? 우물 속에 들어가지 않고서도 얼마든지 사람을 구할 수 있는데. 그런 짓은 바보나 하는 짓이다. 인을 행한다는 것이 바보처럼 행동한다는 것은 아니다.' 재아가 교묘하게 물었지만 결국 공자로부터 바보가 아니냐라는 핀잔만 들었다.

■ 애공이 사에 대해 재아에게 물었다. 재아가 대답하였다. "하나라는 소나무를 썼고, 은나라는 측백나무를 썼으며, 주나라는 밤나무를 썼습니다. 말하자면 백성을 전율케 한 것입니다."

공자께서 그 말을 듣고 말씀하셨다. "이미 이루어진 일이라 말하지 않겠으며, 어쩔 수 없는 일이라 탓하지 않겠으며, 지나간 일이라 꾸짖지 않겠노라."

: 哀公問社於宰我. 宰我對曰, 夏后氏以松, 殷人以柏, 周人以栗. 曰, 使民戰栗. 子聞之曰, 成事不說, 遂事不諫, 旣往不咎.「팔일」

사社는 특정한 나무를 신주神主로 하는 토지신이다. 애공과 재아가 주고받은 대화는 지금껏 해석이 잘 안 되고 있다. 애공이 물은 이유도, 재아가 그렇게 대답한 이유도 알 방법이 없기 때문이다. 학자마다 설이 분분하지만 모두 석연치 않다. 다만 분명한 것은 재아가 주나라의 사가 밤나무인 것을 들어, 밤나무를 뜻하는 율栗이라는 한자를 전율戰慄을 뜻하는 율慄로 해석하여 백성을 두려움에 떨게 해야 한다는 뜻으로 애공에게 대답했다는 것이다. 가히 언어에는 재아와 자공이라더니 그에 어울리는 말재주라 아니할 수 없다. 그 말을 들은 공자가 한마디 한다. '이미 지나간 일이라 무어라 책망할 수는 없지만 되지도 않는 말이라고.' 다시는 그런 엉터리 같은 말을 하고 다니지 말라는 뜻이다. 여기까지 재아가 들은 꾸중은 그나마 나은 편이다.

- 재여가 낮잠을 잤다. 공자께서 말씀하셨다. "썩은 나무로는 조각을 할 수 없고, 썩은 흙으로 만든 담에는 흙손질을 할 수 없다. 너에게 무엇을 꾸짖겠는가?"

공자께서 말씀하셨다. "내가 사람을 대함에 처음에는 그 말을 들으면 그 행동을 믿었지만, 지금은 그 말을 듣고도 그 행동을 살핀다. 재여 때문에 이렇게 바뀌었다."

: 宰予晝寢. 子曰, 朽木不可雕也, 糞土之牆不可杇也. 於予與何誅. 子曰, 始吾於人也, 聽其言而信其行. 今吾於人也, 聽其言而觀其行. 於予與改是. 「공야장」

너에게 무엇을 꾸짖겠냐는 말은 속말로 하자면 말해 봤자 소용없다는 소리다. 꾸짖음 치고는 상당히 심한 말이다. 겨우 낮잠 좀 잤는데 이렇게까지 꾸짖는 것은 너무 심하지 않나 하는 생각이 들기도 한다. 그래서 일부 학자들은 주침晝寢을 낮잠이 아니라 대낮에 실내에서 여인과 동침한 것으로 해석하기도 한다. 즉 성적으로 상당히 문란했다는 말이다. 그랬다면 공자의 꾸짖음도 이해가 가기는 하나, 그 해석이 맞는지 확인할 길은 없다.

그 다음 말은 더 충격적이다. '재아 너 때문에 사람들의 말을 듣고도 믿지 못하고 그 행동을 살펴보게 되었다'는 말은 '재아 네가 하는 말은 하나도 믿지 못하겠다'는 이야기다. 공자가 무엇 때문에 이런 말을 하게 되었는지는 확실하지 않다. 후에 『논어』가 편찬될 때 재아가 낮잠 잔 것 때문에 공자로부터 꾸중 들은 것을 기록하면서 이 문장을 함께 첨부한 것으로 생각되는데, 그 표현이 너무 심하다. 그렇다고 그냥 무시할 수도 없다. 『사기』「중니제자열전」에 "내가 말로 사람을 취했다가 재여에게 실수를 했고, 용모로 사람을 취했다가 자우(담대멸명)에게 실수를 했다吾以言取人, 失之宰予. 以貌取人, 失之子羽."는 말이 있는 것으로 미루어 볼 때, 재아의 말에 무언가 심각한 문제가 있었던 것은 사실인 것 같기 때문이다. 무언가 재아로부터 심하게 속임을 당한 일이 없다면 이런 표현이 나올 리가 없다. 한 가지 의심나는 것은 이렇게까지 비난하면서도 왜 재아를 문하에서 추방하지 않고 붙들어 두었냐는 것이다.

- 재아가 물었다. "삼년상은 일 년이면 이미 충분합니다. 군자가 삼 년 동안 예禮를 행하지 않으면 예가 반드시 무너집니다. 삼 년 동안 악樂을 하지 않으면 악도 반드시 무너집니다. 묵은 곡식이 떨어지고 햇곡식이 나옵니다. 불씨도 새것으로 바뀝니다. 일 년이면 충분합니다."
  공자께서 말씀하셨다. "쌀밥을 먹고 비단옷을 입는 것이 네게는 편안하더냐?"
  "편안합니다."
  "편안하거든 그렇게 하여라. 무릇 군자는 상중에는 기름진 음식을 먹어도 달지 않으며, 음악을 들어도 즐겁지 않고, 집에 머물러도 편안하지 않기 때문에 그렇게 하지 않는 것이다. 지금 네가 편안하다면 그렇게 하여라."
  재아가 물러갔다. 공자께서 말씀하셨다. "재아는 어질지 못하구

나. 자식은 태어난 지 삼 년이 지난 후에야 부모의 품에서 벗어난다. 무릇 삼년상은 천하에 공통된 상이다. 재여도 부모로부터 삼 년의 사랑을 받았을까?”

: 宰我問, 三年之喪, 期已久矣. 君子三年不爲禮, 禮必壞. 三年不爲樂, 樂必崩. 舊穀旣沒, 新穀旣升. 鑽燧改火. 期可已矣. 子曰, 食夫稻衣夫錦, 於女安乎. 曰, 安. 女安則爲之. 夫君子之居喪, 食旨不甘, 聞樂不樂, 居處不安, 故不爲也. 今女安則爲之. 宰我出. 子曰, 予之不仁也. 子生三年然後免於父母之懷. 夫三年之喪, 天下之通喪也. 予也有三年之愛於其父母乎.「양화」

여기서의 재아의 말은 상당히 논리적이다. 재아는 삼년상이 불가한 이유로 삼 년 동안 군자가 모든 일을 전폐하면 예악이 무너진다(즉 사회가 무너진다)는 사실을 들면서, 자연현상도 일 년을 주기로 순환함을 들어 일년상으로 할 것을 주장한다. 상당히 설득력이 있는 이야기라 아니 할 수 없다. 사실 삼년상은 남의 노동에 의지하여 먹고사는 좌식계급坐食階級이 아니면 엄두도 못 낼 이야기다. 그리고 공자가 삼년상이 천하에 공통된 상이라고 주장하지만, 『맹자』「등문공상」에 등문공이 아비의 상을 삼년상으로 치르기로 결정하자 내외의 격심한 반대에 부딪혔고, 결국 강행하자 그것을 구경하기 위해 사방에서 사람들이 모여들었다는 이야기가 있는 것으로 미루어 볼 때, 맹자 당시에도 삼년상이 굉장히 희귀한 일이었음을 알 수 있다.

그 삼년상의 부당함을 지적하고 있는 재아의 말은 가히 공문孔門에서 자공과 더불어 쌍벽을 이루는 말재주라 아니 할 수 없다.

그러나 재아의 모처럼의 주장도 공자의 "쌀밥을 먹고 비단옷을 입는 것이 네게는 편안하더냐?"는 말 한마디에 무너지고 만다. 공자는 야비하게도(?) 재아의 말을 네가 부모의 상중에 거친 밥을 먹고 거친 옷을 입는 것이 싫어서 그런 것 아니냐고 몰아쳤고, 여기에 어리석은 재아가 그만 그렇다고 덥석 시인하고 만 것이다. 이미 시인하였으니 재아가 공자로부터 벗어날 길은 없었다. 그런 재아를 두고 공자가 한마디 한다. "재여도 부모로부터 삼 년의 사랑을 받았을까?" 요샛말로 하자면 다리 밑에서 주워온 자식 아니냐는 말과 같은 것이다. 이쯤 되면 스승과 제자 사이의 대화라고 보기에는 너무 민망하다. 재아는 공자로부터 꾸중을 듣다 듣다가 급기야는 부모까지 함께 욕을 먹게 된 것이다.

「중니제자열전」에 의하면 재아는 임치臨菑(당시 제나라의 수도, 지금의 산둥성 쯔보淄博시)의 대부가 되었는데, 전상田常과 난을 일으켰다가 일족이 멸문당하여, 공자가 이를 부끄럽게 여겼다고 한다. 이 기록대로라면 재아는 정말 행실에 중대한 문제가 있었던 같으나, 불행히도 이를 확인할 방법은 없다. 물론 『논어』나 『맹자』, 『순자』 등에도 이에 대한 기록은 보이지 않으며, 『공자가어』나 춘추삼전에도 보이지 않는다.

아무튼 『논어』에 제자들이 가끔 공자로부터 꾸중을 듣는 대목이 보이기는 하지만 재아처럼 시종일관 꾸중만 들은 제자는 없다. 게다가 그 꾸중도 이미 살펴보았듯이 보통 꾸중이 아니다. 그렇게까지 비난하면서 제자라고 붙들고 있는 것이 이해가 안 될 정도이다. 재아가 원래 사람됨이 문제가 심각했던 것인지(그렇다면 그런 사람을 공자가 왜 제자로 계속 데리고 있었는지 이해가 안 된다), 아니면 후대에 『논어』가 편찬될 때 그 편찬자들 중에 재아에게 악감정을 가진 사람이 있어서 의도적으로 그런 부분만 모아 편집한 것인지, 아니면 아무 의도 없이 『논어』를 편찬했는데 우연히 재아에 관한 것은 이런 것만 남게 된 것인지 지금 우리가 알 수 있는 것은 아무것도 없다.

칭찬만 받은 안연顔淵

재아가 『논어』에서 공자로부터 꾸중만 들었다면 반대로 칭찬만 받은 제자도 있다. 그것도 보통 칭찬이 아니라 세상에 이런 칭찬도 다 있구나 싶을 정도의 칭찬을. 다름 아닌 공자의 수제자라 일컬어지는 안연顔淵이다. 안연은 이름은 회回, 자는 자연子淵으로 『사기』「중니제자열전」에 의하면 공자보다 30살 어리다. 민자건 등과 함께 덕행으로 이름이 높았다德行顔淵閔子騫. 「선진」.

■ 공자께서 말씀하셨다. "내가 하루 종일 회와 함께 이야기하였으나, 회가 나의 말에 대해 어기지 않는 것이 마치 어리석은 자와

같았다. 그러나 물러간 후 그 사생활을 살펴보니 그대로 드러내고 있었다. 회는 어리석은 자가 아니다."

: 子曰, 吾與回言終日, 不違如愚. 退而省其私, 亦足以發. 回也不愚. 「위정」

말을 어기지 않았다는 것은 공자의 말에 대해 아무 의문이나 이의도 제기하지 않은 것이다. 안연은 공자의 말을 묵묵히 듣기만 하고 아무 의문이나 이의도 제기하지 않았다. 그 모습이 마치 한마디도 이해하지 못하는 어리석은 사람 같았다. 그런데 그가 물러나 하고 있는 것을 보니 공자가 가르쳐준 그대로였다. 안연은 공자가 가르쳐준 것을 모두 알아듣고 있었기 때문에 아무 의문이나 이의를 제기할 필요가 없었던 것이다. 공자는 안연의 능력이 대단했음을 칭찬하고 있다.

- 공자께서 말씀하셨다. "회는 나를 돕는 자가 아니다. 내 말에 대해 이해하지 못하는 것이 없구나."

: 子曰, 回也非助我者也, 於吾言無所不說. 「선진」

스승과 제자의 관계는 일방적인 관계가 아니라 상호 변증법적인 관계다. 스승은 제자의 질문을 통하여 자기가 미처 보지 못하였던 새로운 것을 알아갈 수 있다. 그래서 溫故而知新 可以爲師矣(「위정」)을 다산 정약용은 번역하기를 "옛것을 궁구하여 새로운 것을 알게 되니 선생이란 일도 할 만하구나"로 번역한다. 그런데 거기에는 제자의 질문이 필수적이다. 그런데 안연은 공자의 말을 알아듣지 못하는 것이 하나도 없으니 질문을 할 것이 없다. 그러니 공자 또한 그를 가르치면서 새로운 것을 알아갈 방법이 없다. 일견 비난의 말처럼 보이지만, 사실 제자에 대한 칭찬이 이보다 더할 수는 없다.

- 공자께서 말씀하셨다. "가르쳐 줌에 게으름피우지 않는 자는 아마 회일 것이다."

  : 子曰, 語之而不惰者, 其回也與. 「자한」

대개 영민한 자는 재주만 믿고 공부하기를 게을리 하는 법이다. 그런데 안연은 그러지 않았다敏而好學. 「공야장」. 그런 안연의 성실함을 칭찬하고 있다.

- 공자께서 말씀하셨다. "어질구나, 회는! 밥 한 그릇, 물 한 그릇을 먹으며 누추한 골목에 살면서, 남들은 그 근심을 견디지 못하는데, 회는 그 즐거움을 바꾸지 않는구나. 어질구나, 회는!"

  : 子曰, 賢哉, 回也. 一簞食, 一瓢飮, 在陋巷, 人不堪其憂, 回也不改其樂. 賢哉, 回也. 「옹야」

안연은 도에 거의 이르렀으나, 자주 쌀독이 비었다고 한다回也其庶乎, 屢空.「선진」. 몹시 가난했음을 알 수 있다. 그러나 안연은 지독한 가난 속에서도 그 즐거워하는 바를 바꾸지 않았다. 안연이 즐거워한 바는 무엇이었을까? 정이에 의하면 성인에 이르는 도를 배우는 것이라고 한다. 안연은 공자로부터 배워 완전한 인간이 되어가는 것을 즐기느라 가난도 잊었던 것이다. 그런 안연을 바라보는 공자의 시선에 따뜻한 사랑의 마음이 배어 있다.

- 공자께서 안연에 대해 말씀하셨다. "애석하구나! 나는 그가 나아가는 것은 보았으나, 멈추는 것은 보지 못하였다."

  : 子謂顔淵曰, 惜乎, 吾見其進也, 未見其止也.「자한」

공자가 애석하다고 한 것은 그가 41살의 나이에 요절하였기 때문이다. 이미 죽어 없는데도 공자는 그를 잊지 못해 칭찬하고 있다.

- 공자께서 말씀하셨다. "회는 그 마음이 석 달이나 인仁에서 벗어나지 않는구나. 나머지 사람들은 하루나 한 달 정도에 이를 뿐이다."

  : 子曰, 回也, 其心三月不違仁. 其餘則日月至焉而已矣.「옹야」

여기서는 다른 제자들과 비교해 가며 칭찬하고 있다. 공자의 문하생 3,000여 명 가운데 육예에 통달한 사람만 해도 70여 명이었다. 그 제자들의 화려함에 대해 「공자세가」에서 초나라 소왕昭王의 재상 자서子西는 다음과 같이 말하고 있다.

"'왕(소왕)의 사신으로 제후에게 보낼 사람 중에 자공과 같은 사람이 있습니까?' '없소.' '왕을 도울 재상으로 안회와 같은 사람이 있습니까?' '없소.' '왕의 장군 중에 자로와 같은 사람이 있습니까?' '없소.' '왕의 관리 중에 재여와 같은 사람이 있습니까?' '없소.' '…… 지금 공자가 근거할 땅을 얻어 현명한 제자들이 그를 보좌한다면 결코 초나라의 복福이 되지 못합니다.'"

그 넓은 초나라의 그 많은 신하들 가운데도 공자의 제자들만큼 현명한 사람은 없다는 이야기다. 그런데 그들은 고작 하루나 한 달 정도 인仁에 이를 뿐이고, 오직 안연만이 석 달을 인仁에서 벗어나지 않고 있다고 말하고 있다. 공자의 안연에 대한 총애가 어느 정도였는지 알 수 있다.

- 공자께서 안연에 대해 말씀하셨다. "써 주면 행하고 버리면 간직한다. 오직 나와 너만이 그럴 수 있다."

  : 子謂顔淵曰, 用之則行, 舍之則藏. 唯我與爾有是夫. 「술이」

여기서도 마찬가지다. 공자는 그 많은 제자 중에 오직 안연만이 자기처럼 써 주면 나아가 도를 행하고, 써 주지 않으면 물러나 도를 간직할 수 있다고 하고 있다. 공자의 눈에는 오직 안연만이 자기의 도를 이어갈 수 있는 사람이었다.

- 애공이 물었다. "제자들 중에 누가 공부하기를 좋아합니까?" 공자께서 대답하여 말씀하셨다. "안회라는 자가 있어 공부하기를 좋아하는데 노여움을 옮기지 않고, 같은 잘못을 두 번 하지 않았습니다. 그런데 불행히도 명이 짧아 일찍 죽어 지금은 없습니다. 이후로 공부하기를 좋아하는 자를 들어본 적이 없습니다."

  : 哀公問, 弟子孰爲好學. 孔子對日, 有顏回者好學, 不遷怒, 不貳過. 不幸短命死矣, 今也則亡. 未聞好學者也.「옹야」

노여움을 옮기지 않는다는 것은不遷怒 정이의 해설에 의하면 노여움이 상대방에게 있고, 자기에게 있지 않아 옮기지 않는 것이다. 속말로 하면 종로에서 빰 맞고 한강에 가서 눈 흘기지 않는다는 말이다. 안연은 노여움의 찌꺼기가 남아 있지 않았기 때문에 그럴 수 있었다. 같은 잘못을 두 번 하지 않았다는 것은不貳過 그만큼 자신을 다스리는 데 철저하였다는 말이다. 안연의 마음공부가 대단했음을 보이고 있다. 그러나 아무리 그렇다고 하여도 공자의 말은 너무했다. 아니, 안연 이외의 그 많은 제자들은 모두 바지저고리란 말인가? 안연이 죽은 이후로 공부하기를 좋아하는 자를 들어본 적이 없다니. 안연에 대한 공자의 사랑이 거의 편집증에 가깝다고 아니 할 수 없다.

■ 안연이 죽었다. 공자께서 말씀하셨다. "아아! 하늘이 나를 버리는구나! 하늘이 나를 버리는구나!"

: 顔淵死. 子曰, 噫, 天喪予, 天喪予. 「선진」

공자는 아마 자신의 후계자로 안연을 생각하고 있었던 것 같다. 자신은 이제 조만간 이 세상을 하직하겠지만, 안연이 있어 자신의 도는 세상에 전해질 것이라고 생각해 왔는데 돌연 안연이 먼저 이 세상을 떠나고 말았다. 그 비통함이 하늘이 자신을 버린다고 하는 표현에 잘 나타나 있다. 안연에 대한 사랑이 어떻게 이보다 더 절절할 수 있을까?

안연의 죽음에 대해서 「중니제자열전」에서는 안연이 29살 때 머리가 모두 백발이 되었으며, 일찍 죽었다고만 기록되어 있다回年二十九, 髮盡白, 蚤死. 『공자가어』는 31살에 일찍 죽었다고 부연하고 있다. 그런데 『논어』 「선진」편을 보면 안연이 죽었을 때 공자의 아들 백어가 이미 먼저 죽었음을 보여주는 기록이 있다. 『공자가어』에 의하면 백어는 나이 50에 죽었는데, 공자가 백어를 낳은 것은 공자의 나이 20살 때였다. 그러니 백어가 죽었을 때 공자의 나이는 69살이었다. 「중니제자열전」은 안연이 공자보다 30살 어리다고 하고 있으니, 백어가 죽었을 때 안연은 아직 살아 있었는데, 그때 안연의 나이는 이미 39살이었다. 『공자가어』의 기록과 모순이 된다. 이 사실을 두고 많은 논쟁이 있어 왔는데, 지금은 많은 학자들이 안연이 공자의 나이 71살 때, 41살의 나이로 죽은 것으로 추정하고 있다.

- 안연이 죽었다. 공자께서 그를 곡하시다가 목을 놓아 우셨다. 따르는 자가 말했다. "선생님께서 목을 놓아 우셨습니다."
  "목을 놓아 운 적이 있었느냐? 이 사람을 위하여 목을 놓아 울지 않는다면 누구를 위하여 그러겠느냐?"
  : 顏淵死. 子哭之慟. 從者曰, 子慟矣. 曰, 有慟乎. 非夫人之爲慟而誰爲. 「선진」

아무리 슬퍼도 예를 어겨서는 안 되는 것이 법도였다. 그런데 공자가 그만 예를 어겨가며 대성통곡을 하고 말았다. 따르는 자가 놀라 그것을 지적했다. 그런데 공자는 자신이 그랬는지도 몰랐다. 그리고 평소의 가르침과 달리 행동하였는데도 변명도 하지 않았다. 오히려 항변했다. 자신이 안연의 죽음에 대성통곡하지 않으면 누구를 위하여 대성통곡하겠느냐고. 예고 뭐고 다 필요없다는 말이다. 공자의 슬픔이 온몸으로 느껴진다.

- 안연이 죽었다. 문인들이 성대하게 장례를 치르려 하였다. 공자께서 말씀하셨다. "안 된다."
  문인들이 성대하게 장례를 치렀다. 공자께서 말씀하셨다. "회는 나를 보기를 아비처럼 하였는데, 나는 자식처럼 대하지 못했구

나. 나 때문이 아니다. 저들 때문이다."

: 顔淵死. 門人欲厚葬之. 子曰, 不可. 門人厚葬之. 子曰, 回也視予猶父也, 予不得視猶子也. 非我也, 夫二三子也. 「선진」

안연에게는 안로顔路라고 하는 아비가 살아 있었다. 안연의 장례는 아비인 안로의 주장으로 예를 어겨가며 성대하게 치러졌다. 공자는 제3자의 입장이라 안로가 행하는 대로 지켜볼 수밖에 없었다. 그러면서 그런 자신을 반성한다. 안연은 자신을 아비처럼 대했는데, 자신은 그러지를 못했다고. 그러나 그 이면에는 안연이 자신에게 자식과 같은 존재였음이 드러나 있다. 제자를 친자식처럼 생각한 공자, 그리고 그런 스승을 친아비처럼 따랐던 안연, 참 보기 좋은 사제지간이 아닐 수 없다.

『논어』에 보이는 그 어떤 제자도 안연만큼 사랑을 받은 제자는 없다. 그만큼 안연이 뛰어났기 때문일 것이다. 그러나 아무리 바보라도 이 정도로 사랑을 베푸는 스승이 있다면 대성하지 않을 수 없을 것이다. 안연이 뛰어나서 스승으로부터 이런 사랑을 받을 수 있었겠지만, 거꾸로 스승으로부터 이런 사랑을 받았기 때문에 그렇게 뛰어난 사람이 될 수 있었던 것은 아니었을까?

공자에게 말대꾸하는 유일한 제자 자로子路

『논어』에서 공자로부터 꾸중만 들은 제자가 재아이고, 반대로 칭찬만 들은 제자가 안연이라면, 가장 많이 언급된 제자는 자로이다. 자로는 『논어』에 총 40번 등장하는데 2위인 자공子貢보다 세 번이나 더 많다. 자로는 성은 중仲, 이름은 유由로, 자字는 자로, 또는 계로季路이다. 「중니제자열전」에 의하면 노魯나라 변卞 지방 사람으로 공자보다 아홉 살 적다고 한다. 그는 성격이 거칠고 용맹하며 뜻이 강하고 곧았다. 한때 수탉의 깃으로 만든 관을 쓰고 수퇘지 가죽으로 만든 주머니를 차고 다니며, 공자를 능멸하고 난폭한 짓을 했으나, 공자가 예의를 다해 그를 조금씩 바른길로 이끌어 주자 그에 감화되어 유자儒者의 옷을 입고 예물을 올리며 공자의 제자가 될 것을 청해, 공자의 문하에 들어왔다고 한다.

■ 계강자가 물었다. "중유는 정치에 종사하게 할 만합니까?"
공자께서 말씀하셨다. "유는 과단성이 있으니, 정치에 종사하는 데 무슨 어려움이 있겠습니까?"
"사는 정치에 종사하게 할 만합니까?"
"사는 두루 통했으니, 정치에 종사하는 데 무슨 어려움이 있겠습니까?"
"구는 정치에 종사하게 할 만합니까?"
"구는 재주가 많으니, 정치에 종사하는 데 무슨 어려움이 있겠습니까?"
: 季康子問, 仲由可使從政也與. 子曰, 由也果, 於從政乎何有. 曰, 賜也可使從政也與. 曰, 賜也達, 於從政乎何有. 曰, 求也可使從政也與. 曰, 求也藝, 於從政乎何有. 「옹야」

자로도 정치에 재주가 뛰어나 공문십철에 이름이 올라 있다政事, 冉有季路. 「선진」. 공자는 그 근거를 자로의 과단성에서 찾고 있다. 사마천이 자로의 뜻이 강하고 곧았다고 하는 것도 아마 그 이야기일 것이다. 더 나아가 공자는 자로에게 무인의 기질이 있다고 보아 한 나라의 국방을 전담할 만하다고까지 하였다由也, 千乘之國, 可使治其賦也. 「공야장」.

▪ 공자께서 안연에게 말씀하셨다. "써주면 행하고, 써주지 않으면 간직한다. 오직 너와 나만이 그렇다."

자로가 말했다. "선생님께서 삼군을 거느리신다면 누구와 함께하시겠습니까?"

공자께서 말씀하셨다. "맨주먹으로 호랑이에게 달려들고, 강을 걸어서 건너다 죽게 되어도 후회하지 않는 자와는 함께하지 않는다. 꼭 한다면, 일에 임하여 두려워하고, 계교를 잘 생각하여 성사시킬 수 있는 그런 사람이어야 한다."

: 子謂顔淵曰, 用之則行, 舍之則藏. 惟我與爾有是夫. 子路曰, 子行三軍, 則誰與. 子曰, 暴虎馮河, 死而無悔者, 吾不與也. 必也臨事而懼, 好謀而成者也. 「술이」

자로는 군사 문제에 관해서만은 자신이 공자의 문하에서 제일이라고 생각하고 있었다. 그리하여 공자가 안연을 칭찬하는 말을 듣고는 일종의 질투가 났던지 그렇지만 군사 문제는 내가 제격이 아니냐고 확인하려 한 것이다. 그러나 군사 문제는 무인의 기질을 타고났다고 되는 것이 아니다. 많은 전문 지식과 책략, 그리고 때에 따라 신중한 자세도 크게 요구된다. 그런데 자로는 용기만 갖고 모든 것을 해결하려고 하였다. 그게 바로 자로의 약점이었다.

▪ 공자께서 말씀하셨다. "유는 어찌하여 내 집 문에서 거문고를 타

는가?"

문인들이 자로를 공경하지 않았다. 공자께서 말씀하셨다. "유는 당堂에는 올라와 있으나 아직 방에 들어가지 못했다."

: 子曰, 由之瑟奚爲於丘之門. 門人不敬子路. 子曰, 由也升堂矣, 未入於室也.「선진」

자로는 성격이 거칠어 음악과는 어울리지 않았던 것 같다. 그러기에 공자로부터 자기 집 문에서 거문고를 타지 말라고 하는 소리를 들은 것이다. 『공자가어』에 의하면 자로의 거문고 소리에는 거칠고 살벌한 기운이 있었다고 한다有北鄙殺伐之聲. 물론 『공자가어』 자체가 왕숙의 위작임이 거의 확실하기 때문에 이 말을 그대로 믿을 수는 없지만, 아무튼 무언가가 있었기 때문에 그런 말이 나왔으리라. 음악은 예禮와 더불어 공자의 문하에서 가장 중시하는 공부 중 하나였다. 그런데 음악을 못했으니……. 그러기에 다른 문인들이 그를 공경하지 않았으리라.

■ 자로가 자고를 비費 땅의 읍재가 되게 했다. 공자께서 말씀하셨다. "남의 자식을 해치고 있구나."

자로가 말했다. "백성이 있고 사직이 있는데, 어찌 책을 읽은 연후에만 학문이라고 하겠습니까?"

공자께서 말씀하셨다. "이렇기 때문에 말재주나 부리는 자를 미워하는 것이다."

: 子路使子羔爲費宰. 子曰, 賊夫人之子. 子路曰, 有民人焉, 有社稷焉. 何必讀書, 然後爲學. 子曰, 是故惡夫佞者. 「선진」

공문孔門의 공부는 자신을 갈고 닦아 바르게 함으로써 남을 바르게 하는 것이다有大人者, 正己而物正者也. 『맹자』 「진심상」. 즉 수덕修德과 위정爲政인데, 수덕이 되어야 위정이 된다. 그렇기 때문에 공자는 아직 공부가 덜 된 자고를 벼슬길에 내보내는 것을 반대하였다. 그런데 자로의 생각은 달랐다. 어차피 공부의 궁극적 목표가 정치라면 정치를 직접 하면서 갈고 닦아도 되지 않겠느냐고. 그래서 꼭 책을 읽는 것만이 공부는 아니지 않겠느냐고 대답한 것이다. 공부를 등한시하는 자로의 면면이 여실하다.

그런데 여기서 더 문제가 되는 것은 자로의 말투다. 자로의 말 속에는 은근히 공자를 책 속에만 파묻혀 살며 세상물정을 모르는 서생書生이라고 깔보는 기색이 역력하다. 즉 슬쩍 공자에게 대든(?) 것이다. 자로는 공자와 아홉 살 차이로 제자들 중에서 가장 나이가 많은 편에 속했다. 그리고 「중니제자열전」에 수탉의 깃으로 만든 관을 쓰고 수퇘지의 가죽으로 주머니를 만들어 허리에 차고 다녔다는 기록이 있는 것으로 미루어 보아 젊었을 때 뒷골목에서 건달 노릇깨나 한 모양이다. 그래서 그런지 그는 자주 스승의 말에 토를 달고 나서곤 했다. 이 대목도 그 한 예이다. 그러자 공자가 바로 면박을 준다.

잘못했으면 잠자코 반성이나 할 것이지, 그래도 입은 살았다고 말대꾸한다고是故惡夫佞者.

- 자로가 말했다. "위나라 임금이 선생님을 모시고 정치를 하려고 하는데, 선생님께서는 장차 무엇부터 하시겠습니까?"
  공자께서 말씀하셨다. "꼭 한다면 이름을 바로 세우고 싶다."
  자로가 말하길 "여전하시군요, 선생님의 우원迂遠하심이란. 어찌 이름을 바로 세운다고 하시는 겁니까?"
  공자께서 말씀하셨다. "비속하구나, 유야. 군자는 알지 못하는 것에 대해서는 잠자코 있는 법이다. 이름이 바로 서지 않으면 말이 통하지 않으며, 말이 통하지 않으면 일이 이루어지지 않고, 일이 이루어지지 않으면 예악이 흥하지 않으며, 예악이 흥하지 않으면 형벌이 맞지 않게 되고, 형벌이 맞지 않으면 백성들이 손발을 둘 곳이 없게 된다. 그런 까닭에 군자가 이름을 세우면 반드시 말을 할 수 있어야 하고, 말을 하면 반드시 행할 수 있어야 한다. 군자는 그 말에 구차함이 없을 뿐이다."
  : 子路曰, 衛君待子而爲政, 子將奚先. 子曰, 必也正名乎. 子路曰, 有是哉, 子之迂也. 奚其正. 子曰, 野哉, 由也. 君子於其所不知, 蓋闕如也. 名不正, 則言不順. 言不順, 則事不成. 事不成, 則禮樂不興. 禮樂不興, 則刑罰不中. 刑罰不中, 則民無所措手足. 故君子名之, 必可言也. 言之, 必可行也. 君子於其言, 無所苟而已矣. 「자로」

공자의 유명한 정명론正名論이다. 당시 위나라 임금은 출공出公 첩輒이었는데, 첩은 아비인 괴외蒯聵와 임금의 자리를 놓고 다투는 중이었다. 그에 따라 위나라는 아비인 괴외를 지지하는 파와 아들인 첩을 지지하는 파로 나뉘어 내분이 심한 상태였고, 공자의 제자들도 누가 옳은지를 놓고 의견이 분분하였다. 공자의 말은 그런 상황에서 무엇보다 먼저 부자간, 군신간의 명분부터 바로잡아야 한다는 뜻이었다.

그런데 그런 공자의 말에 대해 자로가 또 토를 달고 나섰다. 그런데 이번에는 그 말투가 상당히 심했다. 겉으로는 점잖아 보였지만, 그 실제 내용은 속말로 표현하면 이런 내용이었다. "아직도 못 고치셨군요, 그 서생(?) 근성을有是哉, 子之迂也." 논어에서 오직 자로만이 이런 식으로 스승인 공자에게 말대꾸하곤 했다. 다른 제자들은 어느 누구도 감히 엄두도 못 낼 말들을 자로는 태연하게 하였다. 스승과 나이 차도 얼마 나지 않고, 또 타고난 성격도 그래서 그런 것이리라. 그에 대해 공자 또한 한 치도 양보하지 않았다. 여기서도 그랬다. "모르면 잠자코 입 닥치고 있으라君子於其所不知, 蓋闕如也."고.

공자에게 유일하게 말대꾸할 수 있는 사람이었던 만큼 자로는 제자들 중에서 사실상 만이 역할도 수행하고 있었다.

▪ 공자께서 병환이 위중하자, 자로가 기도를 드릴 것을 청했다. 공자께서 말씀하셨다. "그런 것이 있느냐?"

자로가 대답했다. "있습니다. 뇌誄에 이르기를 '너를 천지신명께 빈다'라고 했습니다."

공자께서 말씀하셨다. "나의 기도가 오래됐다."

: 子疾病, 子路請禱, 子曰, 有諸. 子路對曰, 有之. 誄曰, 禱爾于上下神祇. 子曰, 丘之禱久矣. 「술이」

공자의 병환이 위중해지자 자로가 기도를 드릴 것을 청했다. 그 요청은 명시적으로 나타나지는 않았지만, 자로 한 개인의 생각이 아니라 제자들 모두의 생각이었을 것이다. 다만 공자가 인간의 도리에만 힘을 쓰고, 귀신과 같은 초월적인 존재를 멀리했던 것務民之義, 敬鬼神而遠之. 「옹야」을 잘 알고 있는 제자들인지라, 공자에게 병을 낫게 해 줄 것을 귀신에게 기도드리자고 요청하기가 어려웠을 것이다. 그래서 자로에게 그 일을 요청했으리라. 성격도 그렇지만, 나이로 보아도 그런 일에는 자로가 적임이라고 제자들 모두 판단해서 그렇게 되었을 것이다. 따라서 이 요청은 자로가 제자들을 대표하여 행한 것이다. 자로는 연륜으로 보아 제자들을 대표할 수 있는 위치의 사람이었다.

- 공자께서 병이 위중하시자 자로가 문인들로 하여금 신하 노릇을 하게 했다. 병이 차도가 있자 말씀하셨다. "오래되었느냐? 유가 속인 것이. 신하가 없는데도 신하가 있는 것처럼 꾸몄으니. 내가 누구를 속이겠는가? 하늘을 속이겠는가? 또 내가 그런 신하

의 손에 죽느니 차라리 너희들의 손에 죽어야 하지 않겠느냐? 또 내가 가령 성대한 장례는 치르지 못한다 하더라도 길에서 죽기야 하겠느냐?"

: 子疾病, 子路使門人爲臣. 病間曰, 久矣哉, 由之行詐也. 無臣而爲有臣, 吾誰欺, 欺天乎. 且予與其死於臣之手也, 無寧死於二三子之手乎. 且予縱不得大葬, 予死於道路乎. 「자한」

여기서는 공문에서의 자로의 위치가 더 분명히 나타나 있다. 자로가 문인들로 하여금 신하 노릇을 하도록 시킨 것이다. 여기서 신하라 함은 임금이 임종할 때 임금 옆에서 임금의 사지四肢가 반듯하게 유지되도록 붙잡는 사람이다. 자로는 공자가 오래 못 살 줄 알고, 임종을 준비하는 마음으로 다른 제자들로 하여금 공자의 사지가 반듯하게 유지되도록 붙잡고 있으라고 지시한 것이다. 이 대목을 통해 우리는 자로가 공자의 임종을 준비함에 다른 제자들을 통솔하는 위치에 있었음을 알 수 있다. 자로가 공자보다 일찍 죽지 않았다면 아마 공자의 초상은 자로가 총괄하여 치렀을 것이다.

용기를 숭상하며, 성격마저 거칠고 곧은 자로, 이런 성격의 사람은 항상 화를 자초하기 마련이다. 공자는 항상 자로의 이런 성격을 걱정하였다.

민자건은 옆에서 모실 때 그 몸가짐이 바르고 곧았으며, 자로는

> 강직했고, 염유와 자공은 온화했다. 공자께서는 즐거워하셨다. "자로 같은 사람은 제 명을 다하지 못할 것이다閔子侍側, 誾誾如也. 子路, 行行如也. 冉有, 子貢, 侃侃如也. 子樂. 若由也, 不得其死然. 「선진」."

자로가 제 명을 다하지 못할 것이라는 말이 누구의 말인지는 불분명하다. 공자의 말로 보는 사람도 있고, 당시 세간에 돌아다니던 말이라고 보는 사람도 있다. 아무튼 자로의 곧고 불같은 성격에 대한 우려의 말이다.

그리고 이런 우려대로 자로는 결국 위나라 출공出公 부자 사이의 왕위 다툼에 휘말려 비극적인 죽음을 맞이했다. 「중니제자열전」에 의하면 자로는 칼을 맞으면서도 "군자는 죽더라도 관을 벗지 않는다君子死而冠不免."고 하면서 갓끈을 다시 맨 뒤 죽었다고 한다. 노나라 애공 15년인 BC480년의 일로 공자가 세상을 떠나기 1년 전이었다. 그때 자로의 나이는 예순 넷이었다. 한편 위나라에서 난이 일어났다는 소리를 전해들은 공자는 자로가 죽을 것을 예견했는데 과연 자로가 죽었다. 이에 공자는 이런 말을 했다고 한다. "내가 자로를 제자로 삼은 뒤 남의 험담을 듣지 않게 되었다自吾得由 惡言不聞於耳."

공자의 방패가 되었던 자로, 공자에게 자로는 제자이면서 한편으로는 친동생과도 같았으리라. 자로 또한 공자를 한편으로는 스승으로, 다른 한편으로는 친형처럼 생각했으리라. 논어에서 보이는 공자와 자로의 스스럼없는 문답은 바로 그런 면을 보여주고 있다.

불행히도(?) 안연과 같은 시대에 태어난 자공子貢

공자로부터 배운 사람이 3,000여 명이나 되었으나, 그 중 말년의 공자를 시봉한 사람은 자공子貢이었다. 「공자세가」에 의하면 공자가 임종에 즈음하여 병이 위중해지자 자공이 뵙기를 청했다고 한다. 공자는 자공에게 왜 이리 늦게 왔냐고 하면서, 자신이 지난 밤 꿈에 두 기둥 사이에 놓여 사람들의 제사를 받는 꿈을 꾸었는데, 사람이 죽고 난 후 그 유해를 두 기둥 사이에 모시는 것은 은나라의 풍속으로, 자신의 조상은 원래 은나라 사람이라고 하였다. 그리고 7일 만에 공자는 세상을 떠났다. 공자가 세상을 떠나자 제자들이 모두 모여 삼년상을 치렀다. 삼 년이 지난 후 모두 짐을 꾸려 돌아가면서, 자공을 찾아가 읍을 하고 떠났다. 자공은 다른 제자들이 모두 돌아간 뒤에도 홀로 공자의 무덤 앞에 초막을 짓고 삼 년을 더 머물다가 돌아갔다.

공자 말년에 자공이 공문에서 어떤 위치에 있었는가를 알려주는 이야기다. 자공은 사실상 자타가 공인하는 공자의 후계자였던 것이다. 취푸曲阜에 있는 공자의 무덤 앞에는 아직도 그 옛날 자공이 6년 동안 초막을 짓고 머물렀다는 집터가 남아 있다.

자공은 성은 단목端木, 이름은 사賜로 공자보다 서른한 살 어리며(안연은 서른 살 어림), 재아와 함께 공문에서 말을 잘하기로 유명했다言語. 宰我子貢.「선진」.

- 자공이 말했다. "여기에 좋은 옥이 있다면 궤 속에 넣어 감춰 두겠습니까? 아니면 좋은 장사꾼을 찾아 팔겠습니까?"
  공자께서 말씀하셨다. "팔아야지, 팔아야지. 나는 장사꾼을 기다리고 있다."
  : 子貢曰, 有美玉於斯. 韞匵而藏諸, 求善賈而沽諸. 子曰, 沽之哉, 沽之哉. 我待賈者也.「자한」

높은 학덕을 지니고서도 벼슬길에 나아가지 않고 초야에만 머물러 있는 공자를 좋은 옥을 궤 속에 넣어 감춰 두는 것에 비유하고 있다. 언어에 자공이라는 말이 결코 빈 말이 아님이 여실하다. 제값을 쳐 줄 장사꾼을 기다리고 있다는 공자의 대답, 또한 말에 있어 공자가 결코 자공의 아래가 아님을 보여준다.

- 자공이 정치에 대해 물었다. 공자께서 말씀하셨다. "먹을 것을 충족시키고, 군사를 충분히 갖추며, 백성이 믿도록 하는 것이다."
  자공이 말했다. "부득이하여 꼭 하나를 버려야 한다면, 이 셋 중에서 어느 것을 먼저 버려야 합니까?"
  "군사를 버려야 할 것이다."
  자공이 말했다. "부득이하여 꼭 하나를 버려야 한다면, 이 둘 중에서 어느 것을 먼저 버려야 합니까?"
  "먹을 것을 버려야 한다. 예로부터 누구에게나 죽음은 있지만, 백성이 믿지 않는다면 설 수 없다."
  : 子貢問政. 子曰, 足食, 足兵, 民信之矣. 子貢曰, 必不得已而去, 於斯三者, 何先. 曰, 去兵. 子貢曰, 必不得已而去, 於斯二者, 何先. 曰, 去食. 自古皆有死, 民無信不立. 「안연」

"부득이하여 꼭 하나를 버려야 한다면"을 계속 물어 결국 정치의 궁극적 요체는 백성의 믿음이라는 결론을 이끌어내고 있다. 이는 단순한 말재주의 차원이 아니다. 정치의 궁극적 요체를 꼭 알아내고야 말겠다는 집요함, 그것이 있었기에 자공의 말재주가 더욱 빛나는 것이다.

- 자공이 물었다. "한마디 말로 평생 동안에 행할 만한 것이 있습니까?"
  공자께서 말씀하셨다. "아마 서恕일 것이다. 내가 원하지 않는 것을 남에게 베풀지 마라."
  : 子貢問曰, 有一言而可以終身行之者乎. 子曰, 其恕乎. 己所不欲, 勿施於人. 「위령공」

전혀 거리낌이 없이 단도직입적으로 묻는 모습이 마치 삼국지연의에서 조자룡趙子龍(?-229)이 필마단기로 적진을 향해 돌진하는 듯하다.

- 극자성棘子成이 말했다. "군자는 바탕뿐이니 꾸밈을 어디에 쓰겠습니까?"
  자공이 말했다. "안타깝습니다. 당신이 군자에 대해 말하는 것이. 네 필의 말이 끄는 마차도 혀에는 미치지 못합니다. 꾸밈이 곧 바탕이고 바탕이 곧 꾸밈이라고 한다면, 호랑이나 표범의 가죽도 털을 없애버리고 나면, 개나 양의 가죽과 다를 바가 없게 됩니다."
  : 棘子成曰, 君子質而已矣. 何以文爲, 子貢曰, 惜乎, 夫子之說君子也. 駟不及舌. 文猶質也, 質猶文也, 虎豹之鞹, 猶犬羊之鞹. 「안연」

꾸밈이 없는 바탕을 털을 없애 버린 호랑이 가죽에 비유하고 있다. 실로 감탄을 금할 수 없는 말솜씨라 아니할 수 없다.

■ 염유가 말했다. "선생님께서 위나라 임금을 돕겠습니까?"
자공이 말했다. "예, 제가 장차 여쭈어 보겠습니다."
들어가 말했다. "백이숙제는 어떠한 사람입니까?"
"옛날의 어진 사람들이다."
"원망했습니까?"
"인仁을 구해 인仁을 얻었는데 또 무엇을 원망하겠느냐?"
자공이 물러나와 말했다. "선생님께서는 돕지 않으실 것입니다."
: 冉有曰, 夫子爲衛君乎. 子貢曰, 諾, 吾將問之. 入曰, 伯夷叔齊何人也. 曰, 古之賢人也. 曰, 怨乎. 曰, 求仁而得仁, 又何怨. 出曰, 夫子不爲也. 「술이」

당시 위나라는 임금의 자리를 놓고 출공出公 부자간에 다툼이 벌어지고 있던 상황이었다. 출공은 임금의 자리를 놓지 않으려고 할아버지인 영공靈公에 의해 쫓겨난 자신의 아비인 괴외蒯聵의 귀국을 무력을 동원하여 막고 있었다. 제자들은 이 부자간의 왕위 다툼에서 공자가 어느 편을 들 것인가 몹시 궁금해 했다. 결국 말 잘하는 자공이 자처하고 나섰다.

그런데 자공은 직접 출공 부자의 일을 묻지 않고 형제간에 임금의 자리를 놓고 서로 양보하다가 결국 수양산首陽山에서 굶어 죽은 백이숙제伯夷叔弟의 일을 물었다. 백이숙제에 대한 공자의 평가를 듣고 출공 부자에 대한 공자의 의중을 읽으려고 한 것이다. 그리고는 백이숙제가 원망하지 않았다는 공자의 이야기 속에서 공자가 임금의 자리 때문에 부자간의 혈육의 정까지 배반한 출공을 결코 돕지 않으리라는 것을 알아낼 수 있었다. 이쯤 되면 결코 단순한 말재주로 볼 문제가 아니다. 범인의 상상을 뛰어넘는 지혜, 그런 지혜를 자공이 소유하고 있었던 것이다. 그래서 공자는 일찍이 그를 종묘의 제사 때 쓰는 귀중한 그릇인 호련瑚璉으로 비유한 바 있다(「공야장」).

- 공자께서 말씀하셨다. "회는 도道에 거의 다가갔으나 번번이 양식이 떨어졌다. 사는 천명을 받지 않았는데도 재산이 많았다. 예측하면 잘 맞았기 때문이다."

  : 子曰, 回也其庶乎, 屢空. 賜不受命, 而貨殖焉, 億則屢中.「선진」

예측하면 잘 맞았다는 것은 물건의 시세변동을 잘 파악했다는 말이다. 『사기』「화식열전」에 의하면 자공은 조曹나라와 노나라 사이에서 물건을 쌓아두었다가 팔면서 많은 재산을 모았다고 한다. 공자의 칠십 여 제자 중에서 가장 부유했으며, 사두마차를 타고 기마행렬을 거느리며 비단을 폐백으로 들고 제후들을 방문하여 가는 곳마다 제후들이 직접 뜰까지 내려와 대등한 예로 맞이하지 않은 자가 없었다. 공자의 이름이 천하에 널리 알려지게 된 것은 자공이 공자를 모시고 다니며 도왔기 때문이라고 한다.

자공의 재주는 돈벌이에만 그치지 않았다. 『사기』「중니제자열전」에는 열국을 상대로 벌인 자공의 놀라운 활약이 생생히 묘사되어 있다. 제齊나라의 전상田常이 공자의 고국인 노나라를 치려고 했다. 공자는 제자들에게 노나라를 구할 것을 지시했는데, 다른 제자들이 나서려 하자 모두 물리치고 자공에게만 그 일을 맡겼다. 자공은 오직 세 치 혀만 갖고 제, 오吳, 월越, 진晋의 군주를 설득하여 마침내 고국인 노나라를 지켜낼 수 있었다. 뿐만 아니라 이 전쟁의 여파로 오나라의 군주인 부차夫差가 죽임을 당하고, 월나라의 구천句踐이 제후들의 패자로 등장하였다. 자공이 한 번 나섬으로써 노나라가 보존되고, 제나라가 어지러워졌으며, 진나라가 강해졌고, 월나라가 패자가 되었다. 자공이 한 번 사신으로 감에 따라 열강들이 서로 공격하였고, 십 년 사이에 다섯 나라에 변란이 생겼다.

■ 숙손무숙이 조정에서 대부들에게 말했다. "자공이 중니보다 더 현명하다."
자복경백이 자공에게 알렸다. 자공이 말했다. "집의 담장에 비유한다면 나의 담장은 어깨에 미치는 것으로 집 안의 좋은 것을 다 엿볼 수 있습니다. 선생님의 담장은 몇 길이나 되어 그 문을 통해 들어가지 않고는 종묘의 아름다움과 백관의 화려함을 볼 수 없습니다. 그러나 그 문을 찾아 들어간 사람이 적으니 그분이 그렇게 말하는 것도 또한 마땅하지 않겠습니까?"

: 叔孫武叔語大夫於朝曰, 子貢賢於仲尼. 子服景伯以告子貢. 子貢曰, 譬之宮牆, 賜之牆也及肩, 窺見室家之好. 夫子之牆數仞, 不得其門而入, 不見宗廟之美, 百官之富. 得其門者或寡矣. 夫子之云不亦宜乎. 「자장」

공자 사후에 자공이 공자보다 낫다는 평판이 있었던 모양이다. 워낙 놀라운 재주를 가진 자공이었으니 그런 평판이 나올 만도 하였다. 그러나 자공은 끝까지 겸손으로 일관한다. 자신의 담은 겨우 어깨 높이 정도이며, 따라서 담 너머로 그 안이 훤히 다 보인다. 그러나 우리 선생님의 담은 몇 길이나 되어 문을 통해 들어가지 않고서는 그 안을 들여다 볼 수 없다. 그런데 불행히도 그 문을 통해 들어간 사람이 몇 안 되니 그 사람이 그렇게 말하는 것도 당연한 일 아니겠냐고. 자공은 워낙 똑똑하였기에 자신이 공자에게 미치지 못함을 잘 알고 있었다. 자공은 재주뿐만 아니라 자신의 분수를 살필 줄 아는 지혜도 있었던 것이다. 논어의 이 대목에서 유래하여 취푸의 옛 성문에는 만인궁장萬仞宮牆이라는 현판이 지금도 걸려 있다.

진자금이 자공에게 말했다. "당신은 겸손하십니다. 중니께서 어찌 당신보다 더 현명하겠습니까?"

자공이 말했다. "군자는 한마디 말로 지혜로운 사람도 되고, 한마디 말로 지혜롭지 못한 사람도 됩니다. 말은 신중하지 않으면 안 됩니다. 선생님께 미치지 못하는 것은 마치 하늘을 사다리를 놓고 오를 수 없는 것과 같습니다. 선생님께서 만일 나라를 얻어 다스리신다면, 이른바 '세우면 서고, 이끌면 따르며, 편안하게 하면 오고, 고무하면 화답한다. 그 살아계심은 영광이며, 돌아가심은 슬픔이다.'라는 말 그대로입니다. 어찌 그분께 미칠 수 있겠습니까?"

: 陳子禽謂子貢曰, 子爲恭也, 仲尼豈賢於子乎. 子貢曰, 君子一言以爲知, 一言以爲不知. 言不可不愼也. 夫子之不可及也, 猶天之不可階而升也. 夫子之得邦家者, 所謂立之斯立, 道之斯行, 綏之斯來, 動之斯和, 其生也榮, 其死也哀. 如之何其可及也. 「자장」

자공이 공자보다 낫다는 말이 한두 사람의 입에서만 나온 것은 아닌 모양이다. 그렇지만 자공이 보기에 그것은 잘 모르는 사람들의 이야기일 뿐이다. 자공이 보기에 공자는 하늘이었다. 그것은 겪어 본 사람만이 알 수 있는 것이었다. 겸손할수록 자공의 지혜가 돋보인다.

이렇게 뛰어난 자공이었지만 그에게도 약점은 있었다.

▪ 자공이 물었다. "사와 상은 누가 더 낫습니까?"

공자께서 말씀하셨다. "사는 지나치고 상은 미치지 못한다."

"그러면 사가 더 낫습니까?"

"지나친 것은 미치지 못하는 것과 같다."

: 子貢問, 師與商也, 熟賢. 子曰, 師也過, 商也不及. 曰, 然則師愈與. 子曰, 過猶不及. 「선진」

사와 상은 공자의 제자 중 가장 어린 축에 속하는 자장과 자하이다. 자공은 그 둘 중 누가 더 뛰어날까 그게 궁금했다. 그래서 공자에게 판단을 구했다. 인물을 비교 평가하는 그런 일은 누구에게나 있을 수 있는 일이다. 문제는 자공이 그런 일을 너무 즐긴다는 데 있었다.

자공이 남을 비교해 평가했다. 공자께서 말씀하셨다. "사는 현명도 하구나. 나라면 그럴 여가가 없는데."

: 子貢方人. 子曰, 賜也賢乎哉. 夫我則不暇. 「헌문」

남을 비교해 평가하는 것이 한두 번이었다면 공자가 이렇게까지 말했을 리는 없다. 공자는 이게 자공의 고질병이라고 생각하여 그것을 고칠 요량으로 이렇게 말한 것이리라. 그 시간에 자신이나 돌아보라고. 바로 여기에 자공의 치명적인 약점이 있었는지도 모른다. 자신을 돌아보기를 등한시한다는 데. 똑똑한 사람이 제일 범하기 쉬운 병폐이다.

▪ 공자께서 자공에게 말씀하셨다. "너와 안회 중 누가 나으냐?"
자공이 대답했다. "제가 어찌 감히 안회를 바라볼 수 있겠습니까? 회는 하나를 들으면 열을 압니다만, 저는 하나를 들으면 둘을 압니다."
공자께서 말씀하셨다. "미치지 못하노라. 너와 나 모두 미치지 못하노라."
: 子謂子貢曰, 女與回也孰愈. 對曰, 賜也何敢望回. 回也聞一以知十. 賜也聞一以知二. 子曰, 弗如也. 吾與女弗如也.「공야장」

화려한 재주를 가졌으나 자신을 돌아보기를 등한시하는 자공, 뛰어난 재주를 겉으로 드러내지 않고 묵묵히 자기 수양에만 정진하는 안회, 둘은 아마 공자의 제자들 중 가장 뛰어난 인물이었을 것이다. 공자의 제자들을 포함하여 많은 사람들이 자공과 안회 중 누가 나은지 궁금했으리라. 그래서 공자가 직접 자공에게 물었다. 너와 안회 중 누가 낫냐고. 그 질문의 배후에는 또한 자신을 돌아보기를 등한시하는 자공에 대한 가르침의 뜻도 있었으리라.

그러자 자공이 순순히 시인한다. 자신은 안회만 못하다고. 똑똑한 사람은 남이 자신보다 낫다는 사실을 인정하기를 죽기보다 싫어한다. 그런데 자공은 안회가 자신보다 낫다는 사실을 순순히 인정했다. 그 속마음이 얼마나 쓰라렸을까? 그러나 바로 그 대목에 자공의 위대함이 있다. 구차하게 토를 달지 않고 순순히 인정하는 그 모습에.

원래 타고난 성격이 그런 것인지, 아니면 공자의 감화를 받아서인지는 모르겠지만. 삼국지연의에서 오나라의 주유周瑜(175-210)가 죽을 때 자신을 낳고 또 공명孔明(181-234)을 낳은 하늘을 원망하였다고 하는데 아마 이때의 자공의 심정이 바로 그런 심정은 아니었을까?

그러자 공자가 대답한다. 그렇다고. 자공 너는 안회만 못하다고. 그런데 바로 그 뒤의 공자의 말은 해석이 크게 엇갈린다. 주희는 吾與女弗如也의 與를 허락한다는 뜻으로 해석한다. 즉 네가 안회만 못함을 내가 허락한다, 인정한다는 뜻이다. 주희의 해석에 의하면 공자는 자공의 쓰린 가슴에 또 다시 못을 박는 셈이 된다. 논어에 보이는 공자의 모습은 그렇게 잔인한 사람은 아니다. 주희의 해석은 잘못된 해석이라 아니할 수 없다.

與는 영어로 말하면 "and"의 뜻으로 읽어야 한다. 즉 너와 나 모두 안회만 못하다는 뜻으로. 공자는 자신의 모자람을 인정한 자공의 심정을 헤아려 자신도 안회만 못하다고 하면서 자공의 쓰린 마음을 어루만져 주려 한 것이다. 공자가 보기에 자신의 부족함을 순순히 인정한 자공이 얼마나 대견했으랴? 자공의 바로 그런 면이 공자가 그에게 자신의 마지막을 의탁하게 만든 것은 아닐까?

아무튼 한 하늘에 두 태양은 없듯이 도저히 넘을 수 없는 안회와 같은 시대에 태어난 자공, 그것은 그에게 불운이었을까? 행운이었을까?

법통 논란의 중심에 서게 된 증삼曾參

증삼은 노나라 사람으로 자는 자여子輿이며, 공자보다 마흔여섯 살 아래라고 전해진다. 공자는 그가 효도에 능통했다고 여겨 그를 가르쳤다고 한다(「중니제자열전」). 『대학大學』과 『효경孝經』의 저자라고 전해지나 믿을 만한 근거는 없다. 그의 효에 관해서는 『논어』에 다음과 같은 기록이 있다.

- 증자가 병이 위중해지자, 제자들을 불러 말했다. "내 발을 보고 내 손을 보아라. 시詩에 이르기를 '두려워하고 조심하기를, 깊은 연못가에 이른 듯, 얇은 얼음을 밟은 듯 하라.'고 했으니, 이제야

내가 면하게 되었음을 알게 되었구나, 제자들아!"

: 曾子有疾. 召門弟子曰, 啓予足, 啓予手. 詩云, 戰戰兢兢, 如臨深淵, 如履薄氷. 而今而後, 吾知免夫, 小子.「태백」

면하게 되었음을 알게 되었다는 말은 증삼이 이제 죽음에 임하고 나서야 비로소 부모로부터 받은 이 육신을 온전히 보존하는 의무에서 벗어날 수 있게 되었음을 알게 되었다는 말이다. "이 몸의 모든 것은 부모로부터 받은 것이니, 감히 훼손하지 않는 것이 효도의 시작이다身體髮膚, 受之父母. 不敢毁傷, 孝之始也."는 『효경』의 말처럼 효는 우선 부모로부터 받은 이 육신을 온전히 보존하는 것에서부터 시작하는 것이다. 증삼은 부모로부터 받은 육신을 보존하기 위하여 평생을 깊은 연못가에 이른 듯, 얇은 얼음을 밟은 듯, 전전긍긍하며 살아 왔다. 쉬운 것 같지만, 결코 쉽지 않은 일을 평생 해 왔으니, 그의 효가 보통이 아님을 알 수 있다.

또『맹자』「이루상」에는 다음과 같이 쓰여 있다.

■ 증자가 증석曾晳을 봉양할 때 반드시 술과 고기를 준비했다. 장차 상을 물릴 때 반드시 남은 음식을 줄 곳을 물었다. 남은 것이 있냐고 물으면 반드시 있다고 대답했다. 증석이 죽자 증원曾元이 증자를 봉양했는데, 반드시 술과 고기를 준비했다. 장차 상을 물릴 때 줄 곳을 묻지 않았다. 남은 것이 있냐고 물으면 '없습니다만,

다시 만들어 올리겠습니다.'라고 대답했다. 이는 이른바 입과 몸만을 봉양하는 것이다. 증자처럼 해야만 부모의 뜻을 봉양한다고 할 수 있을 것이다. 부모를 섬기는 것은 증자처럼 하여야 된다.

: 曾子養曾晳, 必有酒肉. 將徹, 必請所與. 問有餘, 必曰, 有 . 曾晳死, 曾元養曾子, 必有酒肉. 將徹, 不請所與. 問有餘, 曰, 亡矣, 將以復進也. 此所謂養口體者也. 若曾子, 則可謂養志也. 事親若曾子者, 可也.

부모의 입과 몸을 봉양하는 것만으로는 효라고 할 수 없다. 자유가 효에 관해 물었을 때, 공자는 부모를 봉양하는 것은 개나 말조차도 할 수 있는 것으로, 공경의 마음이 없다면 어떻게 구별할 수 있겠느냐고 말한 바 있다子游問孝. 子曰, 今之孝者, 是謂能養. 至於犬馬, 皆能有養. 不敬, 何以別乎.「위정」. 부모의 뜻을 봉양할 수 있어야만 진정한 효라고 할 수 있다. 위의 이야기가 사실이라면 증삼은 진짜 효자라고 할 수 있을 것이다. 증삼이 『효경』을 썼다는 이야기는 아마 이런 전승들이 모여 발전한 이야기일 것이다. 그러나 『효경』은 효를 군주에 대한 절대적 충성으로까지 확대하고 있어 공자의 효와는 많은 차이를 보이고 있다. 『효경』과 증삼은 서로 아무 관계가 없는 것으로 보는 것이 옳을 것이다.

■ 증자가 말했다. "나는 날마다 세 가지 일로 내 몸을 살펴본다. 남을 위해 일을 꾀함에 성의를 다하지 않았는가? 벗과 사귐에 신의

를 지키지 않았는가? 전해 받은 것을 익히지 않았는가?"

: 曾子曰, 吾日三省吾身. 爲人謀而不忠乎. 與朋友交而不信乎. 傳不習乎. 「학이」

증삼은 공자의 제자 중 유달리 수신修身에 신경을 썼던 사람이다. 여기서도 그 면면이 잘 드러나 있다. 남에게 성의를 다하고忠, 벗에게 신의를 지키며信, 공부하기를 게을리 하지 않는다면 인생을 살아가는 데 큰 과오는 없을 것이다.

증자가 말했다. "사士는 넓고 굳세지 않으면 안 될 것이니, 맡은 임무는 무겁고, 가야 할 길은 멀기 때문이다. 인仁으로써 자신의 임무를 삼으니 어찌 무겁지 않으며, 죽은 다음에야 끝나니 어찌 멀지 않겠느냐?"

: 曾子曰, 士不可以不弘毅, 任重而道遠. 仁以爲己任, 不亦重乎. 死而後已, 不亦遠乎. 「태백」

증삼은 둔하다는 말을 들은 사람이다參也魯. 「선진」. 그러나 이런 자세로 꾸준히 인생을 살아갔기에 공문孔門에서 당당히 자신의 위치를 가질 수 있었다. 증삼의 문하에서 자사子思나 맹자가 나온 것이 결코 우연은 아니다. 그러나 증삼은 바로 그 때문에 공문에서 가장 큰 논란의 중심에 서야 했다.

■ 공자께서 말씀하셨다. "증삼아! 나의 도는 하나로 관통해 있느니라."
증자가 말했다. "그렇습니다."
공자께서 나가시자 문인들이 물었다. "무슨 말입니까?"
증자가 말했다. "선생님의 도는 충서忠恕일 뿐입니다."
: 子曰, 參乎, 吾道一以貫之. 曾子曰, 唯. 子出. 門人問曰, 何謂也. 曾子曰, 夫子之道, 忠恕而已矣. 「이인」

일이관지一以貫之란 공자의 도 전체를 꿰뚫는 하나의 원리를 말한다. 공자는 증삼에게 자신의 도가 하나의 원리로 일관해 있다고 깨우쳐 주었다. 그러자 증삼이 바로 맞장구를 쳤다. 그렇다고. 곁에 있던 다른 제자들이 무슨 말인지 의아해 하자 증삼이 설명한다. 선생님의 도는 충서忠恕일 뿐이라고.

충은 자기의 몸과 마음을 다하는 성실함이다盡己之謂. 서는 내 몸을 미루어 남에게 미치는 것, 즉 내가 그 입장이라면 하고 생각하는 것이다推己之謂. 공자는 서를 내가 원하지 않는 것을 남에게 베풀지 않는 것己所不欲, 勿施於人. 「위령공」이라고 한 바 있다. 다시 말해 남도 나와 같음을 아는 것이다. 따라서 충서는 나 자신을 위해 온몸을 다하는 성실한 마음가짐으로 남도 내 몸처럼 대하는 것, 다시 말해 나를 이루고 이어 그것이 남에게까지 미치는 것成己以及物이다. 증삼이 보기에 공자의 가르침이란 결국 먼저 나를 이루고 이어 남도 이루게 하는 것, 그것 하나일 뿐이었다.

그런데 바로 이 대목이 논어 전편에서 가장 큰 논란의 핵심이 될 줄이야……. 문제는 당唐의 한유韓愈(768-824)로부터 비롯되었다. 한유는 원도原道란 글에서 요순으로부터 내려온 선왕의 도가 공자를 거쳐 다시 맹자로까지 이어졌다고 했다. 그런데 맹자 이후로는 그 도를 계승한 사람이 없어 전해 오지 못했다는 것이다. 한유의 주장은 송의 성리학자들에게 그대로 계승되었는데, 그들은 바로 이 대목이 증삼이 공자로부터 도를 이어받은 문제의 그 장면이라고 주장했다.

다음은 『논어집주』에 실린 주희의 해설이다.

■ "성인의 마음은 혼연渾然한 하나의 이치一理로서 두루 응應함에 곡진히 마땅하지만, 그 쓰임用은 각기 다르다. 증자는 그 쓰는 데서는 이미 일에 따라 정밀히 살피고 힘써 행했으나, 다만 그 몸體이 하나임은 알지 못했다. 부자夫子께서는 그가 참되게 쌓고 힘써 행하기를 오래해서 장차 얻는 바가 있을 줄 아셨다. 이에 불러 알려줌에 증자가 과연 묵묵히 그 뜻을 알고 즉시 빠르게 대답하니 의심이 없어진 것이다."

: 聖人之心, 渾然一理, 而泛應曲當, 用各不同. 曾子於其用處, 蓋已隨事精察而力行之, 但未知其體之一爾. 夫子知其眞積力久, 將有所得, 是以呼而告之. 曾子果能默契其指, 卽應之速而無疑也.

성인의 마음에는 오직 하나의 이치만이 있으나, 그것이 다른 사물과 접할 때는 각각 그 사물에 따라 다르게 대응한다. 증삼은 공부를 열심히 하여 각각 그 사물에 따라 다르게 대응할 줄은 알았으나, 그것이 모두 하나로 관통하고 있는 줄은 몰랐다. 공자는 그가 열심히 노력하는 것을 보고 장차 도를 깨달을 수 있을 것이라고 짐작했다. 그래 그에게 도움을 주려고 불러 알려주니 증삼은 마침내 모든 의심이 사라지고 활연豁然 대오大悟하여 입에서 불쑥 그렇다는 대답唯이 나왔다. 주희의 말은 이런 뜻이다.

- "부자의 하나의 이치一理가 혼연渾然하여 두루 응應함에 곡진히 마땅하다 함은 비유하자면 천지天地의 지극한 정성이 한순간도 쉬지 않음에 만물이 제자리를 얻는 것과 같은 것이다. 이것 이외에는 진실로 다른 법이 없으며, 또 미루는 것을 기다릴 것도 없다. 증자는 이것을 볼 수 있었으나, 말하기가 어려웠다. 그래서 당시 학자들의 진기盡己(忠을 말함), 추기推己(恕를 말함)의 조목을 빌어 드러내 밝혔으니, 다른 사람들이 쉽게 깨닫게 하기 위함이다. 천지의 지극한 정성이 한순간도 쉬지 않는 것은 도道의 체體로, 천하 만물의 하나의 근본이다. 천하 만물이 각기 제자리를 얻는 것은 도道의 용用으로, 하나의 근본이 만물이 되는 것이다. 이것으로 살펴보면 일이관지一以貫之의 실질을 볼 수 있을 것이다."

  : 夫子之一理渾然而泛應曲當, 譬則天地之至誠無息, 而萬物各得其所也. 自此之外, 固無餘法, 而亦無待於推矣. 曾子有見於此而難言之, 故借學者盡己, 推己之目以著明之, 欲人之易曉也. 蓋至誠無息者, 道之體也, 萬殊之所以一本也. 萬物各得其所者, 道之用也, 一本之所以萬殊也. 以此觀之, 一以貫之之實可見矣.

천지의 운행이 한순간도 쉬지 않기 때문에 만물이 각기 제자리를 잡고 살아갈 수 있다. 천지의 운행이 한순간도 쉬지 않는 것은 도의 본체로 천지간의 만물이 살아갈 수 있는 근원이며, 천지간의 만물이 살아갈 수 있는 것은 바로 이 도의 쓰임으로 하나의 근원에서 유래된 것이다. 공자의 도가 하나로 관통한다는 것은 이것과 같다. 증삼은 공자의 말에서 이것을 깨달을 수 있었다. 그리고 이것 말고 다른 법도 없으며, 또 다른 데 더 의지할 것도 없음을 알았다. 그러나 그것을 말로 나타내기가 어려워 당시 학자들이 쓰던 용어인 충서라는 말로 표현했을 뿐이다. 이것이 주희의 주장이다.

주희는 충서가 공자의 일이관지의 일을 정확하게 나타낸 말은 아니라고 보았다. 단지 증삼이 공자의 도를 한마디로 달리 표현할 수가 없어 그렇게 말했을 뿐이라는 것이다. 증삼이 공자의 일이관지란 말 속에서 깨달은 것은 공문孔門에서 별도의 비전秘傳으로 전수되어 자사, 맹자로까지 이어져왔다. 이후 오랫동안 끊어졌으나 이정자二程子(정호程顥, 정이程頤 형제)와 자기에게서 다시 발현되었다는 것이다. 정호의 호가 명도明道인 것은 바로 맹자 이후 실전된 이 도를 밝혔기 때문이라 한다.

주희를 위시한 성리학자들의 이러한 주장은 말도 안 되는 이야기일 뿐이다. 공문에는 불교의 염화시중拈華示衆의 미소와 같은 불립문자不立文字의 비전秘傳이라는 것이 없다. 논어의 어디에도 그런 것을 말한 대목이 없으며, 사서를 비롯하여 순자荀子나 기타 다른 학자들의 글을 읽어 보아도 그런 내용은 없다. 오직 성리학자들만이 그런 주장을 펼 뿐이다. 성리학자들의 주장은 당시 중국 사상계를 지배하고 있던 선종禪宗으로부터 유학의 전통을 수호하기 위한 고충에서 비롯되었다고는 하나 억지일 뿐이다. 청대의 학자들은 성리학자들의 이런 양태를 가리켜 석씨지학釋氏之學(유학자들이 불교를 가리켜 부르는 말로 석가모니釋迦牟尼의 석자에서 유래했다)으로 석씨지학을 비판한 꼴이라고 했다. 또 다산 정약용은 만수일리萬殊一理(삼라만상이 하나의 理라는 말)를 궁구하는 성리학자들의 모습이 "뜰 앞의 잣나무庭前柏樹子(당나라 때의 선승인 조주趙州가 제기한 화두)"라는 화두로 참선하는 선승과 유사하다고 했다. 성리학자들에 의해 졸지에 증삼은 참선 수행자가 되고 만 것이다.

또 공자의 학문을 증삼이 이었다고 하는 주장도 억지일 뿐이다. 논어를 잘 읽어 보면 공자 말년에 제자들의 중심은 자공이었다. 그리고 증삼은 공자와의 나이 차이가 무려 마흔여섯 살이나 났다. 공자가 죽을 때 증삼의 나이는 스물일곱에 불과했는데 그가 쟁쟁한 여러 선배들을 제치고 공자의 법통을 이었다고 하는 주장은 그야말로 궤변일 뿐이다. 공자가 죽었을 때 공자의 장례를 주관한 사람은 증삼이 아닌 자공이었다.

그런데 성리학자들은 공자의 수많은 제자 중 하필이면 왜 증삼을 지목하여 공자의 후계자라고 주장하였을까? 그것은 아마 증삼의 문하에서 자사와 맹자가 나왔다는 사실과 관련이 있을 것이다. 공자 사후 공문의 학풍은 크게 내면의 수양을 중시하는 증삼, 자사, 맹자의 학풍과 예의 객관적 형식성을 중시하는 자하의 학풍으로 나뉘게 되는데, 자하 쪽의 계통에서 유가의 철천지원수인 이사와 한비자가 나왔기 때문에 증삼, 자사 등 내면의 수양을 강조하는 학풍에 정통성을 줄 수밖에 없었다. 그래서 증삼을 주목하게 되었고, 증삼에 대한 여러 이야기들을 찾다가 마침내 석가모니와 가섭迦葉존자의 염화시중의 미소를 떠올리게 하는 이 대목을 찾아내게 된 것이리라. 그리하여 마침내 증삼이 공자의 후계자로 추존된 것이고.

어찌되었든 증삼은 성리학자들에 의해 공자의 법통을 이은 후계자뿐만 아니라 공문의 비전을 터득한 득도자로 규정되면서 그 후 격심한 논쟁의 한복판에 서게 되었다. 저승의 증삼이 이 사실을 안다면 어떻게 생각할까? 궁금하기 짝이 없다.

공자로부터 파문당한 제자 염유冉有

『논어』에서 재아가 공자로부터 꾸중만 들었다고 하지만, 그래도 파문은 당하지 않았다. 그런데 『논어』에는 공자로부터 파문당한 제자의 이야기도 실려 있다. 바로 염유다. 염유는 「중니제자열전」에 의하면 공자보다 스물아홉 살 아래라고 전해지며, 이름은 구求, 자는 자유子有다. 일찍이 자로와 더불어 공문에서 정사로 이름이 높았다政事, 冉有季路. 「선진」.

▪ 자로가 물었다. "듣는 대로 그대로 행해야 합니까?"

공자께서 말씀하셨다. "아버지와 형이 계시는데 듣는 대로 그대로 행하면 어쩌겠느냐?"

염유가 물었다. "듣는 대로 그대로 행해야 합니까?"

공자께서 말씀하셨다. "듣는 대로 그대로 행해라."

공서화가 물었다. "유가 '듣는 대로 그대로 행해야 합니까?'하고 물었을 때, 선생님께서는 '아버지와 형이 계신다.'라고 말씀하셨습니다. 그런데 구가 '듣는 대로 그대로 행해야 합니까?'라고 물으니, 선생님께서는 '듣는 대로 그대로 행해라.'고 말씀하셨습니다. 제가 어리둥절해 감히 물어봅니다."

공자께서 말씀하셨다. "구는 뒤로 처지는 까닭에 앞으로 나아가게 한 것이고, 유는 너무 나서는 까닭에 뒤로 물러나게 한 것이다."

: 子路問, 聞斯行諸. 子曰, 有父兄在, 如之何其聞斯行之. 冉有問, 聞斯行諸. 子曰, 聞斯行之. 公西華曰, 由也問聞斯行諸, 子曰有父兄在. 求也問聞斯行諸, 子曰聞斯行之. 赤也惑, 敢問. 子曰, 求也退, 故進之. 由也兼人, 故退之.「선진」

똑같은 질문인데도 사람에 따라 대답이 정반대이다. 서로 기질이 정반대이기 때문이다. 나서길 좋아하는 자로, 그래서 너무 나서지 못하게 눌렀고, 주저주저하는 염유, 그래서 너무 뒤로 처지지 않게 독려한 것이다. 염유의 성격이 상당히 소심함을 알 수 있다.

▪ 염구가 말했다. "선생님의 도를 좋아하지 않는 것은 아닙니다만, 힘이 부족합니다."

공자께서 말씀하셨다. "힘이 부족한 자는 중도에서 쓰러지지만, 지금 너는 스스로 금을 긋는구나."

: 冉求曰, 非不說子之道, 力不足也. 子曰, 力不足者, 中道而廢. 今女畫. 「옹야」

여기서도 염유의 소심한 성격이 문제가 되고 있다. 염유는 소심함이 이제 스스로 자기 한계를 설정하는 단계로까지 이르고 있다. 스스로 한계를 설정한 이상 그것을 뛰어넘는 큰 발전은 기대할 수 없으리라.

▪ 맹무백孟武伯이 물었다. "자로는 어집니까?"

공자께서 말씀하셨다. "모르겠습니다."

맹무백이 또 물었다. 공자께서 말씀하셨다. "유는 천승의 나라에서 군사의 일을 다스리게 할 수는 있으나, 어진지는 모르겠습니다."

"구는 어떻습니까?"

"구는 천 호의 읍과 백승의 가문을 맡아 관리하게 할 수는 있지만, 그가 어진지는 모르겠습니다."

"적은 어떻습니까?"

"적은 조복朝服을 입고 조정에서 빈객과 더불어 말을 나누게 할 수는 있으나, 그가 어진지는 모르겠습니다."

: 孟武伯問, 子路仁乎. 子曰, 不知也. 又問. 子曰, 由也, 千乘之國, 可使治其賦也. 不知其仁也. 求也何如. 子曰, 求也, 千室之邑, 百乘之家, 可使爲之宰. 不知其仁也. 赤也何如. 子曰, 赤也, 束帶立於朝, 可使與賓客言也. 不知其仁也. 「공야장」

맹무백은 자로와 염유, 공서화 중 누가 쓸 만한 인재인지 궁금했다. 그래서 공문에서 제일로 치는 덕목인 인仁을 갖고 물었다. 자로는 어진 사람이냐고. 뜬금없는 질문에 공자는 잘 모르겠다고 대답할 수밖에 없었다. 그러다 재차 질문을 받고서야 맹무백의 의중을 알아차리고, 자로는 군사에, 염유는 내치에, 공서화는 외교에 각기 소질이 있다고 대답하였다. 제자들을 맹무백에게 천거한 셈이다. 염유가 성격이 조심스러워 내치, 즉 행정에 잘 맞았던 모양이다.

▪ 계자연이 물었다. "중유와 염구는 대신大臣이라고 할 수 있겠습니까?"

공자께서 말씀하셨다. "나는 당신이 다른 것을 묻는다고 여겼더니, 바로 유와 구에 대한 질문이군요. 대신은 도로써 임금을 섬기고 그것이 가능하지 않으면 물러납니다. 지금 유와 구는 그저 자리나 차지하는 신하라고 할 수 있습니다."

"그러면 시키는 대로 따를 사람들입니까?"

공자께서 말씀하셨다. "아비와 임금을 죽이는 일이라면 역시 따르지 않을 것입니다."

: 季子然問, 仲由, 冉求, 可謂大臣與. 子曰, 吾以子爲異之問, 曾由與求之問. 所謂大臣者, 以道事君, 不可則止. 今由與求也, 可謂具臣矣. 曰, 然則從之者與. 子曰, 弑父與君, 亦不從也.「선진」

결국 염유와 자로는 계씨의 휘하에서 벼슬을 하게 되었다. 공자의 추천대로 자로가 군사를, 염유가 내치를 담당했는지는 알 수 없지만, 두 사람의 활동이 공자에게는 영 아니었던 모양이다. 그저 머릿수나 채우는 그런 신하라고 하였으니 말이다. 왜 그랬을까? 명시적으로 나와 있지는 않지만 문맥으로 볼 때, 계자연을 바른 길로 인도하지 못했던 모양이다. 도로써 섬기다가 그럴 수 없으면 바로 벼슬에서 물러나야 되는데, 자로와 염유는 그러면서도 벼슬자리에서 뭉그적거리고 있었다. 그래서 공자로부터 머릿수나 채우는 신하라는 평을 들은 것이다. 그러나 그렇다고 해도 염유나 자로 모두 공문에서 명성이 자자한 제자인데, 머릿수나 채우는 신하라는 표현은 너무 심한 것 아닐까? 도대체 공자는 왜 그렇게 심한 표현을 썼을까?

■ 계씨가 장차 전유顓臾를 정벌하려고 했다.

염유와 계로가 공자를 뵙게 되어 말했다. "계씨가 장차 전유에 일을 벌이려 합니다."

공자께서 말씀하셨다. "구야, 잘못이 네게 있는 것 아니냐? 전유는 옛날에 선왕께서 동몽東蒙산의 제주祭主로 삼으신 나라로, 그 땅은 우리나라 안에 있다. 우리나라의 사직社稷의 신하이다. 어찌하여 정벌하려 하느냐?"

염유가 말했다. "그분께서 바라는 것입니다. 우리 두 신하는 모두 바라지 않습니다."

공자께서 말씀하셨다. "구야, 주임周任이 말하길 '힘을 펼쳐 벼슬자리에 나아가되, 할 수 없으면 그만 둔다.'고 했다. 위험한데도 잡아주지 않고 넘어지는데도 부축하지 않는다면, 그런 신하를 어디에다 쓰겠는가? 또 네 말도 잘못됐다. 호랑이나 외뿔소가 우리에서 뛰쳐나오고, 거북 껍질龜甲이나 보옥寶玉이 궤 속에서 깨진다면, 그것은 누구의 잘못이겠느냐?"

염유가 말했다. "지금 전유는 성곽도 견고한데다, 비費 땅에 가까이 있습니다. 지금 취하지 않는다면, 후세에 반드시 자손들의 근심거리가 될 것입니다."

공자께서 말씀하셨다. "구야, 군자는 자기가 원한다고 말하지 않고, 억지로 꾸며대어 말하는 것을 미워한다. 내가 듣건대 '나라를 가졌거나, 가문이 있는 자는 가난한 것을 걱정하지 않고 고르지 못한 것을 걱정하며, 백성의 숫자가 적은 것을 걱정하지 않고 평안하지 않은 것을 걱정한다.'고 했다. 대개 고르면 가난함이 없고, 화합하면 백성의 숫자가 적은 것도 없으며, 평안하면 기우는 일도 없다. 이런 까닭에 먼 데 사람들이 복종하지 않으면 학문과 덕을 닦아 그들을 오게 만들고, 이미 왔으면 평안하게 하여야 한다. 지금 유와 구는 그분을 돕고 있으면서, 먼 데 사람이 복종하지 않는데도 오게 하지 못하고 있으며, 나라가 갈라지고 무너지고 흩어지고 쪼개져도 능히 지키지도 못하면서, 나라 안에서 창과 방패를 움직일 것을 꾀하고 있다. 나는 계손씨의 근심이 전유에게 있지 않고, 울타리 안에 있을까 염려된다."

: 季氏將伐顓臾. 冉有, 季路, 見於孔子曰, 季氏將有事於顓臾. 孔子曰, 求, 無乃爾是過與. 夫顓臾, 昔者先王以爲東蒙主. 且在邦域之中矣, 是社稷之臣也. 何以伐爲. 冉有曰, 夫子欲之, 吾二臣者皆不欲也. 孔子曰, 求, 周任有言曰, 陳力就列, 不能者止. 危而不持, 顚而不扶, 則將焉用彼相矣. 且爾言過矣, 虎兕出於柙, 龜玉毁於櫝中, 是誰之過與. 冉有曰, 今夫顓臾固而近於費, 今不取, 後世必爲子孫憂. 孔子曰, 求, 君子疾夫舍曰欲之, 而必爲之辭. 丘也聞, 有國有家者, 不患寡而患不均, 不患貧而患不安. 蓋均無貧, 和無寡, 安無傾. 夫如是, 故遠人不服則修文德以來之, 既來之則安之. 今由與求也相夫子, 遠人不服而不能來也. 邦分崩離析而不能守也. 而謀動干戈於邦內. 吾恐, 季孫之憂不在顓臾, 而在蕭墻之內也. 「계씨」

염유가 또 공자로부터 꾸중을 듣고 있다. 그런데 여기서는 그 이유가 비교적 분명하게 드러나 있다. 염유가 전유라는 작은 나라가 나중에 화근이 될까 두려워 미리 정벌하고자 한 것이 문제가 되었다. 공자는 그런 문제는 학문과 덕文德을 닦아 해결해야지, 무력으로 해결할 문제는 아니라고 보았다. 약육강식의 무한경쟁 체제에서 지금 내가 먹지 않으면 나중에 거꾸로 내가 먹히고 만다는 염유의 현실적인 입장이 공자에게는 몹시 못마땅했던 모양이다. 그래서 계손씨의 근심이 전유가 아니라 울타리 안에 있다고 질타한 것이다. 공자의 이상주의적 정치관과 염유의 현실적 정치관이 충돌하고 있음을 알 수 있다. 앞에서 공자가 염유와 자로를 가리켜 그저 머릿수나 채우는 신하라고 비판한 것도 그런 맥락에서가 아닐까? 증거가 없으니 그저 추측만 할 뿐이다.

- 계씨가 주공보다 부유했는데도, 염구가 그를 위해 많은 세금을 거두어 그의 재산을 더욱 늘려 주었다. 공자께서 말씀하셨다. "우리 무리가 아니다. 너희들은 북을 울려 그를 공격해도 된다."

  : 季氏富於周公, 而求也爲之聚斂而附益之. 子曰, 非吾徒也. 小子鳴鼓而攻之, 可也. 「선진」

우리 무리가 아니라는 말은 이제 더 이상 자신의 제자가 아니라는 말이다. 공자로부터 파문당한 것이다. 공자로부터 그렇게 꾸중을 자주 들은 재아도 파문당하지는 않았다. 그런데 여기서 염유는 공자로부터 파문까지 당하고 있다. 그 이유는 무엇일까? 외관상 나타난 것으로는 세금을 많이 거두었다는 것뿐이다. 『맹자』 「이루상」편에도 이에 관한 이야기가 실려 있는데, 거기에 의하면 염유가 세금을 평소의 두 배로 거두어 들였다고 되어 있다. 백성에게 가장 악독한 관리는 가렴주구苛斂誅求하는 자들이다. 그런데 아무리 염유가 문제가 있다고 한들 그래도 공자로부터 배워 공문십철孔門十哲에까지 이름이 올라 있는 사람인데 설마 가렴주구 했을 리야 있겠는가? 무언가 석연치 않은 점이 있다.

일부 학자들은 이 일을 『춘추』 애공哀公 12년 조에 보이는 용전부用田賦와 연관시켜 해석하고 있다. 用田賦는 토지에 세금을 부과하는 것이다. 즉 이전에는 토지를 공유했기 때문에 따로 사유지라고 할 것이 없어 공전公田에서 나오는 소출만 나라에 내면 되었지만, 춘추 시대 전후로 철제 농구의 보급이 보편화되면서 토지의 사유화가 진전되어 각자 토지를 소유하게 됨에 따라 각자가 소유한 토지에도 별도로 또 토지세가 부과된 것이다. 세금이 두 배가 된 것이다. 따라서 외견상 보기에는 가렴주구라고 할 수도 있다. 그러나 토지세가 부과된 것은 토지 사유화의 진전에 따른 필연적 결과였다. 염유는 토지가 사유화된 만큼 그 사유화된 토지에 세금을 물리는 것은 당연하다고 생각했을 것이다. 또 당시 열국 간의 무한경쟁 속에서 살아남으려면 부국강병이 요구되었고, 그러기 위해서는 보다 많은 재정이 필요하였다.

그러나 공자의 생각은 달랐다. 공자는 토지 사유화의 진전이 이기심만 만연시킬 뿐이라고 생각하여 부정적인 입장을 보이고 있었다. 또 부국강병이란 군주 개인을 위한 것일 뿐 백성들에게는 고통 그 자체일 뿐이라고 생각했다. 맹자의 표현대로 땅을 늘린다고 전쟁을 벌여 들판에 시체가 가득하게 만들고, 성을 뺏는다고 전쟁을 벌여 성에 시체가 가득하게 만든다면 이는 소위 땅을 내몰아 사람 고기를 먹게 하는 것으로, 그 죄는 죽음으로도 용서되지 않는 것이었다 爭地以戰, 殺人盈野, 爭城以戰, 殺人盈城. 此所謂率土地, 而食人肉, 罪不容於死. 『맹자』「이루상」.

무한경쟁의 약육강식 시대에서 그 흐름에 살아남으려는 염유, 과거의 전통을 고수하려는 공자, 이 둘은 필연적으로 정면충돌할 수밖에 없었다. 그래서 마침내 공자의 노여움을 사 파문당한 것은 아닌지……. 그 뒤 이 사태가 어떻게 결말이 났는지는 기록이 없어 확인할 길 없다. 염유가 정말 공자의 문하에서 완전히 쫓겨났는지도 물론 확인이 안 된다.

■ 자화子華가 제나라에 사신으로 가게 되자, 염유가 그의 모친을 위하여 곡식을 달라고 청했다. 공자께서 말씀하셨다. "한 부釜를 주어라."

염유가 더 줄 것을 청했다.

"한 유庾를 주어라."

염유가 다섯 병秉의 곡식을 주었다.

공자께서 말씀하셨다. "적赤이 제나라에 갈 때 살찐 말을 타고 가벼운 갖옷을 입고 있었다. 내가 듣기로는 '군자는 급박한 사람은 도와주지만, 부유한 자에게 더 보태주지는 않는다.'고 하더라."

원사原思가 공자의 가재를 맡으니, 그에게 곡식 구백九百을 주었다. 원사가 사양하자, 공자께서 말씀하셨다. "사양할 것 없다. 네 이웃들에게 나누어 주어라."

: 子華使於齊, 冉子爲其母請粟. 子曰, 與之釜. 請益. 曰, 與之庾. 冉子與之粟五秉. 子曰, 赤之適齊也, 乘肥馬衣輕裘. 吾聞之也, 君子周急不繼富. 原思爲之宰, 與之粟九百. 辭. 子曰, 毋. 以與爾隣里鄕黨乎. 「옹야」

한 부釜는 여섯 말 네 되六斗四升, 한 유庾는 열여섯 말十六斗, 한 병秉은 백육십 말百六十斗로, 다섯 병은 한 부의 125배이다. 도대체 염유는 무슨 생각으로 그렇게 많은 곡식을 주어 공자로부터 꾸중을 자초했을까? 그리고 공자는 왜 받지 않으려고 하는 원사에게 억지로 곡식을 주려고 하였을까? 이 또한 기록이 없어 자세한 내막을 알 길이 없다. 다만 억지로 추측해 본다면, 공자가 판단하기를, 자화(공서적)는 스승인 자신의 개인적인 심부름을 간 것이라 그 대가를 지불할 필요가 없고, 원사는 정식으로 자신의 집안일을 맡은 것이라 그 노동의 대가를 지불할 필요가 있다고 생각했던 것은 아닐까? 앞의 세금 문제와 관련해서 추측한다면, 공자는 과거의 전통적 입장에서 스승이 제자에게 심부름시킨 것에 대해 그 보수를 일일이 챙길 것까지는 없다고 생각하였고, 염유는 어찌되었든 일을 시켰으니 새로운 시대의 변화에 맞게 정당한 노동의 대가를 지불해야 한다고 생각한 것은 아닐까? 그렇다면 격심한 시대 변화의 한복판에 선 스승과 제자 사이의 입장 대립이 참 흥미롭기도 하고 한편으로는 안타깝기도 하다.

공자로부터 소인이라고 꾸중 들은 번지樊遲

번지는 이름은 수須, 자字는 자지子遲로, 공자보다 서른여섯 살 아래다. 논어에는 제자들이 공자에게 인에 대해 묻는 대목問仁이 모두 일곱 번 나오는데, 그 중 번지가 물은 것이 세 번이다. 나머지는 안연, 염옹, 사마우, 자장이다. 우연의 소치이겠지만, 유독 번지에게 세 번이나 몰린 것이 좀 기이하게도 생각된다.

- 번지가 인에 대해 물었다. 공자께서 말씀하셨다. "평소에 몸가짐을 공손히 하고, 일을 잡으면 삼가 신중히 하며, 남과 함께할 때는 성실히 하라. 비록 오랑캐 땅에 가더라도 (이것을) 버려서는 안

될 것이다."

: 樊遲問仁. 子曰, 居處恭, 執事敬, 與人忠. 雖之夷狄, 不可棄也. 「자로」

다산 정약용 선생은 인을 정의하기를 사람과 사람 사이에서 그 본분을 다하는 것凡二人之間盡其本分者이라고 하였다. 평소 몸가짐이 공손하고恭, 일에 신중하며敬, 남에게 성실하다면忠 가히 본분을 다한다고 할 수 있을 것이다. 따라서 인인 것이다.

- 번지가 안다는 것知에 대해 물었다. 공자께서 말씀하셨다. "인간의 도리에 힘쓰고, 귀신을 공경하되 멀리하면, 안다고 할 수 있을 것이다."

  인에 대해 물으니, 말씀하셨다. "어진 자는 어려운 일은 남보다 앞장서고, 이득을 얻는 일은 남보다 뒤에 한다. 그렇다면 어질다고 할 수 있을 것이다."

  : 樊遲問知. 子曰, 務民之義, 敬鬼神而遠之, 可謂知矣. 問仁. 曰, 仁者先難而後獲, 可謂仁矣. 「옹야」

안다는 것은, 아는 것은 안다고 하고, 모르는 것은 모른다고 하는 것이다知之爲知之, 不知爲不知, 是知也. 「위정」. 그런데 귀신의 일은 인간이 확인할 수 있는 일이 아니다. 달나라를 왔다 갔다 하는 오늘날에도 있다 없다 말들만 많을 뿐이다. 그러니 그런 것은 따져 봤자 의혹만

늘어날 뿐이다. 다만 공자의 시대는 지금처럼 과학이 발달하지 않아, 많은 사람들이 관습적으로 귀신을 받들어 왔다. 따라서 공경은 하되 멀리하는 것이다. 그런데 인간의 일은 인간의 삶을 통해 확인할 수 있다. 따라서 인간의 일에 힘쓰는 것이 지혜로운 자의 도리다.

인을 구하는 데 힘써 서恕를 행하는 것보다 가까운 것은 없다고強恕而行, 求仁莫近焉. 『맹자』「진심상」 일찍이 맹자도 말하였다. 서란 무엇일까? 서는 내가 원하지 않는 것을 남에게 가하지 않는 것이다. 다시 말해 남도 나와 같다는 것이다. 그런데 대부분의 사람들은 힘든 일은 남보다 앞에 서려 하지 않고, 뭔가 이득이 생기는 일은 남보다 뒤처지려 하지 않는다. 바로 그렇기 때문에 힘든 일에 앞장서고, 이득이 생기는 일에 남보다 뒤에 서는 것이 서를 행하는 것이고, 따라서 인이 되는 것이다.

■ 번지가 인에 대해 물었다. 공자께서 말씀하셨다. "사람을 사랑하는 것이다."

아는 것知에 대해 물었다. 공자께서 말씀하셨다. "사람을 아는 것이다."

번지가 깨닫지 못했다. 공자께서 말씀하셨다. "곧은 사람을 발탁해 굽은 사람 위에 놓으면 능히 굽은 사람을 곧게 만들 수 있을 것이다."

번지가 물러 나오다 자하子夏를 보고 말했다. "아까 내가 선생님을 뵙게 되어 아는 것에 대해 물었더니, 선생님께서 말씀하시길, '곧은 사람을 발탁해 굽은 사람 위에 놓으면 능히 굽은 사람을 곧게 만들 수 있을 것이다'라고 하셨는데, 무슨 뜻이오?"

자하가 말했다. "의미심장하구나! 말씀이. 순舜임금이 천하를 다스릴 때 뭇사람 중에서 고요皐陶를 발탁하니 어질지 않은 자들이 멀어졌소. 탕湯임금이 천하를 다스릴 때 뭇사람 중에서 이윤伊尹을 발탁하니 어질지 않은 자들이 멀어졌소."

: 樊遲問仁. 子曰, 愛人. 問知. 子曰, 知人. 樊遲未達. 子曰, 擧直錯諸枉, 能使枉者直. 樊遲退. 見子夏曰, 鄕也, 吾見於夫子而問知. 子曰, 擧直錯諸枉, 能使枉者直. 何謂也. 子夏曰, 富哉, 言乎. 舜有天下, 選於衆, 擧皐陶, 不仁者遠矣. 湯有天下, 選於衆, 與伊尹, 不仁者遠矣. 「안연」

번지가 공자의 말을 이해하지 못한 까닭은, 사람을 사랑하라는 것愛人은 사람을 두루 사랑하라는 말인데, 사람을 알라는 것知人은 사람을 살펴 고르란 말이라, 서로 상충하기 때문이다. 그래서 다시 자하에게 물은 것이다. 사람을 볼 줄 알아 어진 인물을 발탁해 백성을 다스리게 하면 천하 모든 사람이 교화되어 어질게 된다. 어질지 않은 자들이 멀어졌다는 말은 모두가 어질게 되어 마치 어질지 못한 사람들이 전부 멀리 떠나간 것 같다는 말이다. 천하 모든 사람들을 어질게 만드니 사람을 사랑하는 것이 이보다 큰 것은 없다. 따라서 사람을 아는 것이 사람을 사랑하는 것이 되는 것이다.

논어에 仁이란 글자는 무려 백사십 몇 번이 나온다. 그러나 공자는 그 어디에서도 인에 대해 사전적 정의를 내리지 않았다. 그저 상황에 따라, 사람에 따라 가장 필요한 것을 말할 뿐이었다. 그렇기 때문에 우리는 인에 대한 정의를 각자가 귀납적으로 추론할 수밖에 없다. 그런데 그 중 지금 여기서 공자가 번지에게 한 말, 즉 인이란 사람을 사랑하는 것愛人이라는 말은 가장 일반적으로 인용되는 인에 대한 정의이다. 그런 면에서 많은 후학들이 번지의 덕을 크게 입고 있다고 하겠다.

- 번지가 공자를 따라 무우舞雩에서 노닐다 말했다. "감히 덕을 높이고, 간특한 것을 바로잡으며, 미혹을 분별하는 것에 대해 묻고 싶습니다."

  공자께서 말씀하셨다. "좋은 질문이로구나. 일은 남보다 앞장서고, 얻는 것은 남보다 뒤에 하는 것이 덕을 높이는 것이 아니겠느냐? 자신의 나쁜 점은 꾸짖고, 남의 나쁜 점은 꾸짖지 않는 것이 간특한 것을 바로잡는 것이 아니겠느냐? 하루아침의 분노로 자신의 처지를 잊고 그 화가 부모에게까지 미치게 하는 것이 미혹이 아니겠느냐?"

  : 樊遲從遊於舞雩之下. 曰, 敢問崇德, 脩慝, 辨惑. 子曰, 善哉, 問. 先事後得, 非崇德與. 攻其惡, 無攻人之惡, 非脩慝與. 一朝之忿, 忘其身, 以及其親, 非惑與.「안연」

여기서 공자는 일은 남보다 앞장서고, 얻는 것은 남보다 뒤에 서는 것이 덕을 높이는 것이라고 번지에게 이르고 있다. 어진 자는 어려운 일은 남보다 앞장서고, 이득을 얻는 일은 남보다 뒤에 한다仁者先難而後獲는 말과 같은 뜻이다.

그런데 공자는 왜 똑같은 말을 번지에게 두 차례나 하고 있는 것일까? 그저 우연의 소산이라고 할 수도 있겠지만, 혹시 번지의 성품이 무언가 힘든 일에는 뒤꽁무니를 빼고, 무언가 얻는 일에는 잽싸서 그런 것은 아닐까? 추측은 할 수 있지만, 확인할 방법은 없다.

- 번지가 곡식 농사에 대해 배울 것을 청했다. 공자께서 말씀하셨다. "나는 늙은 농부만 못하다."

  채소 농사에 대해 배울 것을 청하자 말씀하셨다. "나는 늙은 채소 농사꾼만 못하다."

  번지가 물러갔다. 공자께서 말씀하셨다. "소인이로구나, 번수는. 윗사람이 예를 좋아하면 백성들 중에 감히 공경하지 않는 사람이 없고, 윗사람이 의를 좋아하면 백성들 중에 감히 복종하지 않는 사람이 없으며, 윗사람이 신의를 좋아하면 백성들 중에 감히 정성을 다하지 않는 사람이 없다. 이렇게 되면 사방의 백성들이 자식을 등에 업고 이른다. 농사짓는 것을 어디에 쓰겠는가?"

  : 樊遲請學稼. 子曰, 吾不如老農. 請學爲圃. 曰, 吾不如老圃. 樊遲出. 子曰, 小人哉, 樊須也. 上好禮則民莫敢不敬, 上好義則民莫敢不服, 上好信

則民莫敢不用情. 夫如是, 則四方之民襁負其子而至矣. 焉用稼. 「자로」

번지는 왜 농사짓는 것에 대해 관심을 가졌을까? 그리고 공자는 왜 그런 번지를 소인이라고 비난했을까? 산업혁명 이전에 사회의 부는 거의 대부분 농업에서 나왔고, 그리고 이 세상에 사람이 먹고 사는 것보다 더 중요한 일은 없을 텐데, 공자의 비난은 어떤 이유에서일까? 이 글만 갖고는 그 이유를 추측하기 어렵다.

그러나 당시 시대 배경을 살펴보면 대략 추측이 불가능한 것만은 아니다. 당시는 철기가 보편화되던 시대였다. 철제 농기구가 보급되어 심경深耕과 우경牛耕이 가능해지면서 농업 분야의 생산력은 가히 혁명적이라고 할 만큼 발전하였다. 번지의 관심은 바로 이런 시대 상황의 반영일지도 모른다. 즉 새로운 농법을 배워 농업 발전의 극대화를 이루려고 한 것은 아닌지…….

그러면 공자는 그런 번지를 왜 소인이라고 비난했을까? 철기의 도입으로 생산력은 비약적으로 발전하였지만 그 결과가 다 긍정적인 것만은 아니었기 때문이다. 철기의 도입으로 토지 사유화가 진전되면서 이전의 공동체적 질서가 깨지고 부익부 빈익빈의 양극화 현상이 발생하였던 것이다. 공자는 이런 현상을 아주 부정적으로 생각하였다. 공자가 이利를 비난하고 인仁을 강조한 것은 바로 그런 맥락에서였다. 그래서 공자가 번지를 소인이라고 비난한 것은 아닐까.

그렇다면 이 대화는 격심한 시대 변화의 한복판에 선 사제간의 의

견충돌이라고도 볼 수 있다. 시대 변화의 흐름을 읽고 그 흐름에 동승하려고 하는 번지, 시대 변화의 부작용을 인지하고 그 변화를 저지하려고 하는 공자, 격심한 시대의 변화가 결국 사제지간에까지 영향을 미쳐 이런 갈등을 야기한 것은 아닌지……. 확실한 증거는 없는, 그저 재미있는 추측일 뿐이다.

소인 같은 선비가 되지 말라고 가르침 받은 자하子夏

자하는 「중니제자열전」에 의하면 공자보다 44살 어리다. 42살 어린 공서화公西華, 45살 어린 자유子游, 48살 어린 자장子張, 46살 어린 증삼, 모두 공자의 노년 제자들이다. 아마 공자가 13년간 천하를 주유할 때 공문에 들어왔거나 했을 것이다. 그런데 자하는 그 젊은 제자들 중 촉망받는 제자였던 것 같다.

■ 자공이 물었다. "사師와 상商은 누가 더 낫습니까?"
공자께서 말씀하셨다. "사는 지나치고 상은 미치지 못한다."
"그러면 사가 더 낫습니까?"

"지나친 것은 미치지 못하는 것과 같다."

: 子貢問, 師與商也熟賢. 子曰, 師也過, 商也不及. 曰, 然則師愈與. 子曰, 過猶不及. 「선진」

사는 전손사顓孫師 즉 자장이고, 상은 복상卜商 즉 자하이다. 자하가 미치지 못하다니 얼핏 들으면 자하가 뭔가 수준 이하인 것처럼 보인다. 그러나 다른 사람이 아닌 자공이 물은 것이다. 안연과 쌍벽을 이룰 정도의 인물인 자공이 후배들 중 유독 자장과 자하, 이 두 사람에 대해서만 물은 것은 그의 눈에 이 두 사람만 들어왔다는 것이다. 그런데 공자의 대답은 하나는 지나치고, 하나는 모자란데, 둘 다 같다는 것이다. 도대체 무엇이 공자로 하여금 자하가 모자라다고 하게 하였을까?

- 자하의 문인이 남과 사귀는 것에 대해 자장에게 물었다. 자장이 말했다. "자하는 무어라고 하더냐?"
  대답했다. "자하께서는 '사귀어도 되는 사람과는 사귀고 그렇지 못한 사람은 거절하라.'고 하셨습니다."
  자장이 말했다. "내가 듣던 바와는 다르구나. 군자는 어진 사람을 존경하고 뭇사람을 포용하며, 착한 사람을 칭찬하고 무능한 사람을 불쌍히 여긴다. 내가 크게 어질다면 남들에게 무엇을 용납하지 못하겠느냐? 내가 어질지 못하다면 남들이 장차 나를 거절할 것인데, 어찌 남을 거절할 수 있겠느냐?"

: 子夏之門人問交於子張. 子張曰, 子夏云何. 對曰, 子夏曰, 可者與之, 其不可者拒之. 子張曰, 異乎吾所聞. 君子尊賢而容衆, 嘉善而矜不能. 我之大賢與, 於人何所不容. 我之不賢與, 人將拒我, 如之何其拒人也. 「자장」

선가禪家에서 전해지는 대통신수大通神秀(606-706)와 육조혜능六祖慧能(638-713)의 시를 연상케 한다. 신수가 "몸은 보리수요, 마음은 맑은 거울이니, 부지런히 털고 닦아, 티끌이 묻지 않게 하리라身是菩提樹, 心如明鏡臺. 時時勤拂拭, 莫遣有塵埃."고 노래하고 있는데 반해, 혜능은 "몸은 보리수가 아니요, 마음 또한 거울이 아니네. 본래 아무것도 없는데, 어느 겨를에 티끌을 털겠는가?身非菩提樹, 心鏡亦非臺. 本來無一物 何假拂塵埃."라고 답하고 있다. 신수와 혜능의 시가 극명하게 대비되듯이, 사와 상, 즉 자장과 자하의 입장도 정확히 대비되고 있다. 적극적이고 진취적인 자장, 소극적이고 수동적인 자하, 이것이 공자가 말한 지나침과 미치지 못함일까? 얼핏 보기에는 자장의 자세가 좋아 보이지만, 자칫 잘못하면 절제가 사라져 방탕해질 수 있다. 그래서 지나친 것이다. 자하의 자세는 큰 실수는 없으나 답답함을 면할 수 없다. 그래서 미치지 못한 것이다.

■ 자유가 말했다. "자하의 제자들은 물을 뿌려 청소하고, 손님을

접대하며, 앞으로 나아가고 뒤로 물러나는 일은 괜찮다. 그러나 그것은 말단의 일일 뿐이다. 근본이 없으니 어찌하겠느냐?"
자하가 그 말을 듣고 말했다. "아아, 자유의 말이 지나치다. 군자의 도를 어느 것을 먼저라고 하여 전하고, 어느 것을 나중이라고 하여 게을리 하겠는가? 초목에 비유한다면 종류에 따라 구분하는 것과 같다. 군자의 도를 어찌 속일 수 있겠느냐? 처음과 끝을 겸비한 사람은 아마 오직 성인뿐일 것이다."

: 子遊曰, 子夏之門人小子, 當灑掃應對進退, 則可矣. 抑末也. 本之則無, 如之何. 子夏聞之曰, 噫, 言游過矣. 君子之道, 孰先傳焉, 孰後倦焉. 譬諸草木, 區以別矣. 君子之道, 焉可誣也. 有始有卒者 其惟聖人乎. 「자장」

초목을 종류에 따라 구분하는 것과 같다는 것은 초목을 큰 것은 큰 것대로, 작은 것은 작은 것대로 구분하여 기르듯이, 제자들도 성취여하에 따라 구분하여 가르친다는 말이다. 서두르려 하지 않고 차근차근 순서대로 제자들을 가르치려는 자하의 고지식함이 여실히 나타난다. 차근차근 나아가니 부실함은 없을 것이다. 그러나 때로는 비약도 필요한 것이다. 이런 것들이 아마 공자가 말한 미치지 못함이리라.

■ 번지가 인仁에 대해 물었다. 공자께서 말씀하셨다. "사람을 사랑

하는 것이다."

아는 것知에 대해 물었다. 공자께서 말씀하셨다. "사람을 아는 것이다."

번지가 깨닫지 못했다. 공자께서 말씀하셨다. "곧은 사람을 발탁하여 굽은 사람 위에 놓으면 능히 굽은 사람을 곧게 만들 수 있을 것이다."

번지가 물러 나오다 자하를 보고 말했다. "아까 내가 선생님을 뵙게 되어 아는 것에 대해 물었더니, 선생님께서 말씀하시길 '곧은 사람을 발탁하여 굽은 사람 위에 놓으면 능히 굽은 사람을 곧게 만들 수 있을 것이다.'라고 하셨는데, 무슨 뜻이오?"

자하가 말했다. "의미심장하구나! 말씀이. 순임금이 천하를 다스릴 때 뭇사람 중에서 고요를 발탁하니 어질지 않은 자들이 멀어졌습니다. 탕임금이 천하를 다스릴 때 뭇사람 중에서 이윤을 발탁하니 어질지 않은 자들이 멀어졌습니다."

: 樊遲問仁. 子曰, 愛人. 問知. 子曰, 知人. 樊遲未達. 子曰, 擧直錯諸枉, 能使枉者直. 樊遲退. 見子夏曰, 鄕也吾見於夫子而問知. 子曰, 擧直錯諸枉, 能使枉者直. 何謂也. 子夏曰, 富哉, 言乎. 舜有天下, 選於衆, 擧皐陶, 不仁者遠矣. 湯有天下, 選於衆, 與伊尹, 不仁者遠矣. 「안연」

앞에서도 말했듯이 자하가 미치지 못한다고 하여 결코 자하가 남들에게 뒤처지는 것은 아니다. 번지는 자하보다 8살이나 위다. 그런 번지가 미처 깨닫지 못한 것을 자하는 단번에 깨닫고 있다. 자하는 공자의 어린 제자들 중 자장과 더불어 발군의 존재였다. 다만 둘의 성격이나 스타일이 판이했던 것이다. 그래서 자공이 공자에게 묻게 되었으리라.

자하가 거보의 읍재가 되어 정치에 관해 물었다. 공자께서 말씀하셨다. "서두르려 하지 말고, 작은 이익을 바라보지 마라. 서두르면 통달하지 못하고, 작은 이익을 바라보면 큰일이 이루어지지 않는다."

: 子夏爲莒父宰, 問政. 子曰, 無欲速, 無見小利. 欲速則不達, 見小利則大事不成.「자로」

공자의 이야기는 아마 자하가 자칫 범하기 쉬운 그 무엇을 지적한 것이리라. 그런데 그 내용이 너무 심하다. 서두르지 말고, 작은 이익을 바라보지 말라니. 공자와 나이 차가 44살이니 자하가 거보의 읍재가 된 것은 아무리 늦게 잡아도 20대 후반일 것이다. 그러니 젊은 나이에 자칫 조급한 마음을 갖거나, 사소한 이익에 얽매이지 않을까 우려되어 그런 이야기를 한 것일까? 그렇다 해도, 자하는 자장과 더불어 공문의 후기지수後起之秀 중 쌍두마차인 사람이다. 그런 현자에게 어찌 우리 같은 장삼이사에게나 할 만한 이야기를 했을까? 그리고 자하는 미치지 못한 대신 서두르지는 않았는데, 왜 서두르지 말라고 한 것인지…….

> 공자께서 자하에게 말씀하셨다. "너는 군자 같은 선비가 되어야지, 소인 같은 선비는 되지 마라."
>
> : 子謂子夏曰, 女爲君子儒, 無爲小人儒. 「옹야」

공자의 이야기대로라면 자하에게 소인의 기질이 있었다는 것이다. 그래서 서두르지 말라고 하고, 작은 이익을 바라보지 말라고 했단 말인가? 소인은 공자의 문하에서 가장 금기시하는 말인데…….

『사기』 「유림儒林열전」에는 다음과 같은 기록이 있다.

> 공자가 죽은 후 칠십 여 제자들이 각지로 흩어져 제후에게 유세하여, 그 중 크게 된 자는 제후의 사부나 경상卿相이 되었고, 작게 된 자는 사대부의 벗이 되어 가르쳤고, 어떤 사람들은 숨어 나타나지 않았다. 자로는 위衛나라에 있었고, 자장은 진陳나라에 있었으며, 담대자우澹臺子羽는 초나라에, 자하는 서하西河(지금의 산시山西성 펀양汾陽현)에 있었으며, 자공은 제나라에서 삶을 마쳤다. 전자방田子方, 단간목段干木, 오기吳起, 금골리禽滑釐 등은 모두 자하의 무리들에게서 공부하여 왕자의 스승이 되었다. 그 당시 오직 위魏나라의 문후文侯만이 학문을 좋아하였다.

전자방, 단간목은 위문후魏文侯의 스승이라 전해지는 사람들이며, 오기는 위문후를 도와 위나라가 전국戰國시대 초기 천하에 그 위세를 자랑할 수 있게 한 사람이다. 금골리는 자하에게 배웠으나, 나중에 묵자의 제자가 되었다고 전해진다. 자하가 머물렀다는 서하는 위나라의 영역이었고, 「중니제자열전」에서는 자하가 위문후의 스승이었다고 기록되어 있다. 자하와 자하로부터 배웠다는 전자방, 단간목, 오기 등은 모두 위문후와 관련되어 있다.

위문후는 어떤 사람인가? 위문후는 위나라의 시조로 이회李悝를 등용해 변법變法을 단행함으로써 위나라를 전국 초기 중원의 패자로 만든 군주이다. 즉 중국 최초로 변법을 시행한 군주인 셈이다. 그런데 자하의 제자라 전해지는 오기 또한 변법을 주장한 사람임에 비추어 볼 때, 위문후의 변법에는 그 배후에 자하의 영향이 있었음을 짐작할 수 있다.

변법은 무엇인가? 변법은 정치적으로는 주나라 봉건제를 타파하여 군현제郡縣制로 대표되는 중앙집권적 통일국가를 건설하고, 사회경제적으로는 종래의 씨족공동체적 영농 질서를 혁파하여 가족 중심의 소농경제를 확립하고, 국가의 인민에 대한 직접 지배를 관철시키려는 움직임이다. 이는 약육강식의 무한경쟁에 내몰린 전국시대 열국들이 부국강병富國强兵을 통해 생존을 모색하고, 나아가 최후의 승자가 되기 위한 필사적인 노력이었다.

문제는 공자를 시조로 하는 유가는 이 변법에 반대하였다는 점이다. 유가는 주례周禮로 대표되는 주나라 봉건제의 유지를 바랐고, 효제孝弟로 표현되는 씨족공동체적 질서의 온존을 꾀했다. 전국시대 제자백가의 사상투쟁을 한 마디로 요약하면 유법儒法투쟁이라고 할 수 있는데, 이는 다시 말하면 주례와 씨족공동체적 질서에 대한 찬반양론의 대립이었다. 그런데 공자의 제자인 자하의 제자들이라고 전해지는 사람들(위문후, 오기 등)로부터 전국 최초의 변법이 시행되었다니……. 자하는 결과적으로 자신의 사문에 칼을 들이댄 격이 된 것이다.

『논어』「이인」편에서 공자는 다음과 같이 말하고 있다. "군자는 의에 밝고 소인은 이익에 밝다子曰, 君子喩於義, 小人喩於利." 즉, 소인이란 이익을 쫓는 사람이란 뜻이다. 공자가 군자와 소인을 이런 식으로 구분한 것은 당시의 시대상황과 밀접한 관련이 있다. 당시는 철제 농기구의 사용이 보편화되면서 종래의 씨족공동체에 의한 공동경작에서 가족에 의한 소농경영으로 전이되는 시기였고, 그 과정에서 토지가 점차 사유화되어 토지의 빈익빈 부익부 현상이 심화되어 가던 시기였다. 따라서 모든 사람들이 이 시대적 격변의 과정에서 만인 대 만인의 무한경쟁에 내몰려 이기심이 극대화할 수밖에 없었다. 즉 성품이 사악해 이기적이 된 것이 아니라, 살기 위해 이기적일 수밖에 없게 내몰린 것이다.

나라도 마찬가지다. 주봉건제가 붕괴하면서 이제 나라 사이의 협

동과 공동 번영은 옛날 일이 되고 말았다. 나라도 살기 위해서 자신의 이익을 극대화하지 않으면 안 되게 된 것이다. 변법은 부국강병을 통해 나라의 이익을 극대화하자는 것에 다름 아니었다. 『맹자』 첫머리에서 양혜왕이 맹자에게 "선생님께서 천 리를 멀다 하지 않고 오셨으니, 그렇다면 장차 내 나라를 이롭게 할 일이 있겠군요?叟不遠千里而來 亦將有以利吾國乎"라고 말한 것은 유명한 이야기다. 나라나 개인이나 이익을 쫓는 것이 시대적 추세가 된 것이다.

소인이란 이러한 시대적 흐름 속에서 시대에 뒤처지지 않기 위하여, 아니 적극적으로 시대에 앞서 나가기 위하여 그 흐름에 적극 편승한 사람들을 일컫는 말이고, 군자란 그러한 시대의 흐름에 저항한 사람을 일컫는 말이다.

그런데 공자의 제자들 중 상당수는 그러한 시대의 흐름을 어쩔 수 없는 것으로 받아들이려 했다. 번지가 그렇고, 염유가 그랬다. 거기에 자하 또한 해당되었던 것은 아닐까? 공자가 자하에게서 훗날 변법이 그로부터 싹틀 어떤 가능성 같은 것을 본 것은 아닐까? 그래서 소인 같은 선비가 되지 말라고 한 것은 아닐까? 그래서 바로 보이는 작은 이익을 쫓지 말라고 한 것이 아닐까? 또 변법을 통한 부국강병과 같이 짧은 시간 안에 성과를 낼 수 있는 그런 것들을 바라지 말라고 한 것은 아닐까? 공자가 자하에게 소인 같은 선비가 되지 말라고 한 것은 바로 이런 맥락에서 이해할 수 있지 않을까?

한편 자하는 자유와 함께 공문십철 중 문학文學과에 이름을 올린 사람이다. 여기서 문학이라 함은 시나 소설과 같은 그런 문학, 즉 영어로 literature을 말하는 것이 아니다. 여기서 말하는 문학은 고금의 문헌이다. 그는 옛 문헌 중 특히 시에 조예가 있었던 모양이다.

- 자하가 물었다. "'방긋 웃는 웃음에 입맵시가 아름답고, 아름다운 눈동자에 눈매가 고우니, 흰 바탕에 고운 채색이로다.'라고 하는 데, 무엇을 일컬은 말입니까?"
  공자께서 말씀하셨다. "먼저 흰 바탕을 만든 후에 그림을 그린다는 뜻이다."
  자하가 말했다. "예가 나중입니까?"
  공자께서 말씀하셨다. "나를 일깨워주는구나, 상이. 비로소 더불어 시를 말할 만하구나."
  : 子夏問曰, 巧笑倩兮, 美目盼兮, 素以爲絢兮. 何謂也. 子曰, 繪事後素, 曰, 禮後乎. 子曰, 起予者商也. 始可與言詩已矣. 『논어』「팔일」

『논어』에서 공자로부터 "비로소 더불어 시를 말할 만하구나."라는 말을 들은 사람은 자하와 자공 둘 뿐이다. 그만큼 자하가 시에 조예가 깊었던 모양이다. 그런 사실에 기초한 것인지는 모르나, 자하가 시에 서序를 썼다는 전승이 있는데, 확인할 수 없으며, 그 내용 또한 전해지지 않는다. 다만 『한서漢書』「예문지藝文志」에 지금 우리가 보고 있는 『시경』인 『모시毛詩』가 자하로부터 전해졌다고 기록되어 있는데, 그것 또한 확인되지 않는다. 또한 자하로부터 『춘추곡량전』과 『춘추공양전』이 전해졌으며, 『역』도 전해졌다는 전승도 있으나, 믿을 수 있는 이야기는 아닌 것 같다.

공자 사후 유가의 전통은 둘로 나뉘어졌다고 이야기한다. 하나는 내면의 수양을 강조하는 흐름으로, 증삼으로부터 비롯되어 자사, 맹자로 이어지는데, 훗날 유가의 정통이 되었다. 다른 하나는 예禮의 객관적 형식성을 강조하는 흐름으로, 자하로부터 비롯되어 순자로까지 이어졌다고 한다. 그런데 이 흐름은 순자의 문하에서 이사와 한비자가 나옴으로써 완전히 이단시되었다.

이렇게 보면 분서갱유로 유가에 괴멸적인 타격을 가했던 이사나 한비자의 뿌리가 결국 자하라는 이야기가 된다. 자하는 왜 이런 상황에 직면하게 되었을까? 한 가지 이유는 자하가 문학, 즉 문헌에 밝았기 때문일 것이다. 옛 문헌에 깊이 파고들면서 옛 제도에 밝게 되었고, 그것이 제도, 즉 예의 객관적 형식성에 주목하게 만들었으리라. 또 다른 이유는 앞에서도 밝힌 바와 같이 공자로부터 지적당한 자하 내면의 소인 기질이었으리라. 즉, 위문후의 변법과의 연관성이다. 그리고 아마 후자가 훨씬 더 큰 이유로 작용했을 것이다.

공자의 다른 제자들

『논어』에서 나올 때마다 공자로부터 칭찬을 받은 사람이 안연이지만, 그래도 임금의 자격이 있다는 소리는 못 들었다. 그런데 공자로부터 임금의 자격이 있다는 소리를 들은 제자가 있다. 공문십철에 안연과 더불어 덕행德行과로 이름을 올린 염옹冉雍이다.

- 공자께서 말씀하셨다. "옹은 임금이 될 만하도다."

  : 子曰, 雍也可使南面.「옹야」

남면南面이란 임금이 신하를 대면할 때 북쪽에 앉아 남쪽을 향하는 것이다. 옹은 공자의 제자로, 성은 염冉, 이름은 옹雍이며, 자는 중궁中弓이다. 그가 비록 덕행으로 이름이 높았다고 하나, 임금이 될 만하다고 한 것은 파격도 보통 파격이 아니다. 왜냐하면 당시는 신분사회라 임금은 임금의 아들만이 할 수 있었기 때문이다.

■ 공자께서 중궁에 대해 말씀하셨다. "얼룩소의 새끼라 하더라도 색깔이 붉고 뿔이 가지런하다면, 비록 (사람들은) 쓰지 않으려고 해도, 산천의 신들이 내버려두겠느냐?"

: 子謂仲弓曰, 犂牛之子騂且角, 雖欲勿用, 山川其舍諸. 「옹야」

공자가 중궁을 얼룩소의 새끼에 비유하고 있는 것을 볼 때, 중궁의 출신이 매우 비천했던 모양이다. 「중니제자열전」은 중궁의 아비가 천한 사람賤人이라고 하면서 이 말을 바로 뒤에 덧붙이고 있다. 『공자가어』는 중궁이 염백우의 일족으로 불초한 아비에게서 태어났다고 하였다. 그런데 그런 그에게 임금의 자격이 있다고 했으니, 진나라의 폭정에 최초로 농민반란의 기치를 높이 든 진승陳勝(?-BC208)이 했다는 유명한 말 "왕후장상의 씨가 어찌 따로 있겠는가王侯將相寧有種乎?"와 무슨 차이가 있겠는가? 만일 우리나라 조선시대에 이런 말을 했다면 공자나 중궁이나 아마 삼족이 주멸되었을 것이다. 어찌되었든 공자는 중궁의 무엇을 보고 이런 말을 했을까? 『논어』에는 그에 대한 명시적인 이야기는 없다.

■ 중궁이 자상백자에 대해 물었다. 공자께서 말씀하셨다. "괜찮다. 소탈하다."
중궁이 말했다. "평소에 몸가짐을 공경히 하면서 행동은 소탈하게 하여, 그로써 백성에게 임한다면 괜찮지 않겠습니까? 그러나 평소 몸가짐도 소탈하면서 행동이 소탈하다면, 지나치게 소탈한 것 아닙니까?"
공자께서 말씀하셨다. "옹의 말이 옳다."
: 仲弓問子桑伯子, 子曰, 可也, 簡. 仲弓曰, 居敬而行簡, 以臨其民, 不亦可乎. 居簡而行簡, 無乃大簡乎. 子曰, 雍之言然. 「옹야」

■ 중궁이 인仁에 대해 물었다. 공자께서 말씀하셨다. "문 밖에 나가서는 큰 손님을 뵙는 것 같이 하며, 백성을 부릴 때에는 큰 제사를 받드는 것 같이 하라. 내가 원하지 않는 것을 남에게 베풀지 마라. 나라 안에서도 원망이 없을 것이며 집안에서도 원망이 없을 것이다."
중궁이 말했다. "제가 비록 영민하지는 못하나 그 말씀을 삼가 받들겠습니다."
: 仲弓問仁. 子曰, 出門如見大賓, 使民如承大祭. 己所不欲, 勿施於人. 在邦無怨, 在家無怨. 仲弓曰, 雍雖不敏, 請事斯語矣. 「안연」

군자는 평상시에도 몸가짐을 경건히 해야 한다敬. 그런데 자상백자는 평상시 몸가짐을 풀어 놓았던 것 같다簡. 중궁은 공자에게 그 것을 지적하고 있다. 문 밖에 나갈 때 큰 손님을 뵙는 것 같이 하고, 백성을 부릴 때 큰 제사를 받드는 것 같이 하는 것을 주희는 한 마디로 경敬이라고 하였다. 이 두 대목을 통해 우리가 중궁에 대해 떠올릴 수 있는 것은 바로 이 경敬이라는 글자이다.

『논어』에는 중궁에 대한 이야기 두 번 더 나온다. 「공야장」에서 공자는 중궁이 말을 잘 못하는 것에 대해, 말을 잘 못하는 것이 아무런 흉이 될 수 없음을 말하고 있고或曰, 雍也仁而不佞. 子曰, 焉用佞. 禦人以口給, 屢憎於人. 不知其仁, 焉用佞, 「자로」에서는 인재를 등용하는 방법에 대해 우선 네가 아는 사람부터 등용하라고 하고 있다仲弓爲季氏宰. 問政. 子曰, 先有司, 赦小過, 擧賢才. 曰, 焉知賢才而擧之. 曰, 擧爾所知. 爾所不知 人其舍諸. 그 외에 중궁이 임금이 될 자격이 있다는 것을 보여주는 특별한 이야기는 없다.

이상을 종합한다면 공자가 중궁에게 임금의 자리를 허락한 결정적 이유는 바로 그가 항상 몸과 마음을 경건히 한다는 것敬, 그것 때문일까? 아니면 그것 이외에 또 다른 이유가 있는데, 현재 전해지지 않아 우리가 알 수가 없는 것일까? 알지 못할 노릇이다.

자유子游는 오吳나라 사람으로, 성은 언言, 이름은 언偃이다. 공자보다 45살 아래이며, 자유는 자다. 자하와 함께 문학으로 공문십철에 이름이 올랐다.

■ 자유가 말했다. "임금을 섬김에 너무 자주 간언하면 욕을 보게 되고, 벗을 사귐에 너무 자주 충고하면 소원해진다."

: 子游曰, 事君數, 斯辱矣. 朋友數, 斯疏矣. 「이인」

자유가 하는 말은 오늘날 우리가 들어왔던 유교의 가르침과는 전혀 다르다. 임금의 잘못을 끝까지 간하다 죽어야 만고의 충신으로 칭송받는다고 들어 왔는데, 적당히 간언하다 말라고……. 그래야 욕을 당하지 않는다고……. 원래의 공자의 가르침은 가족에 대한 효제가 임금에 대한 충성보다 우선했다. 다산 정약용에 의하면 가족은 하늘이 내린 관계로天屬 일단 맺어진 이상 절대로 끊을 수 없는 것인데 반해, 군신관계는 인위적인 관계로人屬, 그것을 결합시킨 의義가 사라지면 끊어지는 것이다. 따라서 임금이 신하를 예로 대하지 않거나, 신하의 바른 말을 귀담아 듣지 않으면, 신하도 임금에게 충성할 이유가 없게 되는 것이다. 자유가 하는 말은 그런 뜻이다. 간언해도 듣지 않으면 더 이상 간하지 말고 벼슬을 그만두어야 한다. 그러지 않으면 욕을 당한다고. 한 대 이후 국가의 공인 이데올로기가 되면서 수구적이고 고리타분해진 유교에 식상해 있는 우리에게 정녕 신선하고 상쾌하게 다가오는 말이 아닐 수 없다.

그런데 자유는 상당한 원칙주의자였던 것 같다.

■ 공자께서 무성武城에 가시어 거문고 소리에 맞춰 부르는 노랫소

리를 들으셨다. 공자께서 빙그레 웃으시며 말씀하셨다. "닭을 잡는 데 어찌 소 잡는 칼을 쓰느냐?"

자유가 대답했다. "전에 저는 선생님으로부터 이런 말을 들었습니다. '군자가 도를 배우면 사람을 사랑하고, 소인이 도를 배우면 부리기가 쉽다.'"

공자께서 말씀하셨다. "애들아, 언偃의 말이 옳다. 아까 한 말은 농담이니라."

: 子之武城, 聞弦歌之聲. 夫子莞爾而笑曰, 割鷄焉用牛刀. 子游對曰, 昔者偃也聞諸夫子曰, 君子學道則愛人, 小人學道則易使也. 子曰, 二三子, 偃之言是也. 前言戲之耳. 「양화」

"닭을 잡는 데 어찌 소 잡는 칼을 쓰느냐?"는 공자의 말은 아마 농담이었을 것이다. 예악禮樂으로써 백성을 다스린다는 자신의 가르침을 그대로 실천하는 자유가 기특해서 한 말이리라. 그런데 자유에게는 농담도 통하지 않았다. 자유가 정색을 하고 공자의 말로 반박을 한 것이다. 이런 원칙주의자에게 더 이상의 농담은 안 되겠다고 판단한 공자는 자신의 말이 농담이었다고 인정한다. 고지식한 원칙주의자로서의 자유의 면모가 생생하다.

▪ 자유가 무성의 읍재가 됐다. 공자께서 말씀하셨다. "너는 그곳에서 사람을 얻었느냐?"

"담대멸명이란 자가 있사온데, 길을 가되 지름길로 다니지 않고, 공적인 일이 아니면 저의 집에 오지 않습니다."

: 子游爲武城宰. 子曰, 女得人焉爾乎. 曰, 有澹臺滅明者. 行不由徑, 非公事未嘗至於偃之室也. 「옹야」

유유상종類類相從이라고 원칙주의자의 눈에는 원칙주의자만 들어오는 법이다. 길을 갈 때 지름길로 다니지 않고, 공적인 일이 아니면 자유의 집에 찾아가지 않는다니…….

자유가 발탁한 담대멸명澹臺滅明 또한 자유에 뒤지지 않는 원칙주의자였다. 담대멸명은 「중니제자열전」에 의하면 무성武城 사람으로 자는 자우子羽, 공자보다 39살 어리다.

담대멸명에 대해서는 『공자가어』와 「중니제자열전」에 서로 정반대의 기록이 보인다.

담대멸명은 용모가 매우 추악해, 공자를 섬기려 했으나, 공자는 그의 재능이 모자란다고 여겼다. 그러나 가르침을 받은 후 물러나 행실을 갈고 닦았으며, 길을 갈 때 지름길로 다니지 않았고, 공적인 일이 아니면 경대부를 만나지 않았다. 남쪽으로 내려가 장강長江에 이르렀는데, 따르는 제자가 300명이나 되었다. 그는 제자들에게 서로 주고받는 법과 마땅한 행동거지를 가르쳐, 명성이 제후들에게 퍼졌다. 공자가 이 이야기를 듣고 말했다. "내가 말로 사람을 취했다가 재여를 잘못 보았고, 용모로 사람을 취했다가 자우를 잘못 보았다."(『사기』「중니제자열전」)

담대자우는 군자다운 용모를 가졌으나, 그 행실은 용모만 못하였다. 재아(재여)는 말을 잘했으나, 그 지혜는 말을 따라가지 못했다. 공자가 말했다. "속담에 말하길, '말을 볼 때는 말이 수레에 매여 있을 때 살펴볼 것이며, 선비를 볼 때는 그가 한가로이 있을 때 살펴보라'고 하더니, 이 말을 없애서는 안 될 것이다. 내가 용모로 사람을 취했다가 자우를 잘못 보았고, 말로 사람을 취했다가 재여를 잘못 보았다."(『공자가어』「자로초현子路初見」)

「중니제자열전」과 『공자가어』가 서로 정반대의 주장을 하고 있으나, 만일 『논어』의 기록이 사실이라면 「중니제자열전」의 기록이 옳을 것이다. 원칙을 중요시하는 사람이 행실이 어긋날 리는 없다.

유약有若은 「중니제자열전」에 의하면 공자보다 43살 어리다. 『공자가어』에는 36살 어리다고 기록되어 있다. 자는 『공자가어』에 의하면 자유子有이다. 유약에 대해서는 『맹자』에 다음과 같은 이야기가 전해진다.

- 어느 날 자하와 자장, 자유가 유약이 용모가 성인(공자)와 닮았다고 하여, 그를 공자를 섬기는 것처럼 섬기자고 증자에게 강요하였다. 증자가 말했다. "아니 되오. (공자께서는) 장강과 한수漢水의 물로 씻은 듯, 가을 햇볕으로 말린 듯, 맑고 깨끗해 더 보탤 것이 없소."

  : 他日, 子夏, 子張, 子游以有若似聖人, 欲以所事孔子事之, 彊曾子. 曾子曰, 不可. 江漢以濯之, 秋陽以暴之, 皜皜乎不可尙已. 「등문공상」

「중니제자열전」에도 비슷한 이야기가 실려 있다. 요컨대 유약이 공자 사후 용모가 공자와 비슷하다는 이유로 공자처럼 섬김을 받다가, 결국 공자만 못하다는 것이 밝혀져 그만두게 되었다는 내용이다. 이 이야기들이 사실이라면 이것이 의미하는 것은 유약이 공자 사후 한때 공문孔門에서 지도적 지위에 있었는데, 다른 제자들로부터 배척을 받아 물러나게 되었다는 것이다. 유약은 정말 용모 하나 때문에 공문의 지도적 지위에 오를 수 있었던 것일까? 그것은 확인할 수 없으나, 『논어』에 나타난 몇 마디 말만 갖고도 유약이 범상한 제자는 아니었음을 알 수 있다.

- 유자가 말했다. "그 사람됨이 효성스럽고 공손한 사람으로서 윗사람을 범하기를 좋아하는 자가 적다. 윗사람을 범하기를 좋아하지 않으면서 난을 일으키기를 좋아하는 자는 없다. 군자는 근본

을 힘써야 하니 근본이 서면 도가 생겨난다. 효성과 우애야말로 아마 인仁의 근본일 것이다."

: 有子曰, 其爲人也孝弟, 而好犯上者鮮矣. 不好犯上, 而好作亂者未之有也. 君子務本, 本立而道生. 孝弟也者, 其爲仁之本與. 「학이」

맹자도 말한 바 있다. 어버이를 친애하는 것이 인이라고親親仁也. 「진심상」. 더군다나 주나라의 봉건제封建制는 종법宗法이라는 가족 질서에 기초하여 성립되었다. 따라서 효제孝弟는 윤리와 사회 질서의 근간이다. 유약은 그 사실을 꿰뚫어 보고 있다.

■ 유자가 말했다. "예를 쓰는 것은 화합을 귀중히 여기니, 선왕의 도가 이것을 아름답게 여겨 크고 작은 것이 여기에서 비롯됐다. 그러나 하지 않을 것이 있다. 화합만 알고 화합에 치우쳐 예로써 절제하지 않으면, 또한 행해서는 안 되는 것이다."

: 有子曰, 禮之用, 和爲貴. 先王之道斯爲美, 小大由之. 有所不行. 知和而和, 不以禮節之, 亦不可行也. 「학이」

예는 차별과 화합이라는 상호 대립적인 요소로 이루어져 있다. 차별이 지나치면 멀어지고, 화합이 지나치면 문란해진다. 양자 사이의 중용이 필요하다. 유약은 예의 본질을 정확히 꿰뚫어 보고 있다.

▪ 애공이 유약에게 물었다. "흉년이 들어 쓸 것이 모자라는데 어떻게 해야 합니까?"

유약이 대답하여 말했다. "어찌 철徹법을 쓰지 않으십니까?"

"10분의 2도 오히려 부족할 판인데 철법을 써서 어찌하겠습니까?"

"백성이 풍족하다면 임금께서 누구와 더불어 부족하겠으며, 백성이 부족하다면 임금께서 누구와 더불어 풍족하겠습니까?"

: 哀公問於有若曰, 年饑, 用不足, 如之何. 有若對曰, 盍徹乎. 曰, 二, 吾猶不足, 如之何其徹也. 對曰, 百姓足, 君孰與不足. 百姓不足, 君孰與足. 「안연」

철은 수확의 10분의 1을 세금으로 걷는 것이다. 백성이 없는 임금이란 없다. 임금은 백성으로 자신의 몸을 삼는다. 따라서 백성이 부유하면 임금도 부유하고, 백성이 가난하면 임금도 가난하다. 나라와 백성을 자신의 소유물로 간주하던 시대에 이런 말을 한 유약의 식견이 놀라울 따름이다.

유약은 그냥 용모 하나만으로 공문의 지도적 위치에 올라선 것은 아니었다.

공서적公西赤은 자는 자화子華이고, 공자보다 42살 어리다(「중니제자열전」). 그는 요즈음 말로 하면 외교관의 소질이 있었던 것 같다. 『논

어』에는 공자가 그에 대해 조복을 입고 조정에 서서 빈객과 더불어 말을 나누게 할 수는 있으나, 어진지는 모르겠다고 말하는 대목이 있다赤也, 束帶立於朝, 可使與賓客言也. 不知其仁也.「공야장」. 그 또한 자신을 알아준다면 어떻게 하겠느냐는 공자의 질문에 종묘의 행사나 제후의 회동 때 예복을 갖춰 입고 작게나마 보좌할 수 있는 자가 되기를 원한다고 답하고 있다宗廟之事, 如會同, 端章甫, 願爲小相焉.「선진」.

남용南容은 「중니제자열전」에 의하면 이름은 남궁괄南宮括이며, 자는 자용子容이다. 그러나 『공자가어』에는 이름이 남궁도南宮韜로 되어 있다. 또 『논어』「헌문」편에 남궁괄南宮适이라는 사람이 나오는데, 그 남궁괄이 南宮括, 즉 남용인지에 대해서는 주장이 엇갈린다. 사마천은 그 남궁괄을 같은 사람, 즉 남용으로 보고 있다. 아무튼 남용은 공자의 조카사위다.

- 공자께서 남용에 대해 말씀하시길 "나라에 도가 있으면 버려지지 않을 것이요, 나라에 도가 없더라도 형벌은 면할 것이다."라고 하시며, 형의 딸을 그에게 출가시켰다.

  : 子謂南容, 邦有道不廢, 邦無道免於刑戮. 以其兄之子妻之.「공야장」

나라에 도가 있을 때 버려지지 않는 것은 그만한 능력이 있는 것이다. 나라에 도가 없을 때 형벌을 면할 수 있는 것은 평소 말과 행동을 조심하는 것이다. 그런 사람이라면 누구라도 사위를 삼으려고 할 것이다.

- 남용이 백규白圭의 시를 되풀이하여 외고 있음에 공자께서 형님의 딸과 결혼시키셨다.

  : 南容三復白圭. 孔子以其兄之子妻之. 「선진」

백규白圭는 『시경』 「대아大雅」에 나오는 시로, 여기와 관련된 부분은 다음과 같다. "백규의 흠은 다시 갈면 되지만, 말을 잘못해서 생긴 허물은 어쩔 도리가 없네白圭之玷, 尙可磨也. 斯言之玷, 不可爲也." 백규는 흰 옥으로 만든 규圭다. 옥에 생긴 흠은 곱게 갈면 없어지지만, 잘못 뱉은 말은 주워 담을 재주가 없다. 남용이 이 구절을 되풀이 외었다는 것은 항상 말을 조심하려 노력했다는 이야기다. 과연 공자가 조카사위를 삼을 만하다.

염백우冉伯牛는 성은 염, 이름은 경耕이며, 백우는 자이다. 『공자가어』에 의하면 노나라 사람으로 중궁과 일족이라고 한다. 공문십철에 덕행으로 그 이름이 올랐다. 다산 정약용은 왕충王充(27-104)의 『논형論衡』을 인용하여 그가 중궁, 즉 염옹의 아비일 것으로 추측하고 있으나. 확인할 방법은 없다. 『논어』에는 그가 병에 걸린 사실 하나만이 기록되어 있다.

백우가 병에 걸렸다. 공자께서 문병 가시어 창 너머로 그의 손을 잡으며 말씀하셨다. "이제 그만이로구나. 운명인가? 이 사람이 이런 병에 걸리다니, 이 사람이 이런 병에 걸리다니."

: 伯牛有疾. 子問之, 自牖執其手. 曰, 亡之. 命矣夫. 斯人也而有斯疾也, 斯人也而有斯疾也. 「옹야」

공자의 행동이 이상하다. 문병을 가서는 환자를 직접 만나지 않고 창 너머로 손을 잡다니……. 『회남자淮南子』를 비롯하여 한漢대의 학자들은 백우의 병이 문둥병이라고 생각했다. 그래서 공자가 창 너머로 손을 잡았다는 것이다. 그러나 문둥병은 비록 신체가 썩어 문드러져 가기는 하나, 오랜 기간에 걸쳐 점진적으로 진행되어 바로 생사生死와 연결되지는 않는다. 따라서 문둥병설은 그다지 설득력이 없다. 「중니제자열전」에는 단순히 악질惡疾이라고만 표현되어 있다. 주희는 백우가 자신의 자리를 남쪽 창문 아래로 옮겨 공자로 하여금 남면南面하게 하려고 했기 때문이라고 설명하고 있다. 그것은 군신간의 예인지라 공자가 감당할 수 없어 방에 들어가지 않고 창 너머로 손을 잡은 것이라고 한다. 주희의 말을 따른다면 공자는 단지 예에 얽매여 마지막 가는 제자의 얼굴조차 보지 못한 옹졸한 사람이 된다. 공자가 그렇게 옹졸한 사람은 아닐 것이다. 그렇게 본다면 공자가 왜 마지막 가는 제자의 얼굴도 보지 못하고 창 너머로 손만 잡았는지는 계속 오리무중이다.

민자건閔子騫은 성은 민, 이름은 손損, 자건은 자로, 「중니제자열전」에 의하면 공자보다 15살 아래다. 안연, 중궁, 염백우와 함께 공문십철 중 덕행과에 그 이름이 올랐다.

- 공자께서 말씀하셨다. "'효자로다, 민자건은'이라고 하는데, 사람들은 부모 형제의 그 말에 무어라 끼어들지를 못하는구나."

  : 子曰, 孝哉, 閔子騫. 人不間於其父母昆弟之言. 「선진」

민자건의 효에 대해 『논어』나 「중니제자열전」에는 특별한 기록이 보이지 않는다. 『공자가어』나 『예기』도 마찬가지다. 다만 한나라 때 한영韓嬰이 지었다는 『한시외전韓詩外傳』에 다음과 같은 일화가 소개되어 있다.

민자건의 친어머니가 일찍 죽어 아버지는 후처를 맞이했다. 민자건의 새어머니는 자식을 둘을 낳았으나 민자건을 몹시 박대했다. 어느 날 아버지는 민자건이 갈대꽃으로 만든 얇은 옷을 입고 추위에 떨고 있는 것을 보았다. 그런데 새어머니가 낳은 두 자식은 모두 두꺼운 옷을 입고 있었다. 아버지는 화가 나서 새어머니를 내쫓으려고 했다.

민자건이 말하길 "어머니가 계시면 한 자식이 추위에 떨지만, 어머니가 안 계시면 세 자식이 추위에 떨게 됩니다."라고 했다. 아버지는 민자건의 말이 옳다고 생각하여 새어머니를 내쫓지 않았다. 이 말을 전해들은 새어머니도 회개하여 이윽고 자애로운 어머니가 됐다.

이 이야기가 사실이라면 민자건은 효 하나만 갖고도 가히 공문십철에 그 이름이 오를 만하다고 할 수 있겠다.

- 계씨가 민자건에게 비의 읍재를 시키려고 하자, 민자건이 말했다. "나를 위하여 잘 말해주시오. 만일 또다시 나에게 그런 일이 생긴다면, 나는 반드시 문수汶水 가에 있을 것입니다."

  : 季氏使閔子騫爲費宰. 閔子騫曰, 善爲我辭焉. 如有復我者, 則吾必在汶上矣. 「옹야」

문수는 노나라와 제나라의 경계선상에 있는 강이다. 따라서 문수가에 있겠다는 말은 제나라로 도망가겠다는 말이다. 민자건이 왜 계씨 밑에서 벼슬하기를 꺼려했는지는 알 수 없다. 노나라를 전횡하고 있는 계씨가 싫어서 그런 것인지, 아니면 벼슬 자체를 싫어한 것인지 자료가 없어 확인할 길이 없다. 그러나 염구를 위시하여 많은 제자들이 계씨 밑에서 벼슬하는 것을 마다하지 않은 사실을 생각할 때, 벼슬 자체를 싫어했다고 생각하는 것이 나을 것 같다. 왜냐하면 공자 자신도 제자들이 계씨 밑에서 벼슬하는 것에 대해 특별히 반대하지는 않았기 때문이다.

■ 노나라 사람들이 장부를 다시 지었다. 민자건이 말했다. "옛것을 그대로 쓰는 것이 어떠한가? 꼭 다시 지어야 하는가?"

공자께서 말씀하셨다. "이 사람이 말은 안 하지만, 하면 반드시 이치에 맞는다."

: 魯人爲長府. 閔子騫曰, 仍舊貫, 如之何. 何必改作. 子曰, 夫人不言, 言必有中.「선진」

공자는 백성을 위한 정치를 주장했다. 옛것을 그대로 쓸 수 있으면 그대로 쓰는 것이 백성의 부담을 줄이는 것이고, 백성을 위하는 것이다. 민자건이 공문십철에 그냥 이름이 오른 것이 아니다.

자장은 「중니제자열전」에 의하면 진陳나라 사람으로, 이름은 전손사顓孫師다. 공자보다 48살 어리다. 공자는 그에 대해 평하길 지나치다고 한 바 있다師也過, 商也不及.「선진」. 공자는 무엇을 근거로 그런 판단을 하였을까? 『논어』에는 그것을 알려주는 기록은 없다. 다만 약간의 단서가 될 수 있는 대목은 있다.

■ 자장이 말했다. "덕을 지녀도 넓지 못하고, 도를 믿어도 돈독하지 못하다면, 어찌 있다고 할 수 있으며, 어찌 없다고 할 수 있으랴."

: 子張曰, 執德不弘, 信道不篤. 焉能爲有, 焉能爲亡.「자장」

자장의 말은 달리 표현한다면 넓어야만 덕이고, 돈독해야만 믿는다고 할 수 있다는 것이다. 자장의 뜻이 높고 먼 데 가 있지, 낮고 가까운 데 있지 않음을 알 수 있다.

■ 자하의 문인이 남과 사귀는 것에 대해 자장에게 물었다. 자장이 말했다. "자하는 무어라고 하더냐?"
대답했다. "자하께서는 '사귀어도 되는 사람과는 사귀고 그렇지 못한 사람은 거절하라.'고 하셨습니다."
자장이 말했다. "내가 듣던 바와는 다르구나. 군자는 어진 사람을 존경하고 뭇사람을 포용하며, 착한 사람을 칭찬하고 무능한 사람을 불쌍히 여긴다. 내가 크게 어질다면 남들에게 무엇을 용납하지 못하겠느냐? 내가 어질지 못하다면 남들이 장차 나를 거절할 것인데, 어찌 남을 거절할 수 있겠느냐?"
: 子夏之門人問交於子張. 子張曰, 子夏云何. 對曰, 子夏曰, 可者與之, 其不可者拒之. 子張曰, 異乎吾所聞. 君子尊賢而容衆, 嘉善而矜不能. 我之大賢與, 於人何所不容. 我之不賢與, 人將拒我, 如之何其拒人也. 「자장」

내가 크게 어질다면 무엇을 용납하지 못하겠느냐? 천하 만민의 선악을 모두 포용할 수 있다는 이야기다. 대범하여 일체의 걸림이 없는 말인 듯하나, 꼭 맞는 이야기는 아니다. 『맹자』「만장상」에 의하면 성인인 순舜임금도 도저히 용납할 수 없는 악인이 있어, 결국 삼묘三苗와 곤鯀을 주살할 수밖에 없었다고 한다. 천하 만민을 포용하여도 악은 악이고, 선은 선인 것이다. 선과 악을 모두 용납한다면 선과 악을 구분할 필요가 사라진다. 일찍이 공자도 원한을 덕으로 갚겠다는 사람에 대해 그러면 덕은 무엇으로 갚겠느냐고 하면서 곧음으로 원한을 갚고, 덕으로 덕을 갚아야 한다고 말한 바 있다或曰, 以德報怨, 何如. 子曰, 何以報德. 以直報怨, 以德報德. 「헌문」. 자장의 말대로 하면 선과 악을 구분할 필요가 사라져, 결국 일체의 윤리와 도덕이 부정된다. 자장의 말의 위험성은 거기에 있다. 그러나 그 포부와 도량만은 알아줄 만하다.

자장은 뜻이 항상 남들은 생각도 못하는 높고 먼 데 가 있었다. 그런데 몸은 항상 그에 한참 미치지 못하였던 것 같다. 마치 맹자가 말하는 광자狂者(뜻은 높으나 행동이 못 미치는 사람)가 날마다 "옛사람", "옛사람"하면서도 평소의 행동은 그 말을 뒤따라가지 못하는 것처럼(『맹자』「진심하」). 공자는 자장의 바로 그런 면을 보고 지나치다고 한 것이 아닐까. 그래서 답답하고 고지식한 자하보다 나을 것이 없다고 한 것이 아닌지……. 뜻은 고원高遠하지만, 몸이 뒤따르지 못하는 자장의 일면을 보여주는 대목이 있다.

■ 자장이 밝은 것에 대해 물었다. 공자께서 말씀하셨다. "서서히 스며드는 비방과 피부에 와 닿는 하소연에도 움직이지 않는다면

밝다고 할 수 있다. 서서히 스며드는 비방과 피부에 와 닿는 하소연에도 움직이지 않는다면 고원하다고 할 수 있다."

: 子張問明. 子曰, 浸潤之譖, 膚受之愬, 不行焉, 可謂明也已矣. 浸潤之譖, 膚受之愬, 不行焉, 可謂遠也已矣. 「안연」

여기서의 공자의 말은 밝음明에 대한 일반적인 이야기가 아니다. 공자의 말은 자장에게 새겨들으라고 한 말이다. 즉 자장의 단점을 지적하여 한 말이다. 자장의 단점은 서서히 스며드는 비방, 피부에 와 닿는 하소연에 움직인다는 데 있었다. 즉 귀가 여리다는 말이다. 멀리 보고 걷는 자는 발밑의 돌부리에 차인다고. 자장이 그랬던 것 같다. 그래서 미치지 못한 자보다 나을 것이 없었던 모양이다.

증석曾晳은 「중니제자열전」에 의하면 이름은 점蒧(『논어』와 『공자가어』에는 點으로 되어 있음), 자는 석晳이다. 『공자가어』는 증석이 증삼의 아비라고 하고 있는데. 하안의 『논어집해』에 인용된 공안국의 주도 같은 입장이다. 증석에 대해서는 『논어』에 딱 한 번 기록이 보인다.

▪ 자로와 증석과 염유와 공서화가 공자를 모시고 앉아 있었다. 공자께서 말씀하셨다. "내가 너희보다 하루라도 더 나이가 많기는 하지만 그렇게 생각하지 마라. 평소에 '나를 알아주지 않는다'라고 말을 했는데 만일 너희를 알아준다면 어떻게 하겠는가?"

자로가 불쑥 나서며 대답했다. "천승의 나라가 큰 나라 사이에 끼어 군사적인 침략을 받고 이어 기근까지 닥쳤다 하더라도 제가 다스리길 3년이 된다면, 백성들에게 용기를 갖게 하고 또 살아가는 도리를 알게 하겠습니다."

공자께서 쓴웃음을 지으셨다.

"구야, 너는 어떻게 하겠느냐?"

"사방 60, 70리나 50, 60리 되는 나라를 제가 다스리길 3년이 된다면, 백성들을 풍족하게 하겠습니다. 예악에 관해서는 군자를 기다리겠습니다."

"적아, 너는 어떻게 하겠느냐?"

"능히 할 수 있다고 하는 것은 아닙니다. 원컨대 배우기를 바랍니다. 종묘의 행사나 제후의 회동 때 예복을 갖춰 입고 작게나마 보좌할 수 있는 자가 되기를 원합니다."

"점아, 너는 어떻게 하겠느냐?"

거문고를 뜯다가 멈추더니, 쿵 하고 놓고 일어나 말했다. "세 사람이 말한 것과는 다릅니다."

공자께서 말씀하셨다. "무슨 상관이 있겠느냐? 역시 각자 자기의 뜻을 말한 것뿐인데."

"늦은 봄에 봄옷이 만들어지면, 젊은이 5, 6명과 동자 6, 7명을 데리고 기수沂水에서 몸을 씻고, 무우舞雩에서 바람을 쐰 뒤, 노래를 부르며 돌아오겠습니다."

공자께서 깊이 탄식하며 말씀하셨다. "나는 점과 같이 하겠다."

: 子路, 曾晳, 冉有, 公西華侍坐. 子曰, 以吾一日長乎爾, 毋吾以也. 居則曰, 不吾知也. 如或知爾, 則何以哉. 子路率爾而對曰, 千乘之國, 攝乎大國之間, 加之以師旅, 因之以饑饉. 由也爲之, 比及三年, 可使有勇, 且知方也. 夫子哂之. 求, 爾何如. 對曰, 方六七十, 如五六十, 求也爲之, 比及三年, 可使足民. 如其禮樂, 以俟君子. 赤, 爾何如. 對曰, 非曰能之, 願學焉. 宗廟之事, 如會同, 端章甫, 願爲小相焉. 點, 爾何如. 鼓瑟希, 鏗爾, 舍瑟而作. 對曰, 異乎三子者之撰. 子曰, 何傷乎, 亦各言其志也. 曰, 莫春者, 春服旣成, 冠者五六人, 童子六七人, 浴乎沂, 風乎舞雩, 詠而歸. 夫子喟然歎曰, 吾與點也. 「선진」

맹자는 증석을 가리켜 뜻은 높은데 행동이 그것을 못 따라가는 광자狂者라고 하였다(『맹자』「진심하」). 여기서도 광자의 면모가 여실하다. 자로나 염유, 공서화가 모두 자기들을 알아주는 사람이 있어 벼슬길에 나아갈 수 있다면 정치를 이렇게 저렇게 하겠다고 말하고 있는 데 반해, 증석은 그런 것은 마치 유치하다는 듯 자기는 그저 봄날의 좋은 풍광이나 즐기겠다고 하고 있다. 조금 건방져 보이기는 하나, 사람에 따라서는 남 앞에 서는 것을 싫어하거나, 아니면 그런 것을 속되다고 생각할 수도 있기 때문에 있을 수도 있는 일이었다. 공자가 증석의 이야기에 동의한 것은 바로 자신의 처지 때문이었다. 어느 누구도 자신을 알아주지 않는 세상, 그래서 봄날의 풍광이나 즐기는 것 이외에는 다른 방법이 없는 자신의 기구한 인생, 그에 대한 원망이 깊은 탄식과 더불어 증석의 이야기에 동의하게 만든 것이다.

그런데 문제는 증석이 증삼의 아비라고 전해져 온 데 있다. 주희를 비롯한 성리학자들에게 증삼은 공문의 법통의 후계자인 동시에, 공문孔門의 언외言外의 비전秘傳을 터득한 득도자得道者였다. 그러기에 그의 아비라고 전해지는 증석 또한 남들과는 달라야 했다. 다음은 증석의 대답에 대한 주희의 해설이다. 『논어집주』에서 인용했다.

■ 증점의 공부는 사람의 욕심人欲이 모두 사라진 곳에 천리天理가 유행하여 가는 곳마다 충만해져 조금도 부족함과 결함이 없음을 본 바가 있었다. 따라서 그가 가만히 있거나 움직일 때 그 종용함從容(차분하고 자연스러움)이 이와 같았다. 그리고 그 뜻을 말한 것은 자신이 처한 위치에서 일상의 생활을 즐기는 것에 지나지 않았고, 처음부터 자기를 버리고 남을 위하겠다는 생각은 없었다. 그래서 그 가슴 속이 유연悠然하여 바로 천지만물天地萬物과 상하上下가 함께 흘러 각자 제자리를 얻은 묘미妙味가 은연중 말밖에 나타났다. 저 세 사람이 지엽적인 일에 급급한 것과 비교해 보면 그 기상이 다르다. 따라서 공자가 탄식을 하시며 깊이 허여한 것이니, 문인들이 그 본말을 특히 더 자세히 기록한 것은, 그들도 또한 이것을 알았기 때문이다.

: 曾點之學, 蓋有以見夫人欲盡處, 天理流行, 隨處充滿, 無少欠闕. 故其動靜之際, 從容如此. 而其言志, 則又不過卽其所居之位, 樂其日用之常, 初無舍己爲人之意. 而其胸次悠然, 直與天地萬物上下同流, 各得其所之妙, 隱然自見於言外. 視三子之規規於事爲之末者, 其氣象不侔矣, 故夫子歎息而深許之. 而門人記其本末獨加詳焉, 蓋亦有以識此矣.

주희는 이어 정호程顥(1032-1085)와 정이程頤(1033-1107)의 말을 덧붙이고 있다.

공자께서 증점을 허여許與한 것은 성인의 뜻과 같았기 때문이니, 바로 요순堯舜의 기상이다. 진실로 저 세 사람과 달랐으나 다만 행동이 말을 가리지 못했을 뿐이다. 이것이 소위 광자狂者라고 하는 것이다. 자로 등이 본 것은 작았다. 다만 자로는 나라를 다스리는 것은 예로 한다는 도리에 통달하지 못했기 때문에 공자께서 쓴웃음을 지으신 것이다. 만약 통달했다면 이것도 바로 그러한 기상이다.

: 孔子與點, 蓋與聖人之志同, 便是堯舜氣象也. 誠異三子者之撰, 特行有不掩焉耳, 此所謂狂也. 子路等所見者小, 子路只爲不達爲國以禮道理, 是以哂之. 若達, 卻便是這氣象也. 程顥, 『논어집주』

세 사람은 모두 나라를 얻어 다스리려고 하였다. 그래서 공자께서 취하지 않으셨다. 증점(증석)은 광자라 성인의 일을 꼭 할 수 있다고는 하지 못해도, 공자의 뜻은 알 수 있었다. 그래서 기수에서 몸을 씻고 무우에서 바람을 쐰 뒤, 노래를 부르며 돌아오겠다고 말했으니, 제자리를 얻음을 즐기는 것을 말한 것이다. 공자의 뜻은 노인은 편안하게 해 주고, 벗은 믿도록 해 주며, 어린이는 품어 주어, 만물로 하여금 그 본성을 이루게 하는 것이었다. 증점이 이것을 알았기 때문에 공자께서 깊이 탄식하며 말하길, "내가 점을 허여하겠다."고 말씀하신 것이다.

: 三子皆欲得國而治之, 故夫子不取. 曾點, 狂者也, 未必能爲聖人之事, 而能知夫子之志. 故曰浴乎沂, 風乎舞雩, 詠而歸, 言樂而得其所也. 孔子之志, 在於老者安之, 朋友信之, 少者懷之, 使萬物莫不遂其性. 曾點知之, 故孔子喟然歎曰, 吾與點也. 程頤, 『논어집주』

주희나 정호, 정이의 말은 요컨대 증점이 사람의 욕심이 모두 사라져 천리만이 두루 흐르는 그런 경지, 즉 공자가 이룬 경지를 보았다는 것이다. 다시 말하면 득도得道의 경지를 보았다는 것이다. 다만 그는 행동이 뜻을 따라가지 못하는 광자인지라, 그런 경지를 보고 뜻은 세웠으나, 아직 실천이 뒤따르지 못했을 뿐이다. 그래서 공자가 그의 뜻이 자신과 같은 경지임을 인정하고 허락했다는 소리이다. 주희나 정호나 정이 모두 오여점야吾與點也의 여與를 함께하다, 같이 하다의 뜻으로 읽지 않고, 허여하다, 즉 허락하다, 인정하다의 뜻으로 읽으면서, 공자가 증석의 기상이 자신뿐만 아니라 성인인 요순의 기상과 같음을 인정했다고 풀이하고 있는 것이다. 절 집안의 이야기로 나타내자면 증석은 도는 보았으나見道 부처가 되지는 못했다不成佛는 말이다.

아들인 증삼 덕분에 졸지에 견도자見道者는 되었으나, 성불자成佛者는 되지 못한 증석, 이런 말이 그에게 명예일까? 아니면 불명예일까?

孔子思想